国家社科基金
后期资助项目
GUOJIA SHEKE JIJIN HOUQI ZIZHU XIANGMU

推动乡村振兴发展的机制与政策研究

Research on the Mechanism and Policy for Promoting
Rural Revitalization and Development

赵爱武　关洪军　代宗利　龙海红　著

中国财经出版传媒集团

经济科学出版社
Economic Science Press

国家社科基金后期资助项目
出版说明

  后期资助项目是国家社科基金设立的一类重要项目，旨在鼓励广大社科研究者潜心治学，支持基础研究多出优秀成果。它是经过严格评审，从接近完成的科研成果中遴选立项的。为扩大后期资助项目的影响，更好地推动学术发展，促进成果转化，全国哲学社会科学规划办公室按照"统一设计、统一标识、统一版式、形成系列"的总体要求，组织出版国家社科基金后期资助项目成果。

全国哲学社会科学工作办公室

序

新中国成立以来，我国经历了世界历史上规模最大、速度最快的城镇化进程。近十几年来，我国城镇化率年均提高1个百分点，从改革开放之初不足20%，到"十三五"末已超过60%，2050年常住人口城镇化率将达71.2%。这是我国经济社会发展的巨大成绩，但城乡发展不平衡已成为制约我国经济均衡发展的重要因素。新时期解决我国经济社会发展不平衡不充分问题，重点难点在"三农"，潜力后劲在"三农"，基础支撑在"三农"。

党的十九大报告提出，实施乡村振兴战略。要坚持农业农村优先发展，按照产业兴旺、生态宜居、乡风文明、治理有效、生活富裕的总要求，建立健全城乡融合发展体制机制和政策体系，加快推进农业农村现代化。2018年9月，中共中央、国务院印发了《乡村振兴战略规划（2018－2022年）》，吹响了实施乡村振兴战略的冲锋号。习近平总书记强调指出，实施乡村振兴战略，是决胜全面建成小康社会、全面建设社会主义现代化国家的重大历史任务，是新时代做好"三农"工作的总抓手。从社会主义新农村建设，到美丽乡村，再到乡村振兴，反映了我国不同社会发展阶段的乡村发展战略。而"乡村振兴"代表了我国对乡村发展阶段的新判断、新表述、新思路，以及在此基础上提出的新战略、新目标、新要求和新部署，势必对我国乡村的未来发展产生深远的重大影响。但是，乡村振兴是一项复杂的系统工程，也是一项长期的历史任务，对标全面建成小康社会、全面建成社会主义现代化强国的目标，乡村振兴还有许多硬任务需要完成。

该书立足乡村振兴发展现状，在系统梳理乡村振兴发展概念内涵和本质特征的基础上，借鉴国外乡村振兴理论与实践研究成果，夯实了我国新时代乡村振兴发展的理论框架，揭示了乡村振兴发展的参与主体、关联关系、作用机理和制约因素；结合分区域分阶段城乡发展的评估结果，从微观、中观、宏观层面设计了推动我国乡村振兴发展的一般机制、具体机制和可行路径与模式，完善了乡村振兴体制机制研究的理论体系、方法体系和实证体系；结合我国乡村振兴不同模式发展的现实困境与政策需求，构建了一套适合我国乡村振兴发展的经验规则和制度体系，为我国乡村振兴体制机制创新和政策体系构建提供了有益参考，具有重要的理论意义和现实价值。

《推动乡村振兴发展的机制与政策研究》是国家社科基金后期资助项目成果，凝聚了作者的一些重要创新工作，很好地聚焦当前我国农村振兴发展的重点、热点与难点问题，对推动我国乡村振兴发展的机制与政策进行了全面系统深入的探索，提出一套符合我国乡村振兴高质量发展客观要求的实用、可行的经验规则和制度体系。我相信，该书的正式出版对进一步推进新时期我国乡村振兴的实践和理论研究都具有非常重要的借鉴作用与参考价值。现执笔成书，自乐为序。

2013、2014 年教育部"长江学者"特聘教授
"百千万人才工程"国家级人选
全国优秀科技工作者
国务院政府特殊津贴专家
电子科技大学经济与管理学院教授/博士生导师

前　　言

本书是在国家社会科学基金 2018 年后期资助项目"推动乡村振兴发展的机制与政策研究"（项目批准号：18FJY008）资助下完成的初稿，根据评审专家的意见，进一步修订而成。

乡村振兴囊括了乡村经济、政治、社会、生态、文化的多个方面，是一个"五位一体"的复合系统。"产业兴旺、生态宜居、乡风文明、治理有效、生活富裕"的总要求，反映了乡村振兴战略的丰富内涵，也体现了新时代农业农村发展的新阶段、农民群众的新期待。乡村振兴的理论基础是什么？由谁来振兴？乡村振兴的抓手是什么？乡村振兴从何处突破……这些都是全面贯彻落实乡村振兴发展战略亟须解决的关键问题。为此，既要以乡村振兴发展的客观规律为依据，处理好长远目标和短期利益的关系，又要将顶层设计与基层探索有机结合，充分发挥市场决定性作用和更好发挥政府作用，激活群众建设主体，推动乡村振兴发展的体制机制建设，实现乡村管理常态长效，增强群众获得感，最大限度地调动农民群众的积极性、主动性和创造性。

本书紧扣推动乡村振兴发展的机制设计与政策体系构建这一主题，按照"提出问题→分析问题→解决问题"的研究思路，回答为什么要推动乡村振兴、乡村振兴的理论依据是什么、如何推动乡村振兴这三个问题。第一，对我国乡村振兴的现状进行分析，特别是实施过程中存在的一些难点和问题；第二，对乡村振兴的概念进行界定，构建分析乡村振兴战略构想的理论框架；第三，探究推动乡村振兴机制和政策研究的必要性，通过实证分析厘清乡村振兴实施中的关键问题；第四，探讨推动乡村振兴发展机制设计与政策体系构建的可行性，从理论上分析机制建设与政策设计的依据；第五，在理论分析基础上提出推动乡村振兴的具体机制与政策。

我国地域广袤，乡村资源禀赋、发展条件和发展水平具有明显的时空差异，亟须针对各地乡村振兴发展的阶段性特点，顺应农业供给侧结构性改革、可持续生态环境和乡村产业振兴发展需求，探索将田园生产、田园生活、田园生态的有机统一与一二三产业发展深度融合，实现产出高效、产品安全、资源节约、环境友好的产业发展新模式。在本书的实地调研中，课题组成员深切感受到了乡村振兴发展的迫切性、多样性和任务的艰巨性，认识到"因地制宜"打造共建、共治、共享乡村治理新格局，激活微观主体活力的重要性，并将在后续研究中深化多元主体参与乡村共治的相关研究。

乡村振兴是一项复杂的系统工程，也是一项长期的历史任务。本书针对当前乡村振兴发展的现状，充分利用多学科的累积性知识，借鉴国外乡村振兴的经验，以系统性思维的多视角开展研究，通过厘清推动乡村振兴战略实施的关键问题，构建了乡村振兴机制和政策框架模式，设计了一套我国乡村振兴的经验规则和制度，丰富了乡村振兴机制框架和政策体系，探讨了新时代城乡融合发展的中国道路，为乡村振兴战略实施提供决策支持，具有重要的现实意义。随着乡村振兴战略的逐步实施，关于乡村振兴发展机制与政策的相关研究必将日臻完善。某种程度上说，本书的研究只是乡村振兴全面系统研究的"冰山一角"，诸多不足或局限之处，还望各位学者批评指正。

在本书的撰写过程中，大量参考文献为我们拓展研究思路提供了很大的帮助，在此对参考和引用文献的作者，以及一些无法在书中列出的作者表示由衷的感谢。由于我们的团队研究水平有限，书中不妥和错误之处恳请读者批评指正。

赵爱武
2020 年 10 月 10 日于济南

目　录

基　础　篇

机　制　篇

政　策　篇

第一章 绪 论

乡村振兴是一项复杂宏大持久的系统工程，涵盖乡村经济、乡村社会、乡村生态、乡村文化、乡村组织等多个领域，内容涉及乡村振兴的概念界定、内涵解析、机制设计、模式分析、政策支撑等多个方面。为全面、深入地理解乡村振兴发展的机制与政策问题，本书遵循"理论分析—机制设计—政策构建"的研究脉络，在厘清乡村振兴的概念、内涵和本质特征的基础上，汲取国外乡村振兴经验，设计乡村振兴研究的理论框架体系，构建乡村振兴机制与政策框架模型，搭建具有中国经验的乡村振兴规则与体系。

第一节 研究背景

实施乡村振兴战略是我国全面建成小康社会需要坚定实施的七大战略之一，也是开启全面建设社会主义现代化国家新征程的必然选择。无论是要实现党的十九大提出的到 2020 年"全面建成小康社会决胜期"，还是要达到 2035 年"人民生活更为宽裕，中等收入群体比例明显提高，城乡区域发展差距和居民生活水平差距显著缩小，基本公共服务均等化基本实现，全体人民共同富裕迈出坚实步伐"① 的发展目标，农业、农村、农民问题都是关系到国计民生的根本性问题。

过去十几年，中央先后提出新农村建设，推进农村重大问题改革，统筹城乡发展，构建城乡一体化发展的体制机制。这一系列政策举措促进了农业进步、农村发展和农民增收。但是，上述举措大多聚焦于城市支持农村、工业反哺农业等以城带乡的政策设计，着力构建形成以工促农、以城

---

① 习近平. 决胜全面建成小康社会，夺取新时代中国特色社会主义伟大胜利——在中国共产党第十九次全国代表大会上的报告 [EB/OL]. 新华社，2017 – 10 – 27.

带乡、工农互惠、城乡一体的新型工农、城乡关系。其结果是，一方面，大量劳动力尤其是高素质劳动力向城镇集中；另一方面，农村地区出现空心化及老人、儿童留守现象。我国城镇化率从改革开放初不足20%到"十三五"末超过60%。[①] 这是经济社会发展的成绩，但这些成绩并没有从根本上解决农村地区的发展活力、发展动力问题。党的十九大提出实施乡村振兴战略既具有现实针对性，也是立足于从根本上解决发展不平衡不充分、城乡区域发展和收入分配差距依然较大等问题、困难和挑战的战略决策。

第二节　国内外研究综述

一、传统乡村发展的相关研究及理论发展

传统的乡村发展理论大多是基于西方区域发展理论而建立的，而这些理论研究更多侧重于农业与农村两个方面。按照历史和逻辑的顺序，早期的西方区域发展理论可以划分为历史经验学派（包括部门理论、输出基础理论、区域发展的倒"U"型假说等）、现代化学派（包括增长极理论及其变体的"核心—外围"理论等）、乡村学派（包括选择性空间封闭理论、地域式发展理论等）、主流经济学派（包括产业集群理论、新经济地理学理论等）等几大重要流派（李仁贵，2005）。从农业发展角度看，传统乡村发展理论主要探索以工业化、城市化为核心的乡村发展问题。这些理论最具代表性的有"二元经济"模型（宗晓华和陈静漪，2016）、二元经济论（张桂文，2011）、二元结构模型（赵峰等，2015）、哈里斯－托达罗模型（Fields，2005）、地理二元结构理论（伍海华，1991）以及经济增长阶段论（Osadchaya，2014）。这些理论倡导的乡村发展思路基本上只是把农业作为工业化的一种手段，强调工业在提高国民生产总值中的作用，重视工业发展而轻视农业发展（Temple，2005）。

除了探索农业与工业的关系外，学者们也从农村发展角度对城市和农村的关系进行了分析和研究。空想社会主义代表人物圣西门主张保留私有制，傅立叶设想的和谐制度，以及欧文以联合劳动为核心的合作经济思想，都隐约包含了城乡统筹发展的理论。随后，国外发达国家的学者们在

---

① 国家统计局. 中华人民共和国 2020 年国民经济和社会发展统计公报 ［R］. 2021 – 02 – 28.

研究工业地理学时提出了"城乡综合体"概念并引起关注，由此发展起来的城乡一体化发展理论进而演化为较为成熟的城乡发展理论。"城乡一体化"的思想是由英国城市学家霍华德首先总结提出的，他认为城市和乡村的结合可以弥补两者之间的缺陷，从而创造一种新的生活和文明（Harcard，2002）。后来，恩格斯明确提出了"城乡融合"的发展理念①，列宁和斯大林提出了社会主义条件下的新型城乡关系（雪秋，2004），美国经济学家舒尔兹将农业经济学上升为现代经济学中不可分割的一部分，提出的城乡发展理论对后续的研究有重要启发（淮建峰，2007）。

总之，上述传统的乡村建设理论基本围绕两个问题：一个是工业与农业的关系，另一个是城市与农村的关系。概括上述理论的研究特点：一是考虑乡村工业发展和农业发展在乡村建设中的作用和它们之间的联系，二是注重城乡之间的差距和城乡之间的关系。

二、现代乡村发展理论概述及分析

与传统乡村发展理论不同，现代乡村发展理论不再单纯探讨农业发展、农村建设问题，将实现国民生产总值快速增长的单一发展目标调整为重视增加就业、改善收入分配状况和消除贫困为目标的全面发展战略，更加注重对农业、农村和农民三个核心问题的论述和研究。

（一）针对农业发展问题

农业发展问题相关理论概括总结为农业经济理论、农业发展理论和农业生态理论三个方面。

1. 农业经济理论

农业经济理论主要有农业区位论、农业区域分工论和农业产业结构论。冯·杜能（1986）在《孤立国同农业和国民经济的关系》中提出产业区位理论，强调了区位对农业经济的重要作用。董锁成（1994）认为，农业区域分工是现代农业发展的一个重要内容，利用区域资源禀赋形成的"一乡一业、一村一品"，是现代农业区域分工的必然趋势。唐华俊（2008）认为，农业产业结构是农业各产业部门和各部门内部的组成及其相互之间的比例关系，其优化升级是传统农业向现代农业转变的重要标志。

2. 农业发展理论

农业发展理论主要有农业发展的生产要素投入和改造理论、制度创新

---

① 马克思恩格斯全集（第1卷）[M]．北京：人民出版社，1960：57.

理论、非农产业对农业发展的拉动理论、阶段性理论和多功能性理论等。生产要素投入和改造理论主要着眼于农业生产力内部的生产要素，又分为萨缪尔森在《经济学》一书中提出的适度经济规模动力理论和舒尔茨（1987）在《改造传统农业》一书中提出的农业改造理论。制度创新理论重点体现农业内部生产关系的制度设计，又分为日本速水佑次郎和美国弗农·拉坦在《农业的发展》一书中联合提出的诱致性制度创新理论（罗富民和段豫川，2010），以及诺斯和托马斯在《西方世界的兴起》一书中提出的新经济史农业发展理论。非农产业对农业发展的拉动理论则侧重于农业外部的非农产业"拉动"，又分为刘易斯在《无限劳动供给下的经济发展中》提出的二元经济理论，柯林·克拉克在《经济进步的条件》中提出的柯林·克拉克农业发展理论，以及戈德·史密斯在《金融结构与金融发展》中提到的金融动力理论。阶段性理论的代表人物是约翰·梅勒和韦茨，约翰·梅勒将农业发展按照技术和资本两个维度分为传统、低资本低技术和高资本高技术三个发展阶段（郭熙保，1995），韦茨将农业发展划分为持续生存、混合农业和现代化商品三个发展阶段（Michael & Odaro，1985）。农业多功能性理论研究起源于日本的稻米文化（方志权，2016），强调农业除了基本功能外，还包括文化、生态、社会等方面的扩展功能，体现了生产、生态、生活于一体的"三生"发展理念。

　　3. 农业生态理论

　　农业生态理论主要包括农业生态系统理论、农业生态位理论、环境承载力理论、循环农业理论和可持续农业理论。农业生态系统理论认为农业生态是生物与环境构成的有序结构，是被人类驯化了的自然生态系统。著名生态学家马世骏先生提出了生态系统工程概念，并将其原理概括为"整体、协调、循环、再生"，这里，"整体、协调"表明了生态系统合理而协调的横向关系，而"循环、再生"则强调了生态系统永续运转的特性。农业生态位理论又称生态适宜性理论，强调生物生长发育受到生态环境条件的制约，并且有一定的环境梯段范围（刘焱序等，2015）。换句话说，就是农业生产要充分考虑当地的资源禀赋，也体现了"因地制宜、因时制宜"的管理思想。环境承载力又称环境承受力或环境忍耐力。环境承载力理论强调农业生产开发规模一定要适度，要充分考虑自然资源和环境的承载能力，这也是在制定现代农业发展目标规划时需要考虑的重要问题。循环农业理论是美国经济学家鲍尔丁提出的一种循环式的经济发展模式，英国环境经济学家大卫·皮尔斯和图奈对其进行了完善，提出通过资源的循环利用来减少农业发展对环境的破坏，从而替换传统以消耗大量资源为动力的乡村经济增长模式（Martin et al.，2017）。而循环农业则是由我国学者提出的一种现代农业发展模式，循环农业丰富了农业经济的概念内涵。随后诸多学者提出类似概念，如"循环节约型农业""农业乡村振兴"等（胡志华和秦晨，2010）。可持续农业理论则起源于可持续发展理论，是可持续发展理论在农业发展领域的拓展与应用（Reganold et al.，2009）。可持续农业的概念最早由世界银行提出，强调农业生产既要满足当代人的生活需要，同时又不危及后代人的生存与发展需求。

（二）针对农村发展问题

关于农村发展问题，学者们基于不同的发展角度，提出了不同的理论和观点。我国著名的教育家、世界平民教育运动与乡村改造运动的倡导者晏阳初先生提出了"化农民"和"农民化"的乡村平民教育思想，旨在通过教育农民进而改造农村、发展农村。真正发起乡村建设运动的第一人是梁漱溟先生，梁先生指出，乡村是中国社会发展的基础，中国的根本问题应该从乡村入手，通过将经济、政治重心植入乡村，重构全新社会（梁漱溟，2011）。综合考虑中国乡村建设中的基础理论和观点，部分学者总结建立了一些综合性的理论来探索乡村建设的实践，包括乡村复合生态系统理论，乡村生产、生活的多功能性理论，选择性空间封闭理论和乡村社会地理发展理论等。乡村复合生态系统理论由我国生态学家马世骏提出，认为人类赖以生存和发展的经济、社会和自然等是一个庞大的复合系统（王如松和欧阳志云，2012；郝欣和秦书生，2003），并且是一个以人类活动为主体的复杂系统，而农村和城市本质上是一个由人类活动的社会属性同自然过程的相互关系构成的自然—经济—社会复合生态系统（仇蕾和王慧敏，2004）。乡村生产、生活的多功能性理论认为，乡村具有经济、生态、社会和文化等多方面的功能，也就是说，乡村除了具有基本的农业经济功能外，还提供了包括社会、政治、生态和文化等辅助功能。选择性空间封闭理论起源于乡村增长中心理论和综合区域发展理论，由施特尔与托德林（Stohr & Todling，1977）提出，认为各地方和各区域不应该分散，而应该紧密结合为整体，进而构成一体化经济。乡村社会地理发展理论主要包括乡村社会、文化、信息与乡村关系等方面的研究。中国的农业地理与乡村发展研究主要侧重于农业现状区划（邓静中，1963）、农业地理（周立三，2000）、农村聚落地理（金其铭，1988）、综合农业区划（邓静中，1982）、乡村地理（金其铭等，1990）等方面。早期的乡村地理学发展曾出现过两个关键转向：其一是社会文化转向，乡村地理学研究内容由侧重于空间分析向社会文化方向转型，社会文化成为地理学"社会论"的核心理念，并构建了明晰的乡村发展内容；其二是乡村地理学研究的后现代转向，此转型主要着眼于从人文角度研究乡村发展的优势、局限和问题。

（三）针对农民发展问题

关于农民发展问题，已有研究主要从人和权利两个角度展开。从人的角度来看，发展的本质特征是指人的全面发展，因此一切发展归根结底都要落实到人的发展。就乡村发展而言，就是要实现从农业发展、农村发展，最终实现农民的发展。因此，乡村建设的关键问题在于农民，农民是乡村建设的主体。李克强在谈到农民发展时指出，农民的发展是农民本质力量和本质关系的发展，即农民意识的发展。① 黄祖辉等（2009）则从现代发展的角度，提出农民要实现生存、转型及发展就是要提升农民的主体性和现代性。翟新花和赵宇霞（2012）认为，农民发展就是"农民主体意识的增强及农村社会关系的扩展，即农民的生存发展、本质发展及个性发展"②。从农民的权利角度来看，农村建设的主体应该是农民，农民的权利建设将在农村建设中起着举足轻重的作用。只有不断赋予农民更加充分的权利，才能逐渐调动农民的发展积极性。农民的权利一般可以分为政治权利、经济权利以及社会权利。其中政治权利主要包含平等权、发展权、迁徙自由权、民主自治权、结社权等。

三、当代乡村发展创新理念与理论

从宏观发展战略角度来看，创新能力的提高和新技术的采用是农业企业和产业发展过程的两个核心要素。希尔德·比约克海干格和卡尔海恩斯·尼克尔（Bjørkhaug & knickel, 2017）对乡村发展理论进行了研究，提出了基于数字化的乡村发展模式，认为可以提高农场、农业和农业食品部门和农村地区的适应力，从而提高农民和农村社区的繁荣和福祉。③ 这种模式是现代信息技术与乡村发展战略的有机融合，即通过技术进步助力乡村发展。除了在乡村建设理论方面的探索，各个国家也在不断寻求乡村

---

① 蒋永甫，应优优. 试论农民发展的理论、实践与对策——以农民组织的分析为维度 [J].云南大学学报（社会科学版），2014（6）：45-52.

② 翟新花，赵宇霞. 新型农村集体经济中的农民发展 [J]. 理论探索，2012（4）：73-76.

③ Bjørkhaug H, Knickel K. Rethinking the links between farm modernisation, rural development and resilience [J]. Journal of Rural Studies, 2017.

建设的创新理念。荷兰提出以农地整理实现都市周边农地经营的规模化和农业产业的结构调整（黄衫等，2013）。除了宏观角度的探索，学者们也从微观角度探索了乡村发展的模式。乡村发展在世界各国都没有统一的发展标准，一般可以从经济、社会、文化或环境等维度来评估乡村发展的水平（Straka & Tuzová，2016）。在乡村经济发展维度，米拉达·斯塔斯特纳和安东尼·瓦伊沙（Stastna & Vaishar，2017）研究了南摩拉维亚地区可达性与农村发展之间的关系，提出可达性是居民留在农村的主要原因之一，并影响整个地区的进步与农村发展。除此之外，互联网的可达性也尤其重要，农村最需要通过改进数字连接来弥补地理位置偏远的缺陷，以便为农村提供定制的政策和服务（Salemink et al.，2017）。因此，基础设施建设是任何国家乡村发展不可逾越的阶段。在绿色乡村发展维度，索林·塞博塔里等（Cebotari et al.，2017）探讨了可再生能源项目对罗马尼亚西北部农村发展的影响，强调了可再生能源对农村就业、人口规模、地方预算收入和农业在乡村建设中的积极影响。而绿色能源取代化石燃料发电，减少二氧化碳排放量，促进绿色乡村发展也至关重要（Sharan & Ramachandra，2017）。在文明乡村发展维度，凯伦·斯科特等（Scott et al.，2016）通过社会正义的视角解析文化价值，并以能力为基础，文化为政策议程传递机制，提出了一种基于社会正义的概念框架，探讨了文化在美好生活理念中的价值。可见，对现代农村的概念解析需要跳出传统思维的窠臼，在发展理念方面不断创新，并借助于现代互联网等新技术，探索振兴现代乡村的发展道路。

四、中国特色乡村发展理论

中国乡村发展理论是中国农村建设发展经验的智慧结晶，它起源于20世纪初的新文化运动，历经百年，已经形成一套相对完善的发展体系。从乡村建设的历程来看，大致可以划分为近代和现代两个阶段。近代最早可以追溯到周作人在《新青年》上提出的"新村运动"；随后，在20世纪20年代，以晏阳初、梁漱溟、卢作孚等人为代表的高级知识分子，秉承救济农村即拯救国家的理念，在全国范围内掀起了一场规模大、时间长、波及广的乡村建设运动。当代则主要包括城乡一体化发展理论、新农村建设理论、乡村振兴发展理论等。

综上所述，各国学者针对农业、农村、农民三个方面进行了深入研究，并基于不同的经济社会发展背景提出了相应的乡村发展理论。传统发展理论体系完整，内容清晰，但是不能很好地匹配和指导当代农业的发展；针对当代农业的发展现状，学者们从不同视角提出了创新性的理念和理论，但是尚未形成成熟的系统理论架构。针对中国乡村建设的不同阶段，学者们也进行了大量研究，但相关理论研究滞后于乡村发展实践，不能满足乡村发展的现实需求，难以发挥理论的指导作用。在乡村振兴战略的大背景下，当代乡村发展理论研究需要与时俱进，不断融入新思想、新技术、新模式，从实践中总结、提炼、升华乡村发展理论，并将乡村发展理论应用于乡村发展实践，接受实践的检验，丰富与完善理论研究成果。

第三节 研究内容及框架

一、研究目标

本书以推动乡村振兴战略的机制设计与政策体系构建为重点研究对象，主要研究目标包括乡村振兴作用机理的辨识、乡村振兴机制的设计和政策体系构建。首先，从城乡发展的时空特征出发，系统回答乡村振兴的概念内涵、本质特征，设计构建"推动乡村振兴的机制与政策研究"的理论体系架构，揭示乡村振兴的作用机理和乡村振兴的制约因素。其次，根据我国区域城乡发展的精细化分类，采用实证方法，设计构建分区域分阶段的乡村振兴评价指标体系，开展区域乡村振兴的精细化评估，并在此基础上总结归纳乡村发展存在的问题。最后，依据乡村振兴发展的作用机理，结合分区域分阶段城乡发展的评估结果，设计城乡融合发展的机制体系，完善乡村振兴机制与政策研究的理论体系、方法体系和实证体系。

二、总体研究框架

紧扣推动乡村振兴的机制设计与政策体系构建这一主题，按照"提出问题→分析问题→解决问题"的研究思路，回答为什么要推动乡村振兴（WHY）、乡村振兴的具体内容是什么（WHAT）、如何推动乡村振兴（HOW）这三个问题，提出本书研究的总体框架，如图1-1所示。首先，对我国乡村振兴战略的现状进行分析，特别是实施过程中存在的一些难点和问题，然后对乡村振兴战略的概念进行界定，构建乡村振兴战略的理论研究框架。其次，研究乡村振兴战略机制设计和政策体系研究的必要性，也就是从理论层面剖析乡村振兴战略实施中的关键因素、作用机理和实现路径。其中，关键因素及其作用机理的解析是本书研究的前提和基础，机制设计与政策体系构建的可行性分析是本书研究的依据，乡村振兴战略实施的机制设计与政策体系构建是本书研究的重点。

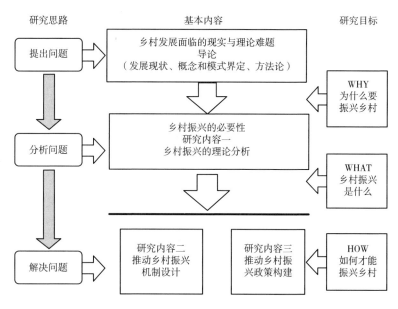

图 1-1 总体研究框架

乡村振兴战略的实施首先要搞清楚为什么要乡村振兴、乡村振兴是什么和怎样推动乡村振兴等核心问题。本书主要包括三部分内容：首先，在系统分析乡村发展面临的现实与理论难题的基础上，对基础理论进行梳理，回答乡村振兴的必要性和可行性；其次，通过"推动乡村振兴的机制设计"，从宏观、中观和微观三个层面对推动乡村振兴的一般机制、具体机制和推进模式进行分析；最后，通过"推动乡村振兴的政策构建"，从宏观、中观和微观三个层面对具体的政策体系进行研究。

本书涉及多个学科的交叉研究，包括理论和应用两个层面。图 1-2 从研究内容和内在逻辑视角描绘了总体研究框架与研究内容之间的关系。

本书按照主要研究内容的逻辑顺序，遵循"绪论—基础理论—机制设计—政策构建—应用示范"的链条式研究脉络，围绕解决"什么是乡村振兴""为什么要推动乡村振兴""怎样完善乡村振兴发展的机制""政策层面如何支持乡村振兴"这四个层面的问题。

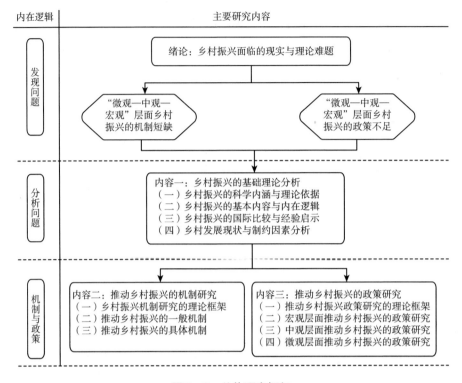

图 1-2　总体研究框架

三、研究内容

本书通过跨学科的协同创新，对乡村振兴机制、政策体系框架进行设计，主要包括四个方面的内容。

（一）界定乡村振兴战略的理论内涵及战略目标

系统梳理乡村发展的理论脉络，分析乡村发展滞后的历史与现实根源，辨析乡村振兴和城镇化发展的关系；从理论上对推动乡村振兴发展的科学内涵进行系统阐释，准确把握乡村振兴的概念、基本形态和本质特征；根据党的十九大精神界定乡村振兴的战略目标，并从演化视角分析乡村振兴战略的变迁，界定乡村振兴战略的阶段性目标及其主要特征。

（二）构建"推动乡村振兴的机制与政策研究"的理论体系

界定相关的重要概念及其内涵，厘清研究的重点内容，系统梳理相关研究的理论基础，探讨乡村振兴的动力机制、运行机制、推动模式和具体机制，重点把握乡村振兴的理论依据和科学内涵。从复杂系统演化的研究视角出发，深入解释乡村发展存在的问题和面临的困难，辨析乡村振兴的制约因素和作用机理，深入分析"乡村振兴机制与政策"的功能定位和研究目标，设计构建"乡村振兴机制与政策研究"的理论体系。

（三）设计乡村振兴的一般机制、具体机制和驱动模式

明晰乡村振兴机制系统的研究范畴，分析我国乡村振兴机制的研究现状，辨析乡村振兴发展机制研究的需求和价值，构建推动乡村振兴发展机制的基本框架；进而从动力激发机制、动力传导机制、动力反馈机制、动力耦合机制等维度对推动乡村振兴的动力机制进行研究，按照乡村发展的不同阶段，分不同模式进行运行机制研究；最后从宏观、中观和微观三个视角，提出具体的机制建设目标，构建乡村振兴的机制系统。

（四）构建推动乡村振兴的宏观、中观和微观政策体系

界定乡村振兴政策体系的研究范畴，明确乡村振兴的政策需求，立足于乡村振兴发展过程中的市场失灵和政府失灵等"困境"与"短板"问题，分析我国乡村振兴政策的供需匹配情况，在合理定位政府角色和系统认知政策功能的基础上，从政府角度提出宏观、中观和微观层面推动乡村振兴发展的政策建议，完善推动乡村振兴发展的政策体系。

四、研究内容之间的关系

"推动乡村振兴的机制与政策研究"的理论体系根据研究目标和研究内容的需要，结合研究的系统性、科学性、逻辑性、前瞻性、创新性、实用性和可行性的具体原则，采用逻辑递推、层层嵌套、相对独立的方法，设计构建了"四位一体"的总体研究框架。具体研究内容围绕总的研究框架，从理论分析、实证分析到机制设计、政策构建，前接绪论，后接应用示范两个部分，以问题为导向，以方法为引领，充分体现了自然科学、社会科学、经济科学、统计科学和管理科学有机融合的基本思路与方法。

"乡村振兴战略实施的理论分析"，是整体研究的入口，提出研究问题，提供研究素材，运用社会科学的理论方法和技术，对乡村振兴战略的可行性进行理论分析，为其他部分提供基础支撑。

"推动乡村振兴的机制设计研究"，是乡村振兴机制系统建设的理论与实践，对推动乡村的一般机制和具体机制进行研究，为出台具体的政策和进行具体的实践提供依据。

"推动乡村振兴的政策构建研究"，是完善乡村振兴政策体系的实践与应用，构建乡村振兴的宏观、中观和微观政策体系，是整体研究的出口。

第四节　研究思路及方法

乡村振兴是一项复杂的系统工程，包括经济、社会、生态、文化、政治等多个领域，涉及概念分析、理论体系构建、机制设计、技术创新、政策支撑等多个层面。为全面、深入地探索乡村振兴的机制与政策体系问题，本书以规范分析为主导，遵循"理论分析—机制设计—政策构建"的研究脉络，融合系统分析、比较分析、个案分析和实证分析为一体的研究范式，形成了包含逻辑理性主义和经验实证主义的基本研究思路。

第一，系统分析思维贯穿始终。系统思维主要体现在乡村振兴机制与政策的系统构成、乡村振兴的动力系统结构、政策体系架构、乡村振兴的动力机制和运行机制等方面。

第二，比较分析法。通过对国内和国外、历史和现实的乡村发展模式比较，获得相关研究的经验和借鉴。

第三，采用实证分析方法对我国乡村振兴的发展水平进行综合评价，探讨乡村振兴的空间特征，以此为依据制定差异化、有针对性的乡村振兴机制与政策体系。

第四，采用个案分析方法为理论研究提供佐证，验证并完善推动乡村振兴发展的机制与政策体系。

基　础　篇

乡村发展离不开理论指导与实践经验。科学的理论指导和战略规划能够推动乡村建设的高效、良性运转，而乡村建设的实践经验反过来又会促使乡村发展理论的不断丰富与创新。在乡村振兴发展战略背景下，一方面，需要基于乡村发展的现实，通过研究乡村建设理论的演变过程，寻找理论创新的规律和源泉；另一方面，需要通过扎实的理论分析，把握乡村振兴发展战略的本质，确保理论创新处于正确的方向。本篇是研究的理论基础，首先，阐述"什么是乡村振兴"这一关键问题，剖析乡村振兴的起源、发展、概念、特征、原则和国内外研究现状；其次，从生态学、经济学和社会学视角，阐述乡村振兴发展的学理基础，为更深入地理解、研究乡村振兴发展的模式、路径、机制、规律奠定理论基础；最后，总结归纳国外乡村振兴发展的机制与政策实践经验，形成本书的框架体系。

第二章　乡村振兴概念内涵

乡村振兴以新发展理念为引领，涵盖了新时代乡村发展的方向和思路，具有广泛的边界和丰富的内涵。随着当代中国社会的发展，乡村被赋予了新的含义，振兴也涉及方方面面。正确理解乡村振兴，才能把握乡村振兴的本质和关键，进而推动乡村振兴。因此，本章围绕"什么是乡村振兴"这一关键问题，具体剖析乡村振兴的背景、概念、科学内涵以及本质特征。

第一节　乡村振兴的初步认识

一、乡村振兴的背景

近十几年来，中央先后提出新农村建设、推进农村重大问题改革、统筹城乡发展、构建城乡一体化发展的体制机制等，聚焦"三农"问题，"三农"工作实实在在地促进了农业进步、农村发展、农民增收。但是，上述举措大多以城市支持农村、工业反哺农业等以城带乡的政策设计为核心，目的在于构建以工促农、以城带乡、工农互惠、城乡一体的新型工农、城乡关系，其结果是，一方面，大量劳动力尤其是高素质青壮年劳动力向城镇集中；另一方面，农村地区出现空心化及老弱病残幼留守现象。虽然乡村经济、社会发展取得了一定的成绩，但是并没有从根本上解决农村地区的发展活力、发展动力不足等问题，城乡发展差距依然较大。

党的十八大以来推进的新农村建设和农业现代化建设，通过加大强农、惠农和富农的政策力度，深化农村综合改革，使得农业生产、农村发展和农民进步取得了历史性成就。粮食生产产量稳步增长，农业供给侧结构性改革成效显著，农民收入持续提高，农民生活水平持续改善，脱贫攻坚战取得决定性进展，乡村生态得到重视和保护，乡村社会更加稳定和谐。农业农村发展取得的重大成就，为我国实施乡村振兴战略奠定了良好基础。

党的十九大提出的乡村振兴发展战略，立足解决目前发展中的不平衡不充分、城乡区域发展和收入分配差距依然较大等问题，是具有现实针对性的重大举措。实施乡村振兴战略是决胜全面建成小康社会，开启全面建设社会主义现代化国家新征程的需要。无论是实现党的十九大提出的2020年决胜小康社会目标，还是实现到2035年"人民生活更为宽裕，中等收入群体比例明显提高，城乡区域发展差距和居民生活水平差距显著缩小，基本公共服务均等化基本实现，全体人民共同富裕迈出坚实步伐"的发展目标，农业、农村和农民问题都是关系国计民生的根本性问题。

二、乡村振兴的相关概念及界定

（一）"乡村"的概念与界定

乡村的反义词是城市，但学术界对于"乡村"的概念定义并不统一。传统乡村主要从以下三个方面进行定义：第一，从职业及功能属性角度，乡村是指以农业生产为主体的地域，这里进行农业生产的主体就是农民，劳动人民聚居的场所就是乡村。第二，从生态角度，乡村是指劳动人口空间上的分布状况，具体表现在人口集聚在规模较小的区域，而区域之间存在较为广阔的地带。第三，从社会文化角度，乡村是指在地域辽阔区域，以家庭、血缘等为纽带，从事农业生产活动的组织。张小林（1998）指出乡村主要特征表现在：（1）居民主要以从事农业生产活动为主要谋生手段，生活以家庭为中心，通过家庭观念和血缘纽带为主要组织形式。（2）社会接触较为频繁、直接，居民之间关系密切。（3）地域辽阔、人口数量相对少、人口密度相对低、人口流动相对慢。（4）物质文化和公共基础设施较差，乡村的物质文化生活水平一般较低。

目前，对于乡村的定义主要有以下两种：一种定义是"乡村"即"乡"和"村"的统称，"乡"是指乡、镇政府驻地的镇，即小城镇；"村"是指镇覆盖的周边村庄。因此，乡村建设是城镇化建设和农村建设共同发展的产物。另一种定义是"乡村"即"农村"，主要是指以农业生产为主体的区域，其中从事农业生产的主体就是农民，农民聚居的地方就是乡村（郑向群等，2015）。根据这一定义，乡村建设的出发点是把农业产业作为农村生存和发展的前提，没有农业的存在，农村就不再是农村，农民也就不再是农民。目前，我国开展的乡村建设，是基于这两种方式定义的乡村。

从村庄的形成过程来看，我国的农村主要分为两类：自然村与行政村。自然村是指长期居住在某一自然环境中的村民自然形成的村落，具有家庭、宗族或其他自然因素的渊源。一般来说，这样的村庄以一个或几个较大的姓氏为主，是一个或几个祖先的后裔，具有较为牢固的宗族关系，受地理环境和风俗习惯等因素的影响较大。行政村是国家依法设立的农村基层单位，它是指为方便管理而建立在乡镇政府之下的最基层的农村行政单位，它由几个自然村组成。行政村由一套领导班子（党支部和村委会）管理，其下属不同的自然村设立了不同的行政小组（村民小组），每组一个组长。

（二）"振兴"的概念与界定

在乡村文明发展史上，"振兴"与"衰落"是一对反义词，但兴与衰可以同时存在，兴与衰又可以互为转化。城市化和工业化是经济社会发展的必然趋势，也同时成为乡村衰落的一个关键诱因。如何吸取和借鉴乡村发展史上的经验教训，使城乡发展能够优势互补、互为促进、共同进步是值得深入研究和探索的课题。

从中国农村发展的历史来看，农村的"繁荣"和"衰落"具有鲜明的时代背景。唐宋时期是乡土社会繁荣的典型代表。唐宋时期，我国社会进入了乡村发展的黄金时代，以自给自足的自然经济为特征的农村经济生活是稳定的、丰富的，以血缘为纽带的乡绅治理结构日趋完善，以孔孟之道和程朱理学为核心价值观的乡村社会思想深深植根于人民心中。这就从政治、经济、文化三个方面总结了我国乡村社会繁荣时期的特征。而我国乡村社会的"衰落"反映在元明清时期。元代统治者通过游牧的军事手段统治着乡村社会，这与农耕社会格格不入，进而导致了对中国传统乡村社会的空前破坏。明朝的专制集权扼杀了中国乡村社会复兴的活力，而清朝的黑暗统治彻底扼杀了中国乡村社会复兴的可能，从而使我国乡村社会走向衰落。

"振兴"的根本含义是振发兴举，增强活力。"振兴"一词在不同的时代和领域也被赋予不同的内容和含义。在推动乡村振兴发展的大背景下，依据乡村振兴的基本目标（到 2020 年初步建立乡村振兴体制框架；到 2030 年基本实现农业农村的现代化；到 2050 年乡村全面振兴，且"强""富""美"全面实现），可以把"振兴"理解为乡村发展的"强""富""美"等全方位现代化的状态。因此，乡村振兴涉及的内容非常广泛，包括经济、社会、文化、生态、政治等多个方面，乡村发展是一个经济、社会、文化、生态、政治等多方面协同发展的动态、协调、可持续过程。

第二节 乡村振兴的基本概念

一、乡村发展概念的演变

我国乡村发展自 20 世纪 50 年代新中国成立初期到现在大体上经历了四个发展阶段。（1）由成立之初的"以粮为纲"发展阶段，到十一届三中全会的市场化发展阶段，从经济、政治、文化对建设中国特色社会主义新农村的任务提出了新要求。（2）2013 年，《中共中央、国务院关于加快发展现代农业 进一步增强农村发展活力的若干意见》首次提出建设美丽乡村奋斗目标，新农村建设首次以国家文件呈现。（3）2017 年党的十九大报告将乡村振兴上升为国家战略，强调了农业、农村和农民问题是关系国计民生的根本性问题。（4）2018 年 2 月发布的《中共中央、国务院关于实施乡村振兴战略的意见》，正式将乡村振兴列为决胜全面建成小康社会亟须实施的七大战略之一，标志着乡村振兴战略的正式实施。

（一）社会主义新农村

新中国成立以来，中央先后多次以正式文件提出"建设社会主义新农村"。根据不同时期的历史任务，提出了建设社会主义新农村的任务和要求，其中尤以十六届五次全会通过的五年规划中提出的社会主义新农村建设内涵最具时代性和整体性。

20 世纪 50 年代，第一届全国人民代表大会第三次会议通过了"高级农业生产合作社示范章程"，提出了建设社会主义新农村的目标。刘少奇指出，"合作化以后的农村是新农村，农民是新农民"，我们的任务是"为建设社会主义新农村而奋斗"。在这一时期，"新农村"的概念主要集中在所有制关系上。

20 世纪 80 年代初，我国提出了"小康社会"的概念，其中社会主义新农村建设是全面建设小康社会的重要组成部分。"社会主义新农村建设"得到明确体现，包括"建设一个全面发展的农、林、牧、副、渔全面发展，农工商综合经营，环境优美，生活富裕，文化发达的新农村"，强调两个文明一起抓，体现了社会主义新农村建设目标的转变。

党的十五届三中全会科学总结了 20 年来我国农村改革的经验，肯定了以公有制为主体、多种所有制经济共同发展的基本经济制度，以家庭承包经营为基础，开展统分结合的经营模式，以劳动所得为主和按生产要素分配相结合的分配制度，明确提出到 2010 年建成中国特色社会主义新农村的目标，并在经济、政治、文化等方面做了具体规定，进一步聚焦了解决农业、农村和农民问题，明确了促进农村经济社会发展是社会主义新农村建设的必由之路。

党的十六届五中全会通过了《中共中央关于国民经济和社会发展第十一个五年规划的建议》，对社会主义新农村建设给予了前所未有的重视。针对我国农村发展面临的新形势，明确提出了建设新农村这一历史任务。《中共中央、国务院关于落实发展新理念加快农业现代化，实现全面小康目标的若干意见》进一步明确了建设社会主义新农村的意义、内涵、原则和思路，部署了推进实施的各项战略措施。"生产发展、生活宽裕、乡风文明、村容整洁、管理民主"，是社会主义新农村建设成果的具体体现，涉及农村经济建设、政治建设、文化建设、社会建设和党风建设等方方面面，体现了新农村建设的基本要求。

（二）美丽乡村

2013 年发布的《中共中央、国务院关于加快发展现代农业　进一步增强农村发展活力的若干意见》中提出了加快发展现代农业，增强农村发展活力的思想，相比之前提出的"新农村建设"，更加强调科学合理、绿色可持续发展的生态理念，构建了社会主义"五位一体"规划的总体布局，在新农村建设的基础上，强调了农村生态文明建设、农村环境管理和农村综合治理。其核心理念是人与自然和谐发展，发展基础是加强农村硬件设施建设，增强农村实力。在此基础上，大力发展农村经济，以新型城镇化为主要动力，推进美丽农村建设，同时注重生态文明建设，继承农村传统文化，弘扬乡土中国的文明内涵。

根据现阶段我国学者对乡村振兴发展的相关研究，可以看出乡村振兴发展是一个集生产、生活、生态于一体的乡村发展模式。乡村振兴发展是"生产美""生活美""生态美"三个方面的均衡协调发展。"生产美"是指通过改变传统产业结构，丰富物质资源，加强基础设施，发展农业，提高生产效率，缩小城乡差距，实现农民富裕和城镇发展。"生活美"是指通过农村经济发展，完善社会分配体制机制，满足村民的物质和精神文化生活需求，推动城市文明向农村的传播和渗透，同时确保农村传统文化的传承，加强农村风土人情建设，提高农民综合素质水平，协调城乡关系，促进社会和谐，形成独具特色的农村社会生活。"生态美"是指以尊重自然为前提改造农村生产生活环境，通过合理规划布局，整治村容村貌，保持农村优美的人居环境，促进人与自然的和谐发展，走可持续发展之路，打造"宜居、宜业、宜游"的美丽乡村面貌。其中,"生产美"是乡村振兴发展的前提和基本出发点,是实现"生活美"和"生态美"的有力支撑和有效途径,"生活美"是"生产美"和"生态美"的落脚点,"生态美"是实现"生产美"和"生活美"的内在要求,三者互为支撑、相互促进、相互补充、缺一不可。

党的十八大报告提出,创建"美丽乡村"的基本要求是建设"村容整洁、环境优美、乡土文化气息浓郁的乡村聚落环境"。2014 年,国家标准委编制了《乡村振兴发展指南》,确定了美丽乡村的村庄规划和建设、生态环境、乡风文明、长效管理等建设要求。徐令义(2014)对"美丽乡村"的内涵精简概括为"五美":一是环境之美,规划合理,设施配套,村容整洁;二是风尚之美,家庭和睦,民风淳朴,崇德向善,守望相助;三是人文之美,文化繁荣,底蕴深厚,耕读传家,以文化人;四是秩序之美,学法用法,遵纪守法,民主法治,风清气正,和谐稳定;五是创业之美,吃苦耐劳,勤劳致富,勇于创新,诚信经营。

二、乡村振兴概念构成

国内外学者针对乡村振兴及其相关概念进行了研究和讨论。白雪梅等(2014)、凯瑟琳·麦克罗克林等(Mclaughlin et al.,2016)、刘彦随等(2014)从乡村发展的理论视角,结合乡村建设实践,对乡村振兴和乡村振兴相关的概念,如乡村复兴、乡村发展、乡村再造等进行了阐述。针对乡村发展过程中出现的乡村衰败抑或复兴问题,王勇和李广斌(2016)、张勇(2016)、潘家恩(2017)、徐勇(2016)分别对乡村衰败、乡村复兴、城乡矛盾、城乡失衡等相关概念进行了深入辨析。郑风田(2016)、刘守英(2017)在对我国城乡一体化发展进程的相关研究中指出,新时代的"城乡中国"必须由单向城市化发展转向城乡互动发展。中国城市规划协会会长唐凯提出,乡村复兴之路是一条文明有根的现代化发展之路。时任江苏省委书记李强提出,推进特色田园乡村建设是现代乡村建设的重点,其落脚点在于"文明","因为乡村是农耕经济的载体,也是文化传承的载体,是中华五千年文明之根。所以必须唤醒乡村复兴的主体意识和理性,并且重新认识乡村文明的价值和使命"。

乡村振兴战略提出了"产业兴旺""生态宜居""乡风文明""治理有效""生活富裕"等全新概念,这些概念继承了新农村建设的"经济繁荣""设施完善""环境优美""文明和谐"等传统概念,同时又提出了新的内涵,其创新性体现在以下五个方面。

（一）从"生产发展"到"产业兴旺"

实现乡村振兴，必须要有产业做支撑。产业是乡村振兴的核心，也是实现农民生活富裕、生态环境良好的基础。产业发展是经济社会发展的基本保障，也是乡村振兴发展战略的关键环节。深入推进乡村振兴战略，关键在于加快乡村产业转型升级，提升乡村产业层次，壮大乡村新兴产业，以产业兴旺带动事业兴旺，以事业兴旺支撑产业兴旺。以产业兴旺为目标的乡村振兴发展，必须着重关注两个方面的问题：一是乡村产业融合，二是乡村产业发展的途径和载体。为此，必须激活乡村微观主体活力，创新乡村产业发展模式，走开放发展、融合发展之路。

乡村建设理念从"经济繁荣、生产发展"升级到"产业兴旺"，充分体现了乡村不仅是一个为农民提供物质产品的生产部门，还是能够为乡村居民乃至广大消费者提供优质精神文化产品、生态产品的独特产业。产业兴旺不再局限于传统的农副产品，更拓展到服务业、乡村旅游、"互联网＋农业"等为依托的新领域、新业态。乡村产业通过结构转型升级、一二三产业融合，实现全面繁荣兴旺。

（二）从"村容整洁"到"生态宜居"

对于生态宜居的界定并无统一的标准，居住在乡村的人们所能够感受到的幸福感应该是生态宜居的最直接体现。保护与合理利用乡村自然资源，将新技术、新手段应用于乡村发展的实践，实现人与自然的和谐共生，使人的创造力和生产力得到最大限度的发挥，使乡村居民的身心健康和环境质量得到最大限度的改善，使民众的幸福感得到最大程度的满足，就是实现了乡村的生态宜居。

"生态宜居"体现的主要是乡村整体生态系统的稳定，而新农村建设中提出的环境优美、村容整洁、设施完善等都是生态宜居的应有之义，也是实现了生态宜居后某些方面的具体表现。从"环境优美、村容整洁、设施完善"升级到"生态宜居"，体现了乡村发展不仅要求环境秀美，还要求乡村生态全方位的协同发展，生态宜居不仅体现在表象，更是乡村风貌"质"的跃迁。

（三）从"文明和谐"到"乡风文明"

乡风是维系中华民族文化基因的重要纽带，是传承中华民族传统优秀文化的重要载体，更是实现中华民族伟大复兴的重要标志。在社会主义新农村建设中提出的"文明和谐"，是一个宽泛的概念，而乡村振兴中提出的"乡风文明"，具有了更加具体的内涵。"乡风文明"中的"乡风"明确了乡村振兴中文明的特定含义，突出了乡风淳朴的重要性。乡风淳朴是中华民族的优秀传统文化，乡风文明体现了乡村发展中对历史传承的重视。

（四）从"管理民主"到"治理有效"

从管理到治理，体现的是不同思维下的发展理念。治理不是一整套规则，也不是一种活动，而是一个过程，更加强调对现有乡村发展状态的改变；治理过程强调的不是控制，而是多主体参与的协商与协调；治理不是正式的制度，而是针对乡村发展进行的持续互动。

治理有效是指加强乡村基层治理工作，健全乡村自治、乡村法治、乡村德治相结合的治理体系，解决"谁来治理""依何治理""如何治理"三个方面的问题。实现有效治理的关键在于培养一支懂农业、爱农村、爱农民的乡村工作队伍，为提高乡村治理能力提供保障，为破解乡村治理困境指明方向，这也体现了以人为本和系统治理、依法治理、综合治理、源头治理的乡村治理理念。从"管理民主"升级到"治理有效"，充分体现了乡村建设由"管理"到"治理"的模式转变，体现了从注重基层民主制度建设到追求农村社会和谐稳定"善治"的转换。

（五）从"生活宽裕"到"生活富裕"

从"宽裕"升级到"富裕"，体现了提升农村居民生活水平，建成更高水平小康社会和共同富裕路上不落一户一人的决心。"宽裕"体现了物质文化能够满足基本的生活需求，而随着乡村经济社会的快速发展，乡村居民的生活水平应更上一层楼。因此，乡村建设的目标需要进一步深化和提高。"生活富裕"是对乡村振兴目标下乡村美好生活内涵的升级和延伸，深入理解这一内涵的变化，对于落实乡村发展政策，推动乡村振兴发展具有重要意义。

三、乡村振兴概念界定

从乡村空间布局角度分析，乡村是农民集聚定居的空间形态，是农民进行生产生活的聚集地，同时也是农村经济社会发展的基本载体。根据对现代乡村的定义、振兴的内涵、当代乡村发展的战略要求以及乡村建设的探索和实践，本书分别从过程和状态两个层面对"乡村振兴"概念进行表述：第一，乡村振兴依托乡村多维空间形态，遵循乡村发展客观规律，农民群众主动建设，社会各界共同参与，注重自然与社会的和谐共生，是不断加强乡村经济、政治、文化、社会和生态建设的过程。第二，乡村振兴通过不断满足人们对乡村生活质量的更高需求，不断实现乡村发展的预期建设目标，最终达到全方位现代化的乡村发展状态。乡村振兴既是当代中国乡村发展的过程，又是乡村发展的目标和未来状态。这一定义不仅涵盖了乡村振兴的目标，也涵盖了乡村振兴的过程。本书提出的乡村振兴概念是乡村发展目标与过程的统一，尊重乡村历史发展过程，是当代乡村发展实际和国家乡村发展战略的高度统一。

乡村振兴是基于我国基本国情、社会经济发展特点和乡村发展体系的特征提出的，其核心要义是把"三农"问题作为乡村全面振兴发展的根本性问题。新时代推进乡村全面发展需要从培育特色产业、特色生态和特色文化做起，促进农业、农民持续协调发展，为广大乡村居民创造优美便捷的工作、生活环境。为此，着力培育和打造具有地方特色的美丽田园乡村，是新时代乡村振兴的重要抓手。

乡村振兴涉及乡村治理、产业发展、文化保护与传承、生态保护、乡村建设和文化建设等多个领域，各领域之间互为依托、共同发展，应从系统论视角寻求乡村振兴的治理优化策略。乡村振兴离不开产业的发展、文化旅游的繁荣、人居环境的美丽、文化的复兴、人气的集聚，以及完善的基础建设和正确的开发方向等，各领域、各层次、各环节均衡有序发展，乡村才能有活力、有动力、有人气，才能真正实现振兴。为了深入理解乡村振兴的概念，图2-1从乡村振兴的路径结构、空间变化和时间发展三个维度进行了分析。

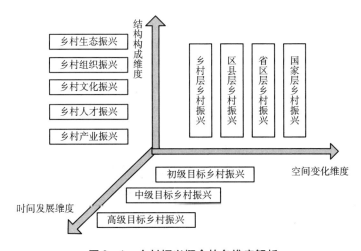

图2-1　乡村振兴概念的多维度解析

从结构构成维度来看，乡村振兴可分为乡村产业振兴、乡村人才振兴、乡村文化振兴、乡村组织振兴和乡村生态振兴五个方面，这五个方面既是乡村振兴的主要组成部分，也是乡村振兴的主要实施路径。其中，产业振兴是基础、人才振兴是关键、文化振兴是保障、组织振兴是保证、生态振兴是支撑。这五个方面的内容与乡村振兴的总体要求（产业兴旺、生态宜居、乡风文明、治理有效、生活富裕）互为表里，是一个包含农业生产、农村生活、农村生态的复合系统。

从时间发展维度来看，乡村振兴可划分为初级目标乡村振兴、中级目标乡村振兴和高级目标乡村振兴，分别对应乡村振兴的不同发展阶段。初级发展阶段的目标是乡村振兴取得重要进展，包括构建乡村振兴战略的体制机制，乡村文明、社会治理、产业发展等成效初步显现；中级发展阶段的目标是乡村振兴取得决定性进展，包括乡村振兴战略体制机制进一步理顺，劳动力、土地、资本、技术、信息等生产要素在城乡流动中的障碍得以全面消除；高级发展阶段的目标是乡村实现全面振兴，乡村振兴的体制机制和政策相当完善，城乡之间实现良性互动并相互促进，"三农"问题得到根本解决。

从空间变化维度来看，可将乡村振兴视为乡村层次、区县层次、省区层次和国家层次的乡村振兴，不同层次的主体角色及重点任务有所不同，不同区域的具体建设内容也会因为资源禀赋和文化特色方面的差异而各有侧重。

第三节　乡村振兴的科学内涵

一、乡村振兴相关概念解析

（一）乡村复兴的内涵解析

复兴的本意是指衰落后的再次兴盛，再创辉煌。在乡村发展进程中，复兴是对传统乡村发展观的进一步提升（张京祥等，2014），其内涵大致可分为"外在含义"和"内在含义"两个方面。外在含义是指在城乡联动的发展进程中，发挥乡村的独特价值，通过乡村繁荣，使乡村在经济和文化方面发挥与城市同等的影响力。内在含义是指在城乡关系平等互补的前提下，实现乡村经济、社会、治理和生活的进步与繁荣。何慧丽（2012）指出，在当前过度强调城市化的环境下，乡村复兴是指重新强调和凸显乡村"传统基因"的强大生命力，在保持传统乡村特色和乡村文化习俗的基础上，扭转乡村各方面的凋敝局面，其中乡村的"振兴"和"复兴"有着密切的联系。针对城市化背景下农村存在的乡村衰败现象和活力不足问题，王超超等（2016）认为，乡村振兴是在快速城市化进程中，对乡村衰落和传统乡村发展模式的反思，旨在通过重构焕发乡村发展的原有活力，走内涵式发展道路，进而实现农村可持续发展。

（二）乡村振兴发展战略解析

对于乡村振兴战略的内涵，学者们从不同角度进行了解读。韩俊（2018）认为，乡村振兴战略是第十九次全国代表大会提出的七大战略之一，是我国全面建设小康社会和社会主义现代化强国的重要任务，是新时期"三农"工作的重要战略部署，也是农村社会发展新阶段的必然要求。韩长赋（2018）认为，乡村振兴战略的实施是新时期农村建设的主旋律，有着极为丰富的内涵和严格的要求。当前，我国社会发展最大的不平衡是城乡发展的不平衡，最大的发展不充分是农村发展的不充分。因此，全面建成小康社会，农村是短板，农业是短腿。陈锡文（2018）认为，农村衰落既不是自然规律，也不是必然规律，在现代化建设进程中，我们需要探索农业、农村和农民需要做出什么样的变革，实现什么样的现代化，未来城乡格局应该是怎样的局面。刘守英（2017）指出，乡村振兴是对过去"重农业、轻乡村"旧观念的纠正。从"城乡统筹"到"城乡融合"的转变，体现了当前乡村发展的理念转变，其核心是城乡文化的共存共荣、相互依存和融合发展。张晓山（2018）认为，乡村振兴战略是社会主义新农村建设的升级版，旨在从根本上解决我国农村发展问题。通过对乡村振兴与新农村建设内容的比较，可以看出乡村振兴内涵和外延的改变。其中，产业兴旺不仅凸显了产业整体发展的重要性，也凸显了一二三产业融合发展的必要性；生活富裕则意味着农民的生活水平要有更大的提高；治理有效着重强调乡村治理体系与乡村发展结构的变革，重视提高治理效率；生态宜居是农村建设理念的升华，是农村发展质的提升。叶兴庆（2018）指出，乡村发展理念已经从村容整洁到生态宜居，其突出变化是加强生态文明建设，在农业和农村发展理念中，更加尊重、顺应和保护自然，建设人与自然和谐共处的现代化乡村。农村基础设施的完善和基本公共服务的进一步发展，为实现乡村社会的生态宜居提供了基础保障，而乡村振兴的关键在于建立健全振兴发展机制，让农民从发展中受益，使乡村振兴成为农民的自觉行动。

此外，学者们也从多个角度解析了乡村振兴的关键要素和关键环节。钟钰（2018）认为，推进乡村振兴战略的实施路径，即科学谋划乡村发展规划蓝图，从战略高度认识振兴乡村的新形势和新要求；加快培育壮大农村优势产业，进一步释放农村发展活力；加强体制机制创新，推进城乡融合协调发展；通过政策支持引导，激发乡村多元文明复兴；培育乡村内涵美，提升乡村综合价值软实力。廖彩荣和陈美球（2017）指出，实施乡村振兴战略，首先要运用系统方法、全局观点做好顶层设计，编制一个立足全局、切合实际、科学合理的乡村振兴规划；然后还要强化乡村振兴制度性供给，完善产权制度改革，统筹推进乡村"经济、政治、文化、社会和生态文明"的全面建设；再然后把推进农业供给侧结构性改革作为农业农村工作的主线，加快实现农业农村现代化；最后坚持农民在乡村振兴中的主体地位，以人为本，发动农民、依靠农民，紧紧围绕"人""地""钱"等关键要素，推动战略行稳致远。刘志阳和李斌（2017）研究了乡村振兴视野下的农民工返乡创业模式，指出农民工返乡创业为乡村振兴战略的实施注入了新的力量，必将带动农村经济的快速增长和农民的快速增收。熊小林（2018）在"乡村振兴战略研讨会"综述中指出，实现乡村振兴战略，一是要正确处理好乡村振兴战略同其他发展战略之间的关系；二是要继续深化乡村改革，从根本上激发乡村发展要素和各类主体的活力，不断为乡村发展注入新动能；三是要推进农村劳动力持续转移，发展多种形式的适度规模经营，提升农业效益；四是要调整优化农业结构、促进农业提质增效，持续提升农业质量效益和竞争力；五是发展壮大农村新产业新业态来提高农业供给质量，培育乡村发展新动能；六是加强和改善政府对乡村发展工作的调控，强化乡村发展的高质量人才队伍建设，充分调动亿万农民群众的积极性。

国外学者对其乡村振兴发展经验的总结，丰富了乡村振兴发展的模式和路径研究。利尔辛（Korsching，1992）在考察美国和加拿大乡村发展实际后提出，多社区协作作为一种重要的乡村振兴实现路径，对农村发展尤为重要。川谷（Kawate，2005）分析了农村复兴和乡村改革在日本乡村振兴发展中的作用。野中和小野町（Nonaka & Ono，2015）对日本乡村振兴计划和实践进行了经验介绍。格林（Greene，1988）通过分析农业多元化发展倡议，认为政府在实现乡村振兴的过程中有着不可替代的主体作用。

二、乡村振兴的基本含义

结合已有研究，本书认为乡村振兴是基于现阶段乡村发展困境及新时代发展需求而提出的对乡村价值的再认识，是乡村经济、社会、生态、文化、政治"五位一体"的系统性振兴与可持续发展，其含义主要从两个维度进行解读：第一个维度是过程，乡村振兴需要一个漫长的发展过程，包含产业、人才、文化、生态环境和组织五个方面的振兴，各方面的振兴发展都是一个逐步发展、逐步成熟的过程,且五个方面互为依托,相互促进。第二个维度是状态,乡村振兴是乡村发展的最终目标,就是要统筹协调城乡利益,扭转"重工业轻农业、重城市轻农村、重市民轻农民"的局面,最终实现农业农村现代化。从这个角度认识乡村振兴,则其状态特征包括产业兴旺、生态宜居、乡风文明、治理有效、生活富裕五个层面,这五个层面也为乡村振兴发展指明了目标和方向。为此,乡村振兴的具体内涵应从下面五个方面进行解读。

(一)发展乡村产业,实现产业兴旺

乡村产业振兴是乡村振兴的基础。乡村产业振兴就是要立足本地的资源禀赋优势,围绕现代乡村产业发展目标,深化农业供给侧结构性改革,以满足消费者需求为导向,增加农产品数量的同时重视农产品质量的提升。加快推进农村一二三产业融合发展,着力推动乡村农业"接二连三",发展壮大农村新产业新业态,加快培育农业农村发展新动能,构建现代乡村产业体系,推动乡村经济高质量发展,最终实现产业兴旺。因此,产业发展的出发点应该是增加农民收入,千方百计消除农村贫困,促进农村繁荣,缩小城乡差距。而推动现代产业发展的关键,在于优化调整农业结构,加快现代产业体系、生产体系和管理体系建设,促进乡村产业由数量速度型向质量效益型转变,提高乡村产业创新能力和竞争力,保证乡村产业发展的高质量、高效益和可持续。

(二)培养乡村人才,提高致富能力

乡村人才振兴是乡村振兴的关键。只有人才振兴,才会产业振兴,实现生活富裕目标。要把乡村人才建设摆在乡村发展的首要位置,强化乡村振兴的人才支撑。因此,需要建立健全乡村人才发展的体制机制,培育本土人才,探索人才加入机制,吸引人才、留住人才,激励各类人才在乡村振兴中积极发挥作用。同时,重视提升农民自身的文化素质和致富能力,培养新时代知识型、技能型、创新型、爱农村、爱农业的农民群体,打造一支强大的乡村振兴人才队伍,为乡村振兴的可持续发展提供源源不断的文化支撑、智力支持和精神支持,提高乡村振兴发展的内生动力和活力。

(三)弘扬乡村文化,实现乡风文明

倡导科学文明健康的生活方式,传承和弘扬农村优秀传统文化,健全农村公共文化服务体系,加强乡村思想道德建设和公共文化建设,发掘和培养优秀的乡村本土文化人才。通过文明乡风、良好家风、淳朴民风"三风"行动,深化农村精神文明建设,促进农耕文明与现代文明有机结合,改善乡村居民的精神面貌,丰富农村居民的精神生活。繁荣发展乡村文化，既要注重乡土文化的历史传承，又要重视弘扬文明新风尚，提高乡村社会文明程度，实现乡村文化振兴。

（四）保护乡村生态，实现生态宜居

生态宜居是实现乡村振兴的重点。良好的生态环境是乡村发展的天然优势和宝贵财富，保护好乡村生态环境，留住美丽乡愁，实现美丽乡村与美好生活的有机融合，是乡村价值的重要体现。因此，乡村发展必须树立尊重自然、顺应自然、保护自然的科学发展观，促进乡村自然资源的可持续发展，实现百姓富和生态美的统一。坚持绿色发展，加强乡村突出环境问题综合治理，扎实推进农村人居环境治理，做好农村生活垃圾分类、农村厕所整治、农村生活污水治理、农业面源污染治理等重点工作，改善村容村貌，提升乡村人居条件，改善乡村生产生活环境，优化乡村空间布局。

（五）强化乡村组织，实现有效治理

乡村有效治理是实现乡村振兴的重要手段。乡村振兴离不开有序发展，而良好的秩序离不开有效的治理。乡村是国家治理体系中最基本的治理单元，是整个国家治理体系的重要基础和有力支撑，也是实施乡村振兴战略的基石。依法实行村民自治，发展新型农民合作经济组织，建立健全以"党委主导、政府负责、社会协调、公众参与、法律保障"为主体的现代农村社会治理体系，提升乡村治理能力与水平，促进乡村经济社会稳定发展。要实现有效的乡村治理，必须优化乡村组织体系，以提升组织能力与组织凝聚力为重点，打好基础，补齐短板，增强功能，培育优秀的农村基层党组织领导班子，深化村民工作，提高村民参与治理的积极性，实现对乡村的有效治理。

总而言之，乡村振兴包括乡村产业振兴、乡村人才振兴、乡村文化振兴、乡村生态振兴和乡村组织振兴五个方面。乡村振兴是一个有机整体的系统工程，高度呼应了中国特色社会主义事业的"五位一体"总体布局，是经济建设、政治建设、文化建设、社会建设和生态文明建设在乡村建设中的具体体现。乡村振兴各个模块之间既相互区分又彼此联系，具体可以从图2-2所示的三个层面分析其内在含义的构成。

从乡村振兴发展的过程性来看，在经济方面，产业振兴是乡村振兴的核心过程；在乡村社会发展方面，人才振兴是首要任务；在政治方面，组织振兴是乡村振兴发展的基本保障；在文化方面，文化振兴是必不可少的关键环节；在生态发展方面，生态振兴是乡村可持续发展的关键。

从系统论角度来看，产业振兴与人才振兴两方面内容构成了乡村振兴的主要驱动力，而乡村文化振兴、乡村生态振兴和乡村组织振兴是乡村振兴的关键环节。

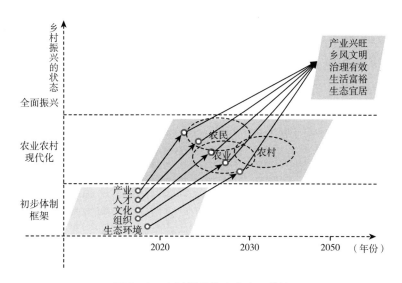

图 2-2　乡村振兴基本含义二维图

从乡村振兴发展的状态性来看，产业兴旺是乡村振兴的核心内容，生活富裕体现了乡村振兴"以人为本"的思想，乡风文明是乡村振兴的灵魂，也是乡村振兴的精神支柱，而生态宜居是乡村振兴的应有之义，也是乡村振兴的内在要求，治理有效则是农民基本权益的根本保障。

从乡村振兴发展过程性和状态性的辩证关系来看，乡村振兴发展的状态和过程互为因果，互动反馈，相互促进。改变乡村发展现状的动力推动着乡村振兴的进程，而乡村振兴的推进反过来必然会改变乡村发展的状态。具体来看，产业兴旺需要乡村人才支持和乡村文化的引领，乡风文明需要文化振兴、人才振兴以及组织振兴的辅助推进，治理有效是组织振兴的结果，同时也需要人才振兴的支持，生态宜居状态的改善需要生态环境治理的有效开展，而生活富裕的达成是产业振兴和人才振兴的必然结果。

第四节　乡村振兴的本质特征

一、乡村振兴的本质

（一）乡村经济振兴

乡村经济振兴是乡村振兴的物质基础。只有经济得到发展，乡村的物质生活水平以及物质生产能力才能够真正得到提高，同时影响和带动乡村政治、乡村社会、乡村文化、乡村生态乃至整个乡村的振兴发展。乡村产业振兴的发展过程，也是乡村产业兴旺的实现过程，是乡村经济发展的必由之路。因此，乡村经济振兴的本质是优化乡村产业结构，提高乡村产业科技含量，推动乡村产业融合创新。

（二）乡村政治振兴

乡村政治振兴是乡村振兴的可靠保障。乡村政治振兴有利于调动人民群众的创造性与主动性，提高乡村居民的参与意识，完善健全乡村德治与法治。在乡村经济社会发展过程中，乡村民主政治必须适应人民群众参与政治的诉求，建立人民群众愿意参加、可以信任的乡村各级组织，包括乡村基层政权、乡村基层党组织等，发挥村级党组织在群众中的桥头堡和主心骨作用，大力加强农村的道德建设、法制建设、诚信建设和公共服务体系建设，进一步改善农村公共服务环境，完善服务设施，提升服务质量，提高组织凝聚力，完善各级乡村组织的职能，为乡村有效治理奠定组织基础。

（三）乡村文化振兴

乡村文化振兴是乡村振兴的灵魂。实现乡风文明主要依靠文化振兴，应重视乡村振兴中的文化传承，突出乡村特色，保留乡村传统美和特质美。要把依山傍水、小桥人家、青砖黛瓦作为乡村特色文化的一部分，把乡村文化铭刻在乡村发展理念中。同时，文化繁荣可以为乡村经济社会发展提供精神动力和智力支持，良好的科学文化素养、崇高的理想信念和道德情操，有助于乡村文化创造活力的充分释放，能够推动文化创新成果的不断涌现，并最终反馈到乡村发展的实践。

（四）乡村社会振兴

乡村社会振兴的基础是乡村人才振兴。通过乡村人才振兴，可以汇聚足够的人才资源，有助于推动乡村振兴发展。一方面，实施乡村人才振兴可以引进和培养愿意在农村扎根、热爱农业和农村的城市人才，促进乡村社会发展。另一方面，把城市人才积累的经验、技术、资金及管理等带到乡村，能够造福乡村，激发乡村发展的内在活力。党的十九大报告提出了实施乡村振兴的伟大战略，为新时代的中国乡村绘制了宏伟美好的总蓝图，建设高素质的村级干部队伍，激发乡村现有人才活力，充分调动农民的积极性，解决人民最关心、最直接、最现实的利益问题，让人才振兴成为推动农业农村现代化的内生动力，是乡村振兴发展的重要抓手。同时，乡村社会振兴通过建立健全乡村社会管理和社会保障体制机制，是乡村社会和谐安定，长治久安的重要保障。

（五）乡村生态振兴

通过生态振兴，实现生态宜居的总目标。一方面，绿水青山就是金山银山，解释了生态发展与经济发展的紧密联系。另一方面，绿水青山也是生存之山，栖息之山，是人类生存的基础。只有重视生态保护，将人与自然的和谐发展作为乡村振兴发展的前提和基础，才能真正实现乡村振兴发展的宏伟蓝图。只有农民群众的生态意识增强了，乡村生态振兴才有坚实的群众基础。生态振兴就是要把生态文明建设作为乡村振兴的重中之重，高度重视农村人居环境建设，切实加强领导，科学规划，精心组织，加强农村基础设施建设和环境整治。

从农业现代化到农业农村现代化，"三农"工作的重心由经济发展拓展到经济、政治、文化、社会、生态各领域的协同发展，突出体现了"五位一体"的系统发展思路。乡村振兴不仅是经济的振兴，也是组织的振兴、文化的振兴、社会的振兴、生态的振兴。乡村振兴的本质在于强调农业农村优先发展，并以工业化为引领、城镇化为动力、农业现代化为支撑，是新型工业化、城镇化、信息化、农业现代化"四化融合"基础上的农业农村优先发展。

二、乡村振兴的特征

乡村振兴涉及资源、经济、文化、自然等乡村发展的多方面内容，是一个经济、社会、人口、空间和环境等协同发展的动态过程。乡村振兴是乡村生产、生活、生态全方位的发展，它的具体特征主要表现在科学性、动态性、层次性、经济性、实践性和逻辑性等方面。

（一）科学性

乡村振兴属于系统科学的范畴，具有科学性。一方面，乡村振兴立足于中国乡村发展的实际，遵循乡村发展的客观规律，允分考虑乡村的自然条件与先天禀赋，因地制宜，循序渐进，不能违背科学性原则，盲目开展乡村建设。另一方面，乡村振兴不仅仅是一个村镇建设的问题，更是一个融合农业、农村、农民三个层面共同发展的问题，也是一个城乡融合和人与自然和谐发展的问题。可见，乡村振兴不仅仅是乡村经济建设，更是囊括了乡村经济、社会、政治、生态、科技、教育、文化、交通等多个方面的整体发展战略，必须从系统论思想出发，在完备的科学体系指导下方能完成。

（二）动态性

乡村振兴是一个过程，是长期演变的结果，具有动态性。"乡村"的概念和内涵本身是随时代的变化而不断演变的，乡村这一名词本身就带有发展的动态性。乡村振兴作为新时期农村发展的新阶段，必须与时俱进地反映时代特征。每个时期乡村发展的状态不是一成不变的，它随着乡村社会的发展而发展，所以乡村发展过程中要解放思想，把握时代发展的脉搏，立足当下，不断创新。

（三）层次性

乡村振兴是立足现有基础和条件下的全方位、多层次、宽领域的乡村发展过程，因此乡村振兴应坚持系统思维。系统是诸多要素以特定结构形成一定功能和层次的有机整体，现代系统论从整体与部分出发，以整体为核心兼顾要素，提出整体发展是要素、层次、结构、功能和环境共同作用的结果。乡村振兴主要针对农村、农民、农业三大主体的发展问题，应紧密围绕乡村发展系统的结构特征和功能需求，逐层开展乡村振兴工作。可见，分层次是乡村振兴工作的客观要求，从功能实现角度来看，可以将乡村振兴工作划分为三个层次，即浅层功能阶段、中层功能阶段和深层功能阶段。

（四）经济性

乡村振兴发展的原始动力来自乡村经济发展的需求，因此乡村振兴具有经济性。乡村振兴的首要目标是经济振兴，反过来，经济振兴又是乡村振兴发展的基础。经济性是乡村发展必不可少的特性，没有经济特性的乡村振兴不是完整意义上的振兴。作为推进农村经济社会全面发展的一项国家战略，乡村振兴必须以强大的农村经济为后盾。而乡村产业振兴，一方面为乡村经济发展提供了动力，另一方面为乡村经济发展质量和可持续性提供保证。

（五）实践性

乡村振兴是一项实实在在的系统工程，不能只停留在理论研究的层面，实践性是乡村振兴的本质特征之一。乡村振兴是一项需要全社会参与的社会活动，不是自发的自然现象。同时，乡村振兴需要科学的理论指导，需要建立在对乡村振兴理性认识的基础之上，并需要经过实践的检验。从某种意义上来说，乡村振兴理论的目的和价值依赖于乡村振兴实践的成败，没有实践的推动，乡村振兴理论不能得到验证和丰富；没有实践的推动，乡村振兴便失去了过程性，只能始终停留在一种预期状态，也就失去了存在的意义。

（六）逻辑性

乡村振兴是现代乡村发展理论指导乡村发展实践的有序活动，需要遵循严格的逻辑框架，是具有逻辑性的实践行为，乡村振兴实践需要科学把握逻辑起点和逻辑思路。通过对乡村振兴理论的剖析，相关理论可以概括为三个部分：第一部分是与乡村振兴相关的观点和假设，这是乡村振兴的逻辑起点，它决定了乡村振兴的基本价值取向；第二部分是乡村振兴的基本理论基础，它是指导乡村振兴实践的基础和理论指导，同时也是乡村振兴可行性的关键；第三部分是乡村振兴的具体实践，也是乡村振兴的实际落脚点。从乡村振兴的理论与逻辑分析，到乡村振兴的具体实践，是乡村发展实现"质"的飞跃的必由之路。

第三章　乡村振兴理论基础

乡村振兴涉及乡村经济发展、乡村社会和谐、乡村生态健康、乡村组织提升以及乡村文化传承等多个方面。在乡村振兴发展过程中，可能会面临许多管理和技术问题，如制度建设、政策选择、管理体系构建等，这些问题的解决都需要科学依据和理论逻辑的支持。因此，亟须对乡村振兴的相关理论进行系统梳理和总结，明确乡村振兴的主导思想和理论体系。

第一节　可持续发展理论

一、可持续发展理论

可持续发展的正式概念是在 1980 年出版的《世界自然保护策略：为了可持续发展的生存资源保护》中首次提出的。1987 年，世界环境与发展委员会在《我们共同的未来》报告中肯定了可持续发展的重要作用，认为只有通过经济发展和社会可持续发展才能真正解决环境问题。此次报告首次界定了可持续发展的概念内涵，既要满足当代人经济社会发展的需求，又要以不损害后代人发展需求为目标。从 20 世纪 80 年代西方学者首次提出可持续发展理论到 90 年代初，可持续发展理念已成为全球范围内的共识，中国学者也在这一时期引入并接受了可持续发展的思想，并通过不断引进和吸收，将可持续发展概念进行了创新和本土化。

可持续发展的内容主要涉及可持续经济、可持续社会和可持续生态的协调统一。它要求人类在从事发展活动时要充分重视经济效益、关注生态和谐和促进社会和谐，最终实现人的全面发展。可持续发展的概念虽然起源于环境保护，但随着当代发展理论的发展、丰富和提升，其内涵已远远超出环境保护本身，而更加重视将环境问题和发展问题结合起来，使之成为当今社会全面发展的长期战略。可持续发展各要素之间的关系如图3-1所示。

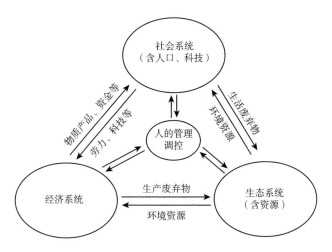

图3-1　可持续发展

资料来源：马世骏，王如松. 社会—经济—自然复合生态系统［J］. 生态学报，1984，4（1）：3-11.

二、三重底线理论

三重底线（triple bottom line）概念最早由英国学者约翰·埃尔金顿于1997年提出，指经济底线、环境底线和社会底线，也称三重盈余。他认为一个组织要实现可持续发展，不仅要实现盈利的最大化，还要考虑其活动给社会和环境带来的影响。在追求最大经济效益的同时，尽可能最大限度地减少对环境和社会的负面影响（李绍刚等，2014）。

乡村振兴强调乡村资源、乡村经济、乡村环境和乡村文化等健康和谐发展，实质上就是强调经济、社会和环境三者的和谐统一，与三重底线理论相契合。本书笔者根据乡村振兴的含义，结合三重底线理论和可持续发展理论等，认为乡村振兴就是以可持续发展理论和三重底线理论为根本宗旨，遵循可持续发展的基本原则，指引乡村走高质量发展道路，对乡村资源进行集约开发与循环利用，以保护乡村生态环境、传承乡村民俗文化、改善乡村经济条件、提高乡村居民收入、构建和谐美丽乡村、实现经济、社会和环境效益的有机统一（詹岚和钟荣凤，2017）。可持续发展的三重底线原则如图3-2所示。

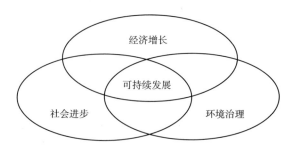

图 3-2　可持续发展的三重底线原则

由图 3-2 可以看出，可持续发展是经济增长、社会进步和环境治理三个方面的交集，是经济底线、社会底线和环境底线共同作用的结果。乡村振兴不仅要考虑经济的增长，同时还必须兼顾社会进步和环境治理，实现经济、社会和生态的和谐统一。

三、三生共赢理念

"三生共赢"概念最早由北京大学叶文华教授提出，是指生活、生产与生态的共同发展（田大庆等，2004），原指处理涉及利益冲突的双边或多边关系时，必须考虑到各方的合理利益需求。可见，三生共赢的目标是协调生活、生产和生态发展之间的矛盾与冲突，均衡三者之间的关系，使得生活水平不断提高的同时，生产能力不断提升，生态环境不断改善。按照"三生共赢"理念的要求，在处理环境保护与经济发展之间的矛盾时，必须寻求两者"共赢"的解决方案。"三生共赢"准则下可持续发展的均衡关系如图 3-3 所示。

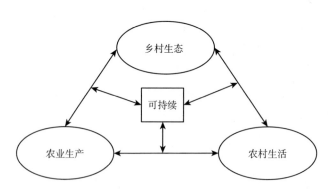

图 3-3　"三生共赢"准则下可持续发展架构

由图 3-3 可见，"三生共赢"准则下，乡村发展行为必须同时考虑改善自然生态，提高人民生活和发展经济生产三个方面，而其中的"发展行为"包括政府政策行为、组织生产行为、投资行为以及所有与社会发展相关的公共行为。准则的重点不仅在于生态、生活、生产分别得到改善、提高和发展，更重要的是三者在时间和空间上同步实现共赢。

（一）"三生共赢"是时间尺度上的共赢

从时间尺度上看，"三生共赢"需要农村生活、农业生产和农村生态三个方面同步发展。只有三者同步发展，才能保证"三赢"局面的产生。此外，"三生共赢"的目的是保障长期发展能力，这也是可持续发展定义中"不损害子孙后代发展权利"的应有之义。

（二）"三生共赢"是空间尺度上的共赢

从空间尺度上看，"三生共赢"表现在遵循区域整体发展原则，构筑合理高效的乡村振兴发展体系，对农村生活、农业生产和乡村生态三者并重，全面提升区域整体实力和协调发展水平，实现共赢发展、持续发展、协调发展、绿色发展。

（三）"三生共赢"是乡村可持续发展的目标

"三生共赢"是可持续发展的目标，是重建和谐的根本途径。农村生活、农业生产和乡村生态的共同发展，是人与自然、环境子系统之间和谐共生的可持续发展。三者中任何一方的发展问题都会导致社会或环境问题。因此，乡村振兴发展中要培养农民的环保意识，调动农民的环保积极性，必须将环境保护纳入农民生产生活决策，实现生产、生活、生态的激励相容。

（四）"三生共赢"是乡村可持续发展的行为准则

"三生共赢"不仅是人类社会可持续发展的目标，也是判断人们的行为是否符合可持续发展理念的标准。不同的社会价值判断导致不同的行为，在评价人类行为的过程中，有必要分析其对生产、生活和生态的影响。在此基础上，选择有利于"三生共赢"的行为。也就是说，只有对"三生"产生积极影响的行为才是可持续发展行为，任何一方的发展不能以牺牲另外一方为代价。

由于历史与环境的差异，乡村的自然环境、生活方式、生产模式是多样化的，这就决定了乡村振兴的"三生共赢"发展模式必须不断创新，不能完全照抄照搬现有的模式，而应立足当地的资源禀赋和文化特点，在实践中大胆摸索。"三生共赢"作为乡村振兴的目标和行为准则，应贯穿于农村生活、农业生产和乡村生态的振兴发展决策中，时刻以保障乡村可持续发展为出发点。

第二节　复合生态系统理论

人类社会是以人类行为为主导，以自然环境为依托，以资源流动为命脉，以社会系统为经络的人工生态系统。20 世纪 80 年代初，马世俊教授提出了著名的复合生态系统理论，认为当今人类赖以生存的社会、经济、自然是一个整体（马世俊和王如松，1984；王如松和欧阳志云，2012），是一个自然经济社会复合生态系统（仇蕾和王慧敏，2004），是人类活动社会属性和自然属性等诸多因素的综合，如图 3－4 所示。在这样的复合生态系统中，生产力和生产关系、经济基础和上层建筑之间的矛盾贯穿于每一个社会形态的始终，是整个生态系统的基础，同时也决定着整个系统的宏观表象，决定着系统发展的必然趋势和客观趋势。在复合生态系统中，社会、经济、自然、文化等子系统相互联系、相互独立、相互支持、相互制约，构成一种复杂的非线性关系网，这种非线性关系是一种分散的结构。同时，复合生态系统是一个开放系统，系统与环境进行着物质和能量交换，要充分发挥系统与外部环境的协同作用，保证系统的稳定和可持续发展。

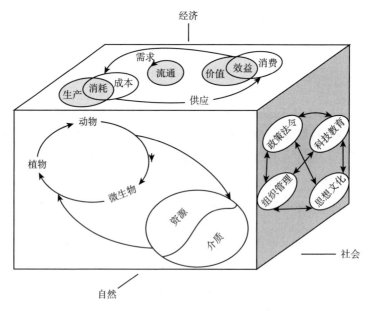

图 3－4　社会—经济—自然复合系统关联关系

资料来源：马世俊，王如松. 社会—经济—自然复合生态系统 [J]. 生态学报，1984，4 (1)：3－11.

乡村具有明显的复合生态系统特征，它由社会、经济、生态和文化等子系统构成，每个子系统又有多个单元组成，乡村发展是一个长期的非线性过程。其中，乡村社会子系统是人类为自身生存和发展而进行有目的的生产和消费活动的场所，与其他子系统有着根本性的区别，具有更加丰富的内容和更加复杂的关系，可以从不同的维度和层面进行刻画。乡村经济子系统主要描述乡村产业结构和模式，必须紧紧围绕推进农业供给侧结构性改革这条主线，以提高农业供给体系质量效率为主攻方向，优化农业产业体系、生产体系、经营体系，为经济发展大局提供有力支撑。乡村环境子系统包括乡村自然生态、农业生态、村镇生态等要素。乡村文化子系统由物态文化、行为文化、制度文化、精神文化构成，具体包括山水风貌、人文精神、乡约村规、价值观念、宗族家族文化、传统文艺等。可见，乡村复合生态系统是乡村生活、乡村生产、乡村环境、乡村文化四个子系统的有机整体。复合生态系统理论的核心是生态整合，即通过结构整合和功能整合，协调乡村生活、乡村生产、乡村环境、乡村文化四个子系统之间以及子系统内部要素之间的关系，使各子系统协同联动、耦合有序发展，实现乡村振兴发展的可持续性，如图 3 - 5 所示。

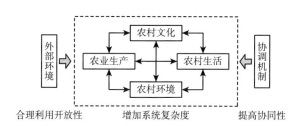

图 3 - 5　乡村复合生态系统模型

资料来源：郑向群，陈明．我国美丽乡村建设的理论框架与模式设计 [J]．农业资源与环境学报，2015 (2)：106 - 115.

乡村振兴发展问题是一个具有高度复杂性的问题，其复杂性主要体现在结构复杂、组成因素众多、作用方式错综复杂等方面，可视作一个包含区域内部经济、社会、制度、空间、人口、资源环境等诸多要素的复杂系统。系统内各要素协调一致、有序发展才能保证整个系统的健康可持续发展。这就要求我们基于复杂性科学的视角，从系统论出发研究乡村振兴发展问题，既要关注整系统中子系统的发展和协调问题，更要关注系统整体的良性发展。乡村复合生态系统理论主要用于乡村振兴的规划和框架设计，目的在于追求均衡协调、稳定发展、健康可持续发展。将复合生态系统理论融合到实际应用中，统筹规划乡村经济、社会和环境之间的关系，有利于提高乡村振兴发展的适应性和系统性，使乡村复合生态系统更具韧性，更加有能力应对外部环境的冲击对系统产生的负面影响。

第三节　乡村多功能性理论

一、农业多功能性[①]

工业经济、生态服务和农业的社会文化特征是传统乡村的三大结构功能。20世纪90年代起，在后现代和结构性视野的影响下，如何构建和再现"农村自然"过程成为焦点。乡村性是描述农村和区域类型的重要概念（Cairol et al.，2009），多功能性是乡村地域的本质特征，而乡村地域的多功能性需求推动了对其多功能性的研究（Dibden et al.，2009；Marsden & Sonnino，2008）。

农业多功能性概念最初在1998年经济合作与发展组织倡议上提出。"农业多功能性"的定义是："除了提供农业生产的基本功能外，农业活动还可以打造乡村景观并提供生态效益。"随着经济发展水平和生活质量的提高，社会对地域的多功能性提出了更高的要求（Jongeneel et al.，2008）。欧盟将多功能农业定义为可持续农业、粮食安全、区域平衡和农村与环境保护之间的一种结合（Potter & Burney，2002）。多功能性是欧洲农村发展的主流理念，已成为欧洲农业发展政策的核心内容。欧洲对多功能性的研究开展较早，积累了大量的经验，具有极强的针对性和应用性，并在农业、林业、公共产品、旅游等领域开展了大量理论创新（甄霖等，2010）。

在多功能农业发展理念框架下，乡村地域的功能不再局限于粮食生产，而是更加侧重于乡村经济、乡村生态、乡村社会和乡村文化等功能（蔡运龙和霍雅勤，2006）。多功能性作为一种新的农村发展观，其实质是重新界定和认识农业农村的特性。新时期的农村发展，应该包括更多的内容和意义，不仅包括"农村生产"的性质，还应包括"农村休闲"的性质。此外，农民是农业生产的主体，同时也是环境的受益者与管理者（Wilson，2009），农村土地除了具备基本的生产功能外，还应具有经济、生态、文化、旅游等功能（White，2010），其衍生功能与价值也应得到进一步的关注和开发。

---

① 林若琪，蔡运龙. 转型期乡村多功能性及景观重塑［J］. 人文地理，2012（2）：45－49.

二、乡村多功能理论

多功能乡村是多功能农业理论的进一步升级（房艳刚和刘继生，2015），乡村地域的本质特性就是多功能性，特定的乡村系统通过发挥其自身属性和其他系统的联动而对自然界和人类社会产生积极的推动作用。从系统思维的角度来看，乡村是一个由经济、社会和环境构成的复杂生态系统，系统中各因素的不同组合能够形成不同的功能类型和功能强度，这些功能的发挥使乡村的经济、社会、生态功能又得到进一步的增强。从乡村空间角度来看，乡村是农民工作、居住和生活的空间环境，其本质是人类对乡村空间占用及使用的普遍形式，这种形式由于不同于工业化城市而丰富了人类的生活。从乡村系统角度来看，可将乡村的功能总结如下：第一，通过开发乡村空间，为乡村发展提供必要的资源；第二，通过乡村生态空间为临近城市生态空间提供负熵流；第三，乡村空间可以引导城乡人口变化趋势，为流动人口提供理想的居住空间。乡村空间的多功能和农业的多功能一样，都不是一种纯公共物品，而是一种公共资源。这是因为乡村空间的多功能并不需要支付乡村空间以外的成本，但过度开发乡村空间则会产生显著的低收益。乡村空间的多功能性具有低排他性和高竞争性，这个特点使得该资源的使用者很难阻止或排除其他使用者，同时也很难由于特定个体的使用而减少其他个体使用的可能性。

三、乡村多功能性的内涵

多功能性是乡村地域的本质特征，多功能要素的分化整合是乡村社会发展的动力机制。随着工业化和城镇一体化的发展，乡村功能呈现出更显著的多元化趋势，涵盖了经济、社会、生态、政治和文化等多方面的功能（李传健，2007）。

（一）乡村的经济功能

乡村经济是乡村全方位发展的动力和保障。乡村的经济功能主要体现在向社会以价值形式提供乡村产品，这也是乡村产业的基本功能之一，它的核心作用是满足人类赖以生存和发展的基本物质需求。增强乡村振兴的经济动力，对国民经济发展起着重要的基础性支撑作用。乡村的经济功能还表现为保障国民经济的可持续发展，主要体现在提供农产品、开拓市场、提供生产要素和促进外汇收入等方面。

（二）乡村的社会功能

乡村的社会功能主要体现在提供劳动就业和基本的社会保障，促进乡村社会全面发展。乡村发展不仅能够为乡村人口创造就业机会，还对乡村产品的质量、数量和安全性产生直接影响，满足人们对健康、最基本的生存需求以及环境美感需求的更高期望，这些都是乡村社会功能的发展。乡村作为以农业生产为主体的区域，为人类生存提供了一种新的选择，乡村生活也很好地丰富了社会发展的内涵，是社会发展的有益补充。

（三）乡村的生态功能

乡村的生态功能主要被理解为推动乡村发展风貌的职能，以保护和改善环境为具体体现。乡村区别于城市最直接的功能就是生态功能，而保护和发展乡村生态功能对乡村经济发展的可持续性具有积极的、显著的正效应，对改善人类的生活环境，保护生物多样性，防范自然灾害，推动乡村一二三产业融合与协调发展等，都起着积极和重要的正向作用。

（四）乡村的政治功能

乡村的政治功能主要体现为乡村在维护社会政治稳定中的作用。乡村生产方式决定着乡村组织体系的构成，而乡村发展状况在很大程度上决定着基层社会秩序。由于我国乡村人口比重较大，乡村发展与大部分人的切身利益直接相关，因此，乡村稳定对整个国家的稳定发展至关重要；同时，乡村农产品是国家进行战略储备必不可少的物资，因此，乡村发展是实现国家稳定和长远发展的重大战略，具有重要的政治功能。

（五）乡村的文化功能

乡村的文化功能主要体现在保护文化多样性和具有教育、审美及休闲等方面的作用。一方面，乡村一般起源于古老的聚落，蕴藏着丰富的文化渊源；另一方面，乡村的纯朴气息能够帮助人们树立正确的价值观、世界观和人生观，有利于形成人与自然和谐发展的局面。

乡村的多种功能之间是相互依赖、相互促进和相互制约的。就经济功能而言，其功能效应的有效发挥不仅对乡村总体功能的实现产生影响，而且其蕴含的价值潜能还可以直接或间接地影响乡村社会、乡村生态、乡村文化和乡村政治功能的发挥，其他功能亦是如此。因此，乡村的多功能性对乡村复合生态系统的每个子系统均具有支持作用，充分发挥乡村多功能性，可以促进乡村复合生态系统的稳定和发展，不断为乡村发展注入新的活力。表3-1按照乡村生态环境功能、乡村经济功能和乡村社会文化功能分别说明其具体的分类及表征指标。

表 3 – 1   乡村地域多功能分类及其表征指标

一般功能	二级功能	核心指标层
生态环境	承载	水土资源禀赋、地形地貌特征、生物多样性
	生态保育	固定 CO_2、释放 O_2、水源涵养、涵养降水
	环境维护	地均化肥、农药、农膜用量，三废排放总量，单位面积三废排放量等
经济	经济发展	地区生产总值、地均生产总值、产业结构、乡村就业结构、城镇化率、区位条件等
	农业生产	农用地禀赋、粮食产出水平、粮食生产稳定性、非粮农作物产量等
	资源能源供给	能矿资源禀赋、现有经济技术水平、能源资源需求状况等
社会文化	人口承载	区域人口数量、劳动力数量等
	乡村旅游	旅游资源禀赋、服务配套设施状况、与大城市的最近距离等
	社会保障	交通、文化、教育等基础设施状况，人均储蓄存款与消费水平，农村人均纯收入

第四节　新时代发展理念

一、五大发展理念

　　理念是行动的先导，发展理念的科学性及合理性，从根本上决定着发展实践的成效乃至成败。习近平在十八届五中全会上提出了"创新、协调、绿色、开放、共享"五大发展理念，是对当代中国社会发展理念进行的系统论述。五大发展理念是一个完整的理论体系，既相互支撑，又各成体系，是一个有机统一的整体，是引领我经济新常态的"新药方"，为我国把握经济新常态，谱写新篇章树立了新坐标。

　　农业、农村和农民问题是关系我国社会长治久安和国计民生的根本性问题，没有农业、农村现代化，就没有农民安居乐业，国家的现代化就不完整、不全面、不牢固。党的十九大报告指出，要坚持农业农村优先发展，实施乡村振兴战略，这是城乡关系的重大战略性转变，是我国实现全面现代化的重大举措，也为乡村发展提供了新思路，为农业农村改革发展指明了航向。实施乡村振兴战略，必须坚持农业、农村优先发展，把创新、协调、绿色、开放、共享的新发展理念贯穿始终。同时从乡村发展的实际情况出发，为城市和农村的协调发展建立强有力的体制机制，按照"产业兴旺、生态宜居、乡风文明、治理有效、生活富裕"的总要求，加快现代乡村全方位建设，实现乡村和谐稳定，满足农民群众对美好生活的需求，促进农业全面升级、农村全面进步、农民全面发展，实现城乡一体化发展，夯实乡村振兴的基础。

（一）践行创新发展理念

乡村振兴中的创新发展实践主要体现在三个方面。一是加快转变乡村发展方式。实施创新驱动发展战略，加快乡村产业结构战略性调整，推进农业供给侧结构性改革，提高农业供给体系的质量和效率，优化市场需求结构，使乡村生产的产品符合消费者的需求，走中国特色社会主义乡村产业现代化发展道路，实现农业农村现代化（程正治，2018）。二是提升乡村村落质量。随着城市化发展的不断推进，乡村村落变迁成为顺应时代潮流的必然趋势。由于我国乡村在自然条件、发展水平、乡土文化、空间形态、产业结构等方面存在较大差异，乡村村落迁移过程中，地方政府应充分尊重乡村发展历史，尊重乡村居民意愿和乡村发展的内在逻辑与变迁规律，不能进行过多的行政干预，更不能"千村一面"地改造村落。因村施策、因地制宜、因势利导、因时而动，是创新乡村布局，提升乡村村落质量应把握的基本原则。三是建立村落自然历史文化遗产的保护机制。文化是底蕴，是资源，更是生产力，要加强传统历史文化村落保护，为乡村发展留下独特的文化资源和发展空间。应更加合理地利用乡村特色资源，尊重当地人民优秀传统文化习惯，因地制宜地规划村落发展，有序推进村庄整治，要在村落变迁改造中保护和传承优秀历史文脉，留住乡愁。

（二）践行协调发展理念

乡村振兴的协调发展理念主要从四个维度来实践。一是在战略规划上要坚持顶层设计，统筹兼顾，在具体实践中要鼓励乡村创新，因地制宜，从整体上考虑城市和农村的协调发展关系，把城市和农村看作城乡整系统的两个子系统，从促进城乡融合，缩小城乡差距方面整体推进城乡发展。二是加快城乡要素流动，补齐乡村经济社会发展的要素短板。在资金、知识、技术、信息、人才、管理等要素发展方面，城乡之间仍然存在着很大差距。要加大农村基础设施建设投入，合理配置城乡要素资源，增强城乡发展的整体性，创造城乡要素双向流动的新格局，让农民踏上"信息高速公路"。三是协调好政府与市场的关系，充分发挥市场在乡村发展中的决定作用，更好地发挥政府的引导作用，尊重市场规律，激活乡村主体活力和要素资源活力，拓宽农民增收渠道，开启城乡融合发展和现代化建设新局面。四是加强乡村人才队伍建设。推动乡村人才振兴，要把人才战略放在首要位置，让愿意留在乡村、建设乡村的人安心参与乡村振兴工作，激励人才上山下乡，回报农村，在农村的广阔天地大施所能、大展才华、大显身手，在乡村形成人才、土地、资金、产业汇聚的良性循环。

（三）践行绿色发展理念

乡村振兴的绿色发展理念主要从三个维度来实践。一是牢固树立绿色发展理念，将人与自然和谐共生作为乡村振兴的根本。在保护自然生态环境的大前提下，坚持绿色生态发展导向，不唯经济利益为目的，不过度消耗农村资源，探索出一条人与自然和谐共生、绿色可持续的乡村振兴发展之路，防止出现追求短期政绩和"面子工程"的资源浪费现象。二是着力打造绿色生态经济。人与自然、经济发展与生态环境之间是相互依存、相互促进的辩证关系。以高科技含量、低资源消耗、高经济效益、低环境污染的生产方式和产业结构升级带动绿色生态产业，尊重自然、顺应自然、保护自然，走节能环保、生态友好的科学发展道路，着力构建"人与自然优质共生"体系，培养"环境健康、生态良好、绿色低碳、集约智能"的发展环境，将"以人为本"融入乡村振兴发展的始终（赵建军和尚晨光，2017）。三是积极倡导绿色生活。不断提高乡村居民的环保意识，倡导勤俭节约、绿色可持续的生活消费方式。以"绿色发展"为核心，以"低碳、环保、可持续发展"的理念为宗旨，以人居环境、基础设施和公共服务建设为重点，还农村以"松月夜生凉，风泉满清听"的诗意栖居，整体推进宜居、宜业、宜游的乡村振兴发展总目标，使绿水青山真正转化为生态宜居的金山银山（顾利民，2017）。

（四）践行开放发展理念

乡村振兴的开放发展理念主要从三个维度来实践。一是吸引乡村人才回流。人才是农村经济发展的重要生产要素，人才的理性会促使人才选择流向报酬高、机会成本小的地方。应正视人力资本的逐利性以及人才选择的机会成本，提高投资回报，以提高农村的"造血"功能和留人效应。为此，政府要在顶层设计、制度安排、扶持政策等方面提高农村人力资本投资回报的软硬件环境建设，包括给予乡村人才创业以一定的优惠政策或财政金融政策，降低乡村企业的经营成本等，建立专门的创业基金，增加企业的贷款额度，打造良好的基础设施建设，吸引人才到乡村创业（张立艺，2011）。二要拓宽村干部视野。人才是乡村发展的重要资源，政府应制定政策鼓励那些有开放视野、理性思维的大学生、返乡青年、退伍军人等青年人才深入基层，充分利用其自身知识优势，为乡村建设作出重要贡献。此外，还应通过多种形式的技能培训，激发村干部活力，拓展其成长空间，使他们能够解放思想，实事求是，立足当地资源条件寻找乡村发展契机。三是提升农民素质。农民是乡村建设的主体，我国农民教育水平及知识素质普遍不高，缺乏农业相关知识和技能。提高农民文化素质，可以为乡村建设提供基本保障。通过更大范围的农民专业素养及技术技能培训，以多种形式搭建活动平台，培育符合乡村现代化建设需要的现代农民，是提高农民文化素质和致富能力的重要渠道。

（五）践行共享发展理念

乡村振兴的共享发展理念主要从四个维度来实践。一是要切实维护农民权益，让农民公平地享受发展成果，这是社会主义建设的本质要求。政府在制定乡村政策时，要从实际出发，尊重客观规律，尊重农民意愿，倾听农民诉求，维护农民权益，让发展成果公平地分配给每个农民。二是要将发展与共享相统一，在发展生产力的同时，促进农民共同富裕。要巩固和完善乡村的基本经营制度，深化农村的土地制度改革，按照股份合作制的原则，推进农村集体产权制度改革，将股份量化到个人，让人民群众充分享受到发展带来的成果，为乡村振兴提供全方位的制度性供给。三是要提高农民组织化水平。在市场经济环境下，农民的生产决策存在严重的信息不对称问题，建立农民合作组织，可以协调小生产和大市场的矛盾，共同应对市场风险。这就需要构建综合配套、运转高效的农业社会化服务体系，转变农业发展方式，完善农村基本经营制度，帮助农民降成本、控风险。建立健全完善的农民上访上诉机制，让农民敢说话，说实话，消除地方专治主义，让国家的支农资源、利农政策不被截留、不被扭曲。四是促进公共服务均等化。公共服务均等化是践行共享发展理念的重要途径，也是乡村振兴发展的基础。全面建成小康社会的突出短板在于城乡发展的不平衡，推进公共服务政策制定与实施的民主化、科学化，避免基本公共服务供给中的"泛市场化"问题，扩大公共财政覆盖面，践行共享发展理念，是让全体社会成员共享改革发展成果，实现乡村振兴发展"以人为本"理念的根本体现。

二、绿色发展思想

习近平提出"既要绿水青山，也要金山银山"的绿色发展思想，集中体现了马克思主义"人与自然和谐发展"的思想，是马克思主义的中国化。"绿水青山"与"金山银山"之间相辅相成，两者不是对立的，而是相互不可分离的，是追求生态文明与物质文明的"双赢"。而"既要"与

"又要"有主次之分。"绿水青山"是当前经济社会发展中必须坚守的基本前提，处于优先位置，发展绝对不能以牺牲环境为代价。但这并不意味着放弃"金山银山"，生态经济、绿色经济本身也是"金山银山"。从两者的相关性上讲，绿水青山就是金山银山，以绿水青山为本质特征的环境保护与以金山银山为物质支撑的经济发展是离不开的。"既要"与"又要"体现了辩证统一的思想，两者要统筹兼顾，缺一不可。保护好"绿水青山"，以五大发展理念为引领实现高质量发展，把生态环境优势转化成经济社会发展的优势，就能够真正拥有"金山银山"。当然，"绿水青山"向"金山银山"的转化不是简单的对自然资源的开发利用，其实质是生态文明建设过程。

（一）绿色发展思想的内涵

绿色发展思想体现了当代中国发展方式由粗放式向质量效益型转化的本质。目前我国经济发展与环境保护之间的矛盾较为突出，如何走出一条经济效益好、资源消耗少、环境污染低、科技含量高的高质量发展道路（杨蕙馨和王军，2005），这是实现乡村振兴乃至整个人类可持续发展的关键。绿色发展思想是中国特色社会主义生态文明理论的重要组成部分。中国特色社会主义生态文明建设就是要谋求与大自然的和谐相处，全面落实"以人为本、执政为民、可持续发展和尊重自然、顺应自然、保护自然的发展理念"①，实现全社会的可持续发展。

绿色发展思想具有丰富的思想内涵。首先，它体现了关注民生福祉的思想。良好的生态环境是最公平的公共产品，是最普惠的民生福祉，是关乎民族未来的大计。其次，它体现了对自然的敬畏。绿色发展思想强调要树立尊重自然、顺应自然、保护自然的生态文明理念（李秀东和李清源，2014），谋求人与自然的和谐发展。最后，它体现了对历史的担当。绿色发展思想蕴含着对人类文明发展经验教训的历史总结，清楚地表达了发展必须遵循自然规律，绝不可脱离环保搞经济发展，或者离开经济发展抓环保，不能再走用"绿水青山"换取"金山银山"的老路。

（二）绿色发展思想的思想启示

1. 重新界定了人与自然的和谐关系

人类曾经将自然作为可以任意索取和盘剥的对象，不考虑或者很少考虑自然环境的承载能力，其结果是造成资源匮乏和环境恶化，严重破坏了人与自然之间的平衡关系。历史教训告诉我们，要重新审视人与自然的关

---

① 三井．以人为本和谐共生［J］．中国建设信息化，2017（8）：1－1．

系，认识到自然是人类的朋友，人和自然要和谐相处，保护环境才能实现可持续发展。自然资源是有限的，对于非再生资源，随着大量的开采利用，必然会越来越稀缺。构建人与自然的和谐关系，不能盲目增加自然环境的负担，不能突破自然环境的可承载能力。现实世界是人类社会和自然界组成的矛盾统一体，具有整体性与相关性，必须树立全局意识，以子孙后代的长远利益为计，恪守良性互动和和谐发展。

2. 开辟了一条全新的可持续发展道路

绿色发展思想开辟了一条生态、经济协调发展的新路径，为经济发展"范式"的转换指明了方向。这条路径把绿色发展、创新发展理念贯彻始终，通过文化休闲旅游、创意农业、节庆活动、农家乐等方式创新农村产业发展模式和业态，将民俗文化、红色文化、家风文化等优秀传统文化与现代文明相交融，利用发达的交通网络和互联网资源，带动游客资源，实现局部地区甚至是欠发达地区的"弯道超车"。这些新发展模式的核心在于做足文化，做强科技，做新创意，契合了现代产业发展中的柔性生产理念。

3. 重新认识了人类需求与社会发展的辩证关系

传统观点认为人是经济理性人，经济增长即是社会发展。然而，现实世界的人是社会人，是具有多重需求的，除了理性的经济需求，也有感性甚至非理性的一些特殊需求。这就要求不能把社会发展简单地等同于经济的增长（刘东，2009），而应注重满足人的不同需求。良好的生态环境是社会发展的基础，财富并不只是金钱，还可以是包含负氧离子的空气、清澈的水和美丽的风景。绿色发展思想深刻回答了如何正确处理好经济发展与生态环境保护的关系，契合了人的多重需求性，启发人们重新审视自身的真实需求。发展是为了社会的全面进步和人民生活水平的不断提高，要低消耗、高效益、高质量地发展，不能以牺牲环境为代价谋求一时的经济利益。这就要求我们树立科学的发展观，在节约资源、保护环境、创新科技、繁荣文化等方面统筹兼顾，以满足人类对美好生活的向往。

第五节　城乡关系理论

一、城乡互动发展理论

（一）系统论

系统是一个由若干元素构成的具有一定功能的有机整体，元素间相互连接、相互制约，具有一定的结构，表现出某些特征。系统论关注系统的整体性和关联性（魏红森和曾国平，1995）。整体性是指当系统的组成元素构成整个系统后，就具有了独立元素所不具备的性质和功能，系统的性质和功能不等于各组成元素性质和功能的简单叠加。关联性是指构成元素及其子系统之间具有相互联系、相互促进和相互制约的复杂关系。此外，开放性和目的性也是系统的显著特点。城乡发展涉及资本、劳动力、技术等多种要素，各种要素之间呈现出相互关联的关系，同时与外部环境保持着密切的联动关系。理想的城乡关系中，能够通过统筹城镇和乡村的协调发展，实现区域均衡、协调和全面发展。从这个角度来看，城乡发展可以说是一个具有系统整体性、相关性和开放性等鲜明特征的综合整体，如图 3-6 所示。

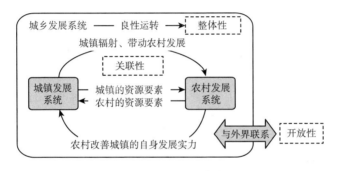

图 3-6　城乡互动发展系统的运作原理

把城镇和乡村纳入一个统一的、综合的、多层次的发展体系，是以系统论为基础解决城乡一体化问题的核心所在。城乡协调发展强调城乡之间的密切联系，重视城乡二者之间发展关系的优化。城乡关系应该是一种网络化、横向联系的水平关系，而不是一种垂直的上下行政关系，其实质是城乡相互配合，平等、协调、一致地共同发展。城镇和乡村将在相互帮助和促进中不断调整、提高自身的结构和功能，持续提高综合实力，形成良性循环，实现城乡一体化发展。

（二）协同理论

德国物理学家赫尔曼·哈肯在 1972 年首先提出了自组织系统理论，即协同理论。该理论认为，世界乃至整个宇宙都是一个统一的大系统，是由若干子系统以某种方式组织起来的（曾健和张一方，2000）。在某个相对较大的系统中有许多子系统，大量子系统在各种关系中不断变化和协调，既相互连接，又相互制约，在新的环境中形成一种新的平衡状态，使整个系统从混沌无序状态发展为稳定有序的有组织状态。在一定程度上，协同理论可以被量化为"1+1>2",即每个子系统合作形成的整系统产生的功能大于原子系统的功能之和。各子系统间的协同作用效果将直接影响到系统的整体功能。

（三）综合发展理论

区域发展系统是一个由经济、社会、人口、文化和自然资源等多种因素构成的有机、开放巨系统。它的发展不仅体现在规模上的扩大，还体现在结构上的优化和质量上的提高，是经济、社会、人口、文化、环境等多个方面的"综合发展"（Gennaioli et al.，2013）。综合发展理论把区域综合效益作为区域发展的目标，区域内城镇与周边乡村之间存在着各种物质和能量的交换。城乡两者高度统一，不能剥离周围的乡村来单独研究某个城镇。城乡发展不能只停留在数量与规模的增长，还要兼顾乡村经济、乡村社会、乡村文化和乡村生态的发展需求。因此，城乡空间规划中不能只按照传统的土地规划概念来界定城乡关系，而应综合考虑规模扩大和建设用地的功能布局，乡村经济、乡村社会、乡村文化和乡村环境等全面发展的整体规划调控等，使乡村空间环境的发展既能满足经济增长的需要，又有利于促进社会的和谐稳定，居民的身心健康和区域的生态平衡。可见，综合发展理论注重全面发展和协调发展。

二、城乡非协调发展理论

（一）"二元结构"理论

"二元结构"理论最初由美国学者阿瑟·刘易斯于1954年提出。由于城市一般是产业集群，而乡村主要是农业部门，因此，二元结构也被称为城乡二元结构。"二元结构"理论认为，在一定条件下，传统农业部门的边际生产力是零或负，劳动者由于处于最低工资水平，其劳动力供给是无限的，而相对应的城市工业部门则工资相对较高。假定工资水平不变，这两个部门的工资差异可能导致农业人口向城市工业部门流动。这一趋势将导致农村剩余劳动力逐步减少甚至消失，从而引致农业部门的边际生产力逐步提高。如此一来，两部门的收入不断增加，使二元经济结构逐渐趋同。该理论的缺陷在于忽视了传统农业的发展，只注重现代工业部门的扩张。此后，凯因斯理论逐渐被引入到二元结构框架中，其核心思想是利用政府的有效干预来解决市场失衡引起的资源配置弱化问题，以适应结构转型的需要。我国的"二元结构"现象主要表现为工业和农业、城镇和乡村、发达地区与落后地区之间的巨大差距。解决这些问题，必须采用平等的方式对待发展中的两个部分，即统筹兼顾，协调发展，打破二元结构的深层制度基础。

（二）增长极理论

法国经济学家弗朗索瓦·佩鲁 1950 年首次提出增长极理论。该理论认为，经济增长通常从一个或几个"中心"转移到其他地区或部门。这些"中心"一般位于特定的地理位置，是推动经济发展的增长极。增长极理论的主要观点有两种，一种从经济学来解释，泛指一个特定产业或厂家的集合；另一种从地理学来解释，泛指特定的地理位置。由此可见，增长极是在特定区域范围内带动整个区域经济发展的少数地区或少数产业。该观点认为，经济增长是一个渐进的过程，增长极作为区域经济发展的生力军，对区域经济的发展起到了巨大的推动作用。它不仅扩大了自身发展的规模，而且通过协同效应和扩散效应对其他地区或产业产生了积极有益的影响。

增长极理论应用在城市和乡村的经济发展中，强调了城乡非平衡发展的重要性，即首先集中有限的资源投入到发展潜力大、规模经济明显的城市，巩固城市的增长极地位，形成与周边乡村地区的发展差距，然后通过开放的市场经济和传导作用，促进乡村经济发展，进而推动整个区域经济发展到一个新阶段。

（三）"中心—外围"理论

美国城市与区域规划专家弗里德曼 1966 年首次提出"中心—外围"理论，也称为中心腹地理论或"核心—边缘"理论。该理论认为，经济发展主要来源于中心区域技术、资本、信息等生产要素提供的动力，周边不发达地区的经济发展主要依靠中心区域的辐射带动。随着经济的深度发展和城市化进程的推进，中心区域和外围区域的界限会逐渐变小，直至消失，最后在空间上实现经济一体化。这一从中心逐步向周边发展的过程可以分为农业阶段、过渡阶段、工业阶段和后工业阶段四个阶段。在过渡阶段开始出现单个的中心区域，在工业阶段开始出现次级中心区域，到后工业阶段，外围区域逐渐被纳入附近中心区域的经济体系内，空间结构体系不断完善，区域发展的相对均衡将得以实现。

三、城乡一体化发展理论

（一）"田园城市"理论

城市规划学家埃比尼泽·霍华德首先清晰地提出了城乡一体化的概念，他的田园城市理论是其中最具影响力的理论之一。霍华德（Howard，1898）在其《明日：一条通向真正改革的和平道路》一书中具体阐述了他的田园城市理论。他认为城市和农村具有不同的特点，且优点与缺点并存，倡导改革城乡对立的旧社会结构形态，代之以城乡一体的新社会结构形态。这种"愉快的结合将迸发出新的希望、新的生活、新的文明"。霍华德认为，消除城乡对立的核心在于用新的结构取代旧的结构，这种新空间结构的根本模式在于他后来提出的"田园城市"，该理论在伦敦近郊的一个小镇进行了实践。

为实现霍华德的田园城市发展模式，美国著名城市地理学家刘易斯·芒福特（Lewis Mumford）主张建立大量的城市中心，形成更大的区域统一体，将城市和乡村两者的要素统一到这一多中心的统一体中来，以现有的城市为主体，促进区域整体发展，重建城市和农村之间的平衡，使全体居民在任何地方都能享受到同样的生活质量，最终实现霍华德的理想田园城市。

田园城市实质上是农村和城市的结合体，农村和城市的融合实现了优势互补，共同发展。田园城市理论至今仍影响着当代的城市规划思想与方法，同时也为城乡一体化发展提供了思路及大胆实践。

（二）"广亩城"理论

当代建筑大师弗兰克·劳埃德·赖特在 1932 年出版的著作《正在消灭中的城市》以及 1935 年发表于《建筑实录》中的论文《广亩城市：一个新的社区规划》中提出"广亩城"设想（Wright，1932，1935）。他认为，现代城市不能适应现代生活需要，也不能代表和象征人类的愿望，这种反民主的机制应该予以取缔（尤其应当取消大城市）。

广亩城是对赖特的城市分散主义思想的总结。该理论认为，现有城市不能满足现代生活的需要，也不能代表和象征现代人类的愿望，建议取消城市，而代之以建立一种新的、半农田式的社区——广亩城市。美国 20 世纪 60 年代兴起的"市郊商业中心""组合城市"就是这种思想的现实版本。

（三）有机疏散理论

20 世纪初期，芬兰学者埃列尔·沙里宁（Saarinen）针对大城市过分膨胀带来的各种弊病，提出了有机疏散理论，体现了城市规划中疏导大城市的构想，是城市分散发展理论的一种。埃列尔·沙里宁在其共著的《城市：它的发展、衰败和未来》一书中阐述了有机疏散的规划理念，并被认为是疏散大城市人口的有效途径。

有机疏散理论认为，城市发展同自然界生物进化一样，都是有机的集合体。因此，城市建设所遵循的基本原则也应与此一致，可以从自然界的生物演变规律中得到相应的启示。该理论把无序的集中变为有序的分散，认为应将大城市这块非常拥挤的区域分解为若干个集中单元，并把这些单元组织成为在活动上相互关联的、具有特定功能的集中点。即按照有机体的功能要求，把城市的人口和就业岗位分散到可供合理发展的、远离中心的地域。

（四）城乡空间融合理论

加拿大著名学者麦基（T. G. McGee）通过30多年来对亚洲许多国家和地区的经济社会发展实证研究发现，第三世界国家特别是许多亚洲国家的城市化发展过程与发达国家相比，有着独特的模式。在许多亚洲国家和地区，城乡之间联系日益紧密，城市和乡村之间在传统文化与地域方面的界限日益模糊，农业活动和非农业活动并存于城乡地域组织结构中，出现了城乡融合的地域组织类型。20世纪80年代中期，他针对这种新型空间结构提出了"desakota"（在印尼语中，desa是村庄，kota是城市）的定义，意为"城乡融合"或"城乡一体"，描述了同一地域上同时具有的城市性和农村性双重属性，城市与乡村的概念在这种区域变得模糊。

第六节　乡村振兴的理论框架

总结上述五类与乡村振兴发展相关的基本理论，可以发现，可持续发展理论强调乡村经济、社会、生态、文化等的协调统一，要求乡村振兴发展中重视经济效益、关注生态和谐和追求社会公平，最终达到乡村经济、社会、生态、文化的全面发展。复合生态系统理论则强调乡村是一个由人类活动的社会属性以及自然过程的相互关系构成的自然—经济—社会复合生态系统，其中社会、经济、自然和文化子系统之间相互联系又相互独立，相互支持又相互制约，共同构成了一个耗散结构，同时又是一个开放系统，可以利用外界引入负熵，充分发挥系统内部以及系统与外部环境的协同作用，保证系统的稳定性和可持续发展。乡村多功能性理论认为乡村是由经济、社会和环境组成的复杂系统，是人类重要的工作、居住地点和环境空间，人类对乡村空间的占据和利用是与工业化城市不同而又相得益彰的另一种形态。新时代发展理念则为乡村振兴发展提供了新思路，要求乡村振兴发展要遵循"创新、协调、绿色、开放、共享"的发展理念，走绿水青山向金山银山转化之路，促进农业全面升级、农村全面进步、农民全面发展。城乡关系理论则指出乡村振兴必须走城乡融合发展的道路。

一、乡村振兴的研究目标

通过"建立健全城乡融合发展的体制机制和政策体系，加快推进农业农村现代化"，实现"产业兴旺、生态宜居、乡风文明、治理有效、生活富裕"的振兴乡村目标，这是乡村振兴的根本宗旨。振兴乡村的各项目标中，核心是让乡村居民的生活富裕起来。在乡村振兴的五个目标中，产业兴旺是乡村振兴的物质基础和有力支撑，生态宜居是乡村振兴的基本要求，乡风文明是乡村振兴的坚实基础，治理有效是乡村振兴的基本保证，生活富裕是乡村振兴的奋斗目标。围绕产业兴旺、生态宜居、乡风文明、治理有效、生活富裕这五个目标，分析目标间的相互关系，明确乡村振兴的具体目标，是推动乡村振兴发展的理论指导和实践指南。

二、乡村振兴相关理论的作用机理

（一）可持续发展理论

可持续发展理论涉及可持续经济、可持续生态和可持续社会三个方面的协调统一，要求人类在发展中重视质量效率、关注生态和谐和追求社会公平，最终达到人的全面发展。乡村振兴的目的就是解决目前我国经济发展中的不平衡不充分问题，就是解决乡村生产、生活和生态的协调发展问题，目的是从根本上补齐"三农"发展中的突出短板。乡村振兴发展，必然是乡村经济、社会、生态、文化等的多方协调可持续发展。可持续发展理论连同与之密切相关的"三重底线"和"三生共赢"理论，明确了乡村振兴发展的方向和路径，是乡村振兴的发展目标和应遵循的行为准则。

（二）乡村复合生态系统理论

乡村复合生态系统理论强调生态、文化、生活和生产子系统之间相互适应，这种"三位一体"的结构决定了乡村社会系统的可持续发展不可能脱离复合生态系统的可持续发展，为系统论视角下的乡村振兴发展提供了重要的理论参考（谢依娜等，2017）。该理论遵循"整体、协调、循环、共生"的生态调控原则，社会子系统的可持续发展在以经济建设为中心的同时，保护好自然资源和生态环境，推动整个乡村复合生态系统的良性循环、协调统一和共同发展，实现乡村生态优美、农村生活充裕、乡村文化传承的协调统一，提升生态系统服务功能，体现了乡村振兴发展的合理性和科学性。

（三）乡村多功能性理论

传统的农业农村现代化发展在很大程度以牺牲乡村环境为代价，城市扶持农村的系列政策也造成了乡村经济对外部支持的过度依赖。西方近20年来逐渐兴起的多功能农业与多功能乡村理论，逐渐发展成为指导农业农村转型发展实践的新范式（Huylenbroeck & Durand，2003）。我国农业农村发展目标是多元的（房艳刚和刘继生，2015），粮食与食品安全是基本目标，保护生态环境是必须坚守的底线，保障社会公平是特色目标，提供发展空间是阶段目标。由于发展目标的多元化，路径对策也具有灵活性和多元性。目前，在欧盟、日本、韩国等人口密集的地区和国家，多功能农业与乡村得到快速发展（Brouwer & Heide，2009）。我国实施的乡村振兴，理应立足于我国乡村发展现状，借鉴西方多功能农业与多功能乡村理论，探索我国乡村振兴发展的具体目标、路径及对策。

（四）新时代发展理念

"创新、协调、绿色、开放、共享"的五大发展理念是发展思路、发展方向、发展着力点的集中体现，集中反映了经济社会的发展规律，是乡村振兴发展的首要前提和重要抓手。实施乡村振兴战略，必须以五大发展理念为引领，坚持农业、农村优先发展，建立健全城乡融合发展体制机制和政策体系，促进农业全面升级、农村全面进步、农民全面发展。良好生态环境是农村的最大优势和宝贵财富，必须尊重自然、顺应自然、保护自然。乡村振兴，就是要走一条绿色发展之路，坚持"绿水青山就是金山银山"，以保护好生态环境，做强产业品质，实现生态宜居和生活富裕。

（五）城乡关系理论

乡村振兴目标是"产业兴旺、生态宜居、乡风文明、治理有效、生活富裕"，这五个目标中产业兴旺是基础，生态宜居是条件，乡风文明是根本，治理有效是保障，生活富裕是目的，五大目标层层递进，涵盖了美丽乡村的基本内容。要完成上述目标，就必须走城乡融合发展之路。通过城乡融合，提高城市居民的消费水平和生活质量，推动乡村产业经济繁荣发展，满足城乡居民的美好生活需求，这是乡村振兴的原动力，也是产业发展的内驱力。城乡关系理论，特别是城乡融合协调发展理论，是乡村振兴发展的核心和落脚点。

乡村振兴遵循"创新、协调、绿色、开放、共享"的发展理念，建立健全城乡融合发展体制机制和政策体系，激活乡村主体活力，促进生产要素流动，坚持农业、农村优先发展，通过乡村经济、社会、生态、文化等的协调发展，走绿水青山向金山银山转化之路，促进农业全面升级、农村全面进步、农民全面发展。

三、乡村振兴的理论模型及逻辑框架

本章基于乡村振兴的理论分析与构成要素解析，结合乡村振兴的总体目标及本书章节设计，构建了如图3-7所示的研究逻辑框架模型。

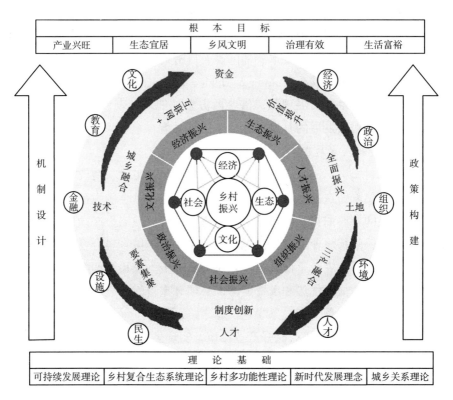

图3-7 乡村振兴研究的逻辑框架模型

在图3-7中，整个框架由内而外分为四层。最内层围绕乡村振兴这一主题，将其分解为经济、社会、生态和文化的"四位一体"系统架构，这是乡村振兴的核心；第二层阐述了振兴的具体内容，包括经济振兴、社会振兴、生态振兴、文化振兴、政治振兴、组织振兴和人才振兴七个方面；第三层围绕资金、土地、技术、人才四大生产要素，提出了以"互联网+"、城乡融合、要素集聚、价值提升、三产融合、制度创新和全面振兴等为手段加速要素流动的路径；第四层根据研究需要，将乡村振兴的逻辑框架划分为四个部分，即基础理论、根本目标、机制设计和政策构建。其含义可以描述为：在乡村振兴基础理论的指导下，通过相应的机制设计和政策构建，经由中间三层的研究内容，实现对乡村振兴理论与实践研究的目标。

第四章　国外乡村振兴发展的经验启示

通过对国内外不同经济社会背景下乡村发展实践的对比，归纳总结各国发展模式，分析比较其优缺点，辨析乡村振兴发展的关键驱动因素。同时，借鉴国内外已有的成功经验，结合地区差异与客观现实，因地制宜地选择适合本地区发展的模式与路径，破解阻碍乡村发展的瓶颈与难点问题，全面推动乡村振兴发展。本章选取日本"一村一品"运动、韩国"新村建设"、法国"乡村复兴"运动等国外典型的乡村振兴发展模式，分析其乡村经济社会发展背景、发展历程及取得的效果，剖析不同模式下乡村发展的机制规律，总结分析这些经验对我国乡村振兴的借鉴意义及可行性。

第一节　国外乡村振兴的实践

由于农村人口占据着世界人口的绝大多数，乡村发展是各个国家不可忽视的问题。而不同国家与地区历史、文化、发展水平的差异，以及乡村建设所处的不同发展阶段，使得各国的发展模式与具体策略各具特色。

一、欧美乡村发展概述

欧美乡村发展案例的典型代表包括美国、法国、德国、瑞典。作为西方乡村发展的典型代表，这些发达国家经过长期的乡村发展实践，各自走出了一条具有鲜明特色的乡村振兴之路。

（一）美国乡村发展

美国乡村发展以大农场为主。美国工业革命之前是一个以农村、农业和农民为主的国家，在南北战争期间，农村人口比例甚至超过了95%。[①]

---

① 郎秀云. 现代农业：美国模式与中国道路［J］. 中国乡村发现，2008（2）：67 - 72.

美国内战后，国内随着资本主义经济的迅速发展，现代化和工业化程度远远超过其他西方国家，农业社会和农村建设的转型也进入了高潮期。美国的现代化建设与乡村现代化建设是同步的。从美国乡村交通基础设施的发展现状来看，美国已经进入乡村城市化阶段。美国乡村城市化建设先后经历了初始阶段、加速阶段、郊区化雏形阶段和城乡一体化阶段。美国乡村发展的特色体现为：第一，大力加强农业生物技术的投入与推广，依托现代生物工程技术的进步推动农村城市化；第二，依靠市场化和现代信息技术推动传统农业转型；第三，借助土地征用制度，创新推动新一代农村的发展；第四，通过经营规模化和组织形式多样化，推动农业产业结构升级。总的来说，美国乡村发展模式是以乡村基础设施建设为依托，以农业科技发展为支撑的乡村振兴发展模式。乡村基础设施建设为城市化和工业化提供了物质保障，而生物工程技术为现代化农业技术的发展提供了技术支撑，保证了美国农村城市化、农业科技化等进程的顺利开展。

（二）法国乡村发展

法国乡村建设围绕城乡一体化展开。主要表现在：首先，交通运输业的发展带动了农业经济的转型。交通基础建设特别是铁路建设为法国经济提供了强大的动力，带动了各类经济的快速发展，农业经济也实现了质的飞跃，经济周期圈内各环节的一系列积极连锁反应开始生成。其次，工业化促进农村产业结构发生变化。随着铁路网络的建设和蒸汽机的动力革命，法国传统农村产业受到新产业的冲击，新产业也促进了农村产业结构的转型升级，进而推动了农业快速发展。再次，农业工业化反过来又促进了城市和农村的一体化，城乡统筹发展，不断推动农村建设。最后，农业市场促进了法国农村的根本转型。改善铁路运输大大降低了农产品的流通成本，对法国农业市场的统一产生了强大的推动力。法国农村的快速崛起是以交通运输变革为前提，以现代工业化为背景，以农村小工业为基础，形成一种基于城乡一体化的发展模式。这种模式有利于城乡协调发展，是农村现代化建设的重要前提，对于法国整体经济社会发展起到了重要的促进作用。

（三）德国乡村发展

德国以"等值化"理念为核心，以土地整理、村庄革新方式就地实现村庄产业和物质环境建设的转型与提升，将传统乡村转变为工商城镇，保持收入、社会服务等方面的城乡居民均等化（叶齐茂，2008）。德国的乡村建设经历了一个漫长的探索过程，在促进城乡一体化，缩小城乡差距方面取得了很大的进步。德国的乡村振兴实践主要表现在五个方面（吴唯佳等，2016）：第一，加大对农村基础设施建设的投入。统一安排基础设施建设，增强综合承载能力，稳步推进城乡一体化。第二，健全相关法律制度（夏宏嘉等，2015）。先后颁布修订了《联邦土地整理法》《联邦国土规划法》《州国土规划法》等，通过这些法律法规对村庄更新起到控制作用。第三，坚持科学规划。将乡村发展视为区域结构调整和改革的一个组成部分，在乡村转型框架内，突出地方特色，将乡村发展逐渐纳入国家总体规划体系。德国的国家总体规划中制订了一系列详细的项目实施计划，一方面改善农村产业结构和促进农村发展，保护农村地区的环境和传统文化；另一方面控制村镇的更新，保持可持续发展势头。第四，有效发挥乡村居民的主体作用。德国的乡村建设高度重视乡村居民的积极参与，通过宣传发动，充分调动乡村居民的积极性，利用各种会议、宣传栏缩短群众和政府的距离，促进彼此间的沟通与交流，调动村民参与村庄更新的积极性和主动性（朱金等，2015）。第五，重视保护村庄原有的风情、风貌和文化特色。20世纪50年代至60年代，德国曾经片面追求新农村建设，而忽略了村庄原有的历史文化传承（易鑫和克里斯蒂安·施耐德，2013）。为避免类似现象发生，德国加强法律文件的落实和相关法规的完善，以立法手段保障乡村发展中的保护问题，很好地处理了传统与现代、继承与创新的关系。

（四）瑞典乡村发展

瑞典不仅仅是一个发达的工业国家，其农业发展也很先进。瑞典乡村发展遵循合作社发展模式（夏宏嘉等，2015）。合作社实行民主管理制度，选派成员代表管理合作社日常事务，合作社社员是独立的农业经营者，有权参加和决定合作社事务，是合作社的所有人之一，但农民的所有权不属于合作社，农业合作社模式旨在加强农民的独立性和灵活性。为了农业合作社的可持续发展和经济独立性，合作社实行按贡献分配利润的制度，独立于各政党、各宗教团体，致力于开展集体协作工作。这种合作模式是人与人的联合，而不是资本的联合。农业合作社为了帮助农民解决农产品加工及销售问题，除了协调农业生产之外，还从事工业和商业活动。在瑞典，农业合作社有自己的加工企业，并与一些超市建立了固定的供应和市场关系，保障了稳定的销售渠道，价格制定也较为合理。同时，合作社帮助农民获取更多的市场和技术信息，成为保护农民利益，稳定农产品价格的重要力量。根据瑞典议会的立法，农产品市场价格由农民协会、消费者协会和政府三方共同协商决定。

二、亚洲乡村发展概述

(一) 韩国乡村发展

通过著名的"新村运动",韩国仅用了 30 余年的时间就走完了西方发达国家百余年的农村发展道路,这在世界经济史上被看作是个奇迹。韩国农村建设主要奉行"先工业后农业"的发展战略,实施农产品低价政策,促进重工业发展和出口贸易。但是,这种新兴工业化国家的发展道路存在一些不可逾越的问题,包括农业衰退、农村青年劳动力流失、城乡发展不平衡、工农业发展不平衡等。为解决这些问题,韩国政府在全国范围内发起了"新村运动",在人多地少的情况下,建立了一套发达的农业发展体系,成功解决了农村的落后面貌,农业发展正式步入现代化道路(刘义强,2017)。

韩国的"新村运动"大致经历了以下六个发展阶段:第一阶段,基础设施与公共设施建设阶段。此阶段是"新村运动"的伊始,其首要目标是改善村民的居住条件。第二阶段,居住环境与生活质量改善阶段。此阶段致力于加强农村基础建设,推广有机农作物和先进技术,给予农民优惠贷款,调动农民积极性。第三阶段,非农产业与保障体系发展阶段。此阶段将"新村运动"的重点转移到了农民增收上,一方面,通过农田水利建设,普及农业科学知识,发展经济作物,增加农民收入,进一步缩小城乡差距。另一方面,韩国政府大力推动并宣传农村文化建设,并对农工建设的发展给予大力支持,有意向地调整"新村运动"的推动方式,更加注重社会群体的广泛参与,将"新村运动"的主导方式由政府主导逐步转向为民间自主,由中央政府"自上而下"推进模式转向民间"自下而上"的推进模式。第四阶段,权力下放与农民自主建设阶段。这一阶段主要是组织并创建发展全国"新村运动"的民间组织,通过民间组织协调农业生产,寻找农产品市场,改变由政府主导的模式,切实维护农民权益。第五阶段,技术推广与乡村精神传承阶段。这一阶段,政府将工作重点转移到国民伦理道德建设、增强共同体意识教育和民主与法制教育上,"新村运动"的服务机构也与时俱进地做了适应化调整。第六阶段,城乡间均衡发展阶段。强调创造新农村社会,在更高层面上实现工业与农业、城市和乡村之间的均衡发展。

(二) 日本乡村发展

在经济受到严重冲击和城乡差距日益扩大的背景下,日本开始实施"自下而上"的造村运动,改变传统的城市发展模式,促进城市和乡村、经济和社会的可持续发展。日本的"造村"运动从最初的理念构想到之后的乡村实践，始终坚持自力更生、舆论导向、人才培养、面向未来的基本思想（王玉莲，2012）。一是自力更生和体现民意。农民作为行动的主体，政府不下达行政命令，不拿钱包办，不干涉农业生产，不统一发放资金，只给予政策和技术上的支持。所有行动的计划和实施都是由社区和乡镇自己掌控。二是面向未来培养人才。日本的"造村"运动不仅是一种物质上的"造物"运动，更是一种精神上的"造人"运动。

在造村运动中，最具影响力的便是"一村一品"运动。所谓"一村一品"就是乡村建设中重视因地制宜、充分发挥地方特色。"一村一品"要求每个地区以自身的优势和特色为出发点，在此基础上重点开发一种或几种富有地域特色的龙头产品。"一村一品"运动由政府发起并引导，是基于地域特色的区域经济发展模式。当然，所谓"一村一品"，并不仅仅局限于农产品，还包括乡村旅游产品、文化产品等。通过造村运动，日本的乡村面貌发生了翻天覆地的变化，农民收入大幅提升，城乡差距基本消除。

日本主要通过以下几个具体途径推动农业产业化和"造村"运动：第一，以开发特种农产品为目标，培育具有突出优势的产业基地。第二，以日本农业协会为依托，促进农产品的市场化。在农业产业化和市场化过程中，农业协会发挥了相当重要的作用。第三，以培养乡村发展人才为目标，推动乡村全面建设。培育乡村人才是日本造村运动的一项重要举措，依靠人才培养，推动农村经济文化全面发展。日本造村运动的最终目标就是"造人"，充分调动本地年轻人的热血和激情，激发他们参与乡村建设的积极性和主动性，培养一批既具有实践能力又能扎根于本地区建设的乡村人才。第四，以创意设计为载体，推进农村文化建设。总的来说，日本"造村运动"的特点主要体现在以下两个方面：首先，立足当地资源优势，发展支柱产业，推进农业产业化经营，破解"三农"难题，这是增加农民收入的有效途径。其次，推进农业产业化经营，培育具有国际竞争力的市场主体。

第二节　国外乡村振兴的主要经验

尽管日本、德国、美国等发达国家都曾经存在乡村经济发展不平衡等常见问题，但这些国家经过多年探索，无论在制度政策建设上，还是在模式路径创新上，都积累了大量经验。这些经验概括起来主要包括以下四个方面：首先，优先发展以乡村基础设施为主的公共服务，积极发挥市场引导作用，促进生产要素从城市向乡村转移集聚，解决乡村发展中人才、资金、土地等要素资源短缺问题；其次，重视政府在乡村振兴中的重要作用，做好乡村振兴的顶层设计和管理、服务工作，扮演好政府在乡村振兴过程中的引领、服务、监督和推动等关键角色；再次，充分发挥企业和社会团体等利益相关者的作用，倡导通过利益相关者的主动参与，推动乡村振兴事业，实现事半功倍的聚合效应；最后，重视调整和改进公共支出结构，改变传统"重城市轻农村、重工业轻农业、重市民轻农民"的错误观念，加大对乡村资源的调整与投入，尽量减少政府开支和其他不必要的开支，把更多的资金用于促进乡村发展。系统性总结国外的先进模式与方法，能够为我国乡村振兴实践提供有益参考和借鉴。

一、乡村产业发展

国外乡村产业发展方式主要有两种，一种是以韩国为代表的农业变革带动乡村产业发展方式，即通过推进农业发展来带动乡村产业繁荣。以韩国绿色革命为例，通过升级更替水稻品种，推动农业技术进步，辅助以国家的农业价格保护政策，极大地提高了农民的收入，进而完成村庄的局部改善。第二种方式是以英国为代表的工业化推动乡村产业发展方式。通过鼓励资本租赁大规模农场，大规模使用农业机械，推广先进农业技术，合理劳动分工，使英国农业生产率、单位面积产量取得明显提高。与此同时，改变传统的农业生产组织形式，大规模资本主义租佃农场迅速崛起，结合先进农业技术所产生的规模效应，极大地推动了农业生产力的提高。具体到乡村产业发展模式，日本的"一村一品"运动受到世界很多国家和地区关注，其基本理念和发展模式对许多国家的农业和农村发展都具有普遍的借鉴价值。

二、乡村文化发展

国外的乡村文化建设模式主要表现为三个方面：第一，政府政策引导，推进乡村文化发展。韩国的"新村运动"就是一个很好的例子。政府通过激励广大农民自我实践、自我发展，恢复民族自信心，重建农村新面貌，使得勤勉、自助、合作成为乡村文化的主流，这是这次运动获得的最有价值的精神财富。从日本政府的乡村文化建设实践来看，由于日本传统上就是一个注重文化民主的国家，日本政府的文化政策将文化和民主作为重要的考虑因素，把扶持地方各具特色的文化作为优先措施，在乡村文化发展中发挥了积极的作用。第二，政府投入资金，加强乡村文化建设。法国在历史上就是一个重视文化艺术的国家，具有优秀的文化艺术传承，拥有丰富的文化艺术遗产。现代的法国仍然重视和喜爱文化艺术，注重维护其在世界上的文化形象，政府投入公共文化艺术方面的资金占国家财政收入的比例也在发达国家中名列前茅，并且其拥有发达的公共文化艺术服务供给网络。第三，调动社会各方资源，推进文化建设。美国政府对公益性文化事业的管理是通过政府资助等形式间接实现的，包括通过各类文化团体组织（如国家艺术基金会、博物馆图书馆学会等），利用资金支持的形式进行间接影响。美国的公共文化服务网络较为健全，可以提供综合性全方位的服务，在推动乡村文化服务建设中发挥了极大的作用。

三、乡村生态发展

国外在乡村生态建设方面的经验主要有四个方面：一是加强规划，避免生态破坏。德国坚持科学规划，其村庄发展是在德国农村土地调整和改革的基础上发展起来的一种可持续发展模式。德国乡村社会转型发展过程中，村庄发展逐步纳入国家总体规划体系，并在国家总体规划体系中具体制订了一系列的项目实施计划。这些项目的建成，一方面促进了乡村地区产业结构升级和农村城镇化发展；另一方面保护了农村的自然环境、人文环境和文物古迹，促进了村庄作为生存和生活空间的可持续发展。二是因地制宜进行乡村建设。欧盟的乡村建设不是简单地以旧换新，而是在一定规模上规划一个自然独特的历史文化场所。欧盟农村规划模式正在改变着工业文明带来的功能主义规划模式，它以自然环境承载力为规划背景，追求多样性、可持续性的发展理念，大力发展公共交通，倡导绿色出行，尊重历史传统，保障当地社会资源。在欧盟，许多国家正在纠正工业化时代快速发展所犯的错误。建设模式也正由工业化向生态化转变。它们注重自然生态过程的完整性和可持续性，乡村聚落顺应自然，力求建设绿色、可持续的农村社区。三是制定保护农村生态的法律法规和政策。美国的农业政策包括增加收入、促进进口、保护资源和环境、提高农村地区的生活质量等。保护环境和资源作为一项重要的农业政策和目标，其主要内容是将环境保护政策纳入更广泛的农业和农村发展政策体系，将农产品价格支持政策与环境保护政策挂钩，要求农民发展环境友好型农业生产方式。美国首先从法律上制定了严格的环境保护法令，然后依法制定农业环境和资源保护的农业政策。所有制定的农业政策必须在法定授权的范围内进行，确保了农业政策的稳定性。与此同时，通过完善的农业预算，依法保障农业投入。四是加强农村基础设施建设，推进农村生态建设。韩国"新村运动"在生态环境建设和保护方面的主要经验和做法可以概括为：一方面，在新村运动的各个时期，重视农村基础设施建设，以提高农民的生活质量；另一方面，新农村建设着眼于改善农民的生产生活环境，以缩小并最终消除城乡差距。

四、乡村组织管理

国外在乡村组织管理方面的经验主要包括三个方面：一是政府推动乡村管理。从韩国的民主管理程度来看，新村运动原本是政府主导的运动，而不是自发的、自主的运动。但在激发农民积极性、增强乡村活力方面取得实效后，村民发挥了主体作用，通过成立各种合作组织，完成了改造工程，并推动了乡村社会民主管理的发展。二是农村自我管理。瑞典农村主要是一种合作发展模式（夏宏嘉等，2015）。农业合作是由成员选举产生的代表来负责管理的，社员代表主持日常工作，社员有权参与和决定合作社的事务，合作社实行民主管理。这种合作模式是人与人的联合，而不是资本的联合。三是加强法制建设，依法管理。英国法律规定，由村镇政府强制完成的项目，必须由村镇政府和州政府共同承担。联邦政府和州政府应根据情况向地方政府拨付一定数额的资金，其余的支出由乡镇自行预算支付。对于法律规定乡镇可以独立决定的项目，则由乡镇规定，也可以由该地区的全民公决决定，并为项目单独设立一次性税收。

五、乡村社会发展

国外乡村社会发展方面的经验主要包括三个方面：一是推动乡村人才振兴。首先是加强农村基础教育，提高农民素质，为乡村发展提供人才支持。日本在20世纪80年代已经普及了高中教育。日本政府还在乡村地区构建了一套职业培训体系，培训农民的职业技能，这不仅给他们带来了工作技能，同时也提高了工厂的生产效率和农民的自我发展能力。英国实行11年义务教育，义务教育阶段的教学标准和条件在城市和乡村是均等的，同时，通过优惠政策鼓励乡村资金和人才留在乡村。鼓励企业和社会组织积极开展岗前培训，为农村求职者提供各种学习机会，提高劳动技能，提前适应工作环境。美国通过廉价出售土地、颁布《宅基地法》等，吸引了大量农村剩余劳动力向美国西部转移。德国全民参与新农村建设。根据德国的《联邦建筑法典》，公民有权参与规划和制定的全过程，并有权提出自己的建议和利益诉求，这极大地激发了德国村民参与新农村建设的热情。德国政府通过制定平等参与和协商的政策法规，缩短了社区政府、专业机构、专业协会和村民之间的距离，加强了参与者之间的交流和沟通，调动了村民参与乡村建设的积极性。二是完善乡村社会保障。日本政府强迫农民、个体经营者和其他没有固定职业或收入的人参加医疗保险。国家医保体系由国家医保、互助保险、赤脚医生、远程医疗等组成，这使得城乡医疗水平和保障能力基本持平。随着工业化和城市化进程的加快，英国的社会保障制度逐步发展和完善。通过实施城乡统一的社会保障政策，提供均等化的基本公共服务。三是加强农村基础设施建设。日本农业基础设施和产业结构调整补贴约占政府农业补贴总成本的80%。德国以均衡发展思想为指引，基于中心地理理论，规划一、二、三、四级区域中心，完善公共基础设施和市政设施。英国为农业基础设施建设提供资金，改善农业生产生活条件，提高生产力，使农民在保证粮食供应的同时，实现与其他产业同等的收入水平。美国利用多样化的投资方式增加公共产品的供给，包括与私营部门合作，修建驿道、挖掘运河、铺设铁路和修建道路等，改善国内交通状况。

第三节　国外经验对中国乡村振兴的启示与借鉴

乡村振兴是一项复杂的系统工程，在消除城乡二元结构，融合城乡资源发展经济，提高城乡居民物质生活水平的同时，还要加强基础设施建设，保护乡村生态环境，传承乡村文化传统，全面提高乡村居民精神文化生活水平，使乡村居民始终能够"望得见山、看得见水、记得住乡愁"。通过对国外不同经济社会背景下乡村发展的对比分析，归纳总结各类乡村振兴发展模式与路径，比较分析其优缺点，辨析驱动乡村振兴发展的关键因素，梳理发达国家乡村发展的成功经验，可以为我国乡村振兴发展提供有益借鉴。在此基础上，还应积极探索与我国国情相适应的乡村发展体制机制和政策策略，破解乡村振兴发展的瓶颈与难点，全面推动乡村振兴发展。

一、基于国外乡村振兴的启示

（一）立足本国国情，因地制宜，统筹规划，城乡协同推进

加强政府宏观调控，大力发展农业经济，把农业经济放在振兴农村产

业的突出位置，是国外农村建设成功的必由之路。农业经济发展应立足自身的地域特点和资源特色，以发展当地"名牌"产业为抓手，力争做大做强。增加农民收入是发展农业经济的首要目标，应坚持以市场需求为导向，着重发展高效农业、观光农业、生态农业，探索出一条各具特色的农业产业化乡村发展道路。各地的自然环境、资源禀赋、经济水平、制度环境、人文历史和发展机遇等是进行乡村建设的基础条件，这就要求遵循实事求是、因地制宜的原则，立足自身优势选择相适应的特色发展模式，走出各自专属的特色发展道路。日本的"一村一品"运动正是以乡村特色为出发点，走出了一条有特色的农村发展道路，促进了城乡之间的协调发展，缩小了城乡差距。美国和英国则主要采取立法的方式，对乡村规划和建设进行温和与渐变的改革；韩国则主要采取以政府为主导的形式，通过激进的变革发展方式，促进了乡村的整体发展。尽管各国采取的发展道路不通，但在尊重农民主体地位，发挥政府扶持功能，改善农民生产生活条件等方面是一致的（王桂林，2016）。从各地乡村振兴发展的历史经验与教训可以看出，城乡可持续发展与政府的有序引导和社会的参与监督是密切相关的。各级政府应从顶层设计出发，坚持系统规划与可持续发展思维。实施乡村振兴战略要立足国情农情，我国农村发展还存在着地区间突出的不平衡性，以人口净流出、工业化不足和村庄空心化为基本形态的中西部农村地区与东部经济发达地区存在显著的不同，对于发达国家或地区的经验模式不能生搬硬套。

（二）坚持农业优先，突出农业特色，重视农业产业结构优化升级

农业始终是乡村经济发展的主导产业，不能简单地将乡村建设和城镇化建设混为一谈，乡村发展不能"去农业化"，不能将乡村生活环境的改善和农业生产水平的提高进行人为地割裂。为此，要始终坚持农业优先发展战略，突出农业在乡村振兴中的地位和必要性。在产业结构优化升级中，也应尤其重视农业产业结构的升级。同时，应重视农村自身的经济发展能力，关注提高农民素质，这是缩小城乡收入差距的根本途径。国外乡村振兴发展的成功经验告诉我们，产业结构的优化升级和农村经济发展能力的提高是具有辩证关系的，一方面，产业结构的优化升级可以带动农村经济发展效率的提高；另一方面，农村自身经济发展能力的提高，反过来又可以促进产业结构的优化升级。通过协调城乡产业结构，着力推动农业生产机械化和农业发展现代化，并对农村商品生产和劳动力市场进行规范化管理，提高农产品竞争力和农村劳动力素质，推动农村自主发展，加快乡村产业振兴发展步伐。

（三）坚持以农民为主体，提高农村公共服务水平

振兴后的乡村仍然是农民的乡村，农民是乡村振兴的主体。乡村振兴必须将政府宏观调控与乡村内部职能分割开来，政府不能包办乡村事务，双方应在各自职责范围内密切协作，共同促进乡村振兴发展。明确农民在乡村建设中的主体地位，切实发挥政府的宏观引导作用，通过各种政策措施，发挥农民的积极性和创造性。农民是否愿意接受和是否受益是政府有效发挥引导作用的关键，为此，应转变发展思路，在农民为主体的前提下，统筹协调科研院所、企业和农民等各方力量，共同推进乡村建设。乡村振兴发展的目标之一是让农村居民和城市居民平等地享受到经济发展的成果，农民只是一种职业，公共服务、福利待遇、生活水平应该与市民完全均等。现阶段，农村基础设施和社会事业发展远远落后于城市，这不仅影响农村居民的生活水平，也是导致农村地区经济欠发达的关键因素。因此，应大力发展农村地区交通、水电、医疗、通信等基础设施与服务，促进乡村地区生产生活水平的发展。同时，在城乡规划设计中，不能仅仅考虑有利于农村经济发展，也要重视农村社会事业等各方面的全面发展，使农村地区真正实现环境优美、社会和谐、生活富裕。

（四）注重乡村建设的系统性、协同性和科学性

乡村建设要多元融合，协同发展。应在对现有资源进行整合的基础上，围绕着改善农村生产生活环境、提升农业综合效益、培育先进的生产生活方式等目标开展系统性的规划设计。应坚持统筹规划先行，管理体制机制创新，提高乡村自我发展的可持续性。由于乡村建设涉及领域众多，应在借鉴国外农村建设成功经验的基础上，推进多层次的融合发展。以加拿大为例，其不仅十分注重通过城市和乡村之间互动互通的方式促进农村发展和建设，而且非常重视小城镇建设。而日本则在其农村经济发展的高速增长期，积极开展产业结构优化升级，推动传统农村向区域社会形态转型（赵国锋等，2010）。由此可见，乡村振兴应多管齐下，多元协同，统筹规划，系统发展，尤其应打破城乡发展壁垒，促进城乡要素流动，走城乡融合发展之路。

（五）重视乡村基础设施建设，强化对农民的教育培训

基础设施是农村生产生活的基本保障。国外在乡村发展实践中都高度重视农村基础设施建设，道路、桥梁、水利、电力、电信、污水处理、能源等问题的优先解决，可以为农产品生产、加工、销售和运输提供更加便利的条件，也为乡村风貌的改造奠定了良好的基础。

农民素质的提高是农业现代化成败的关键，因此，大力开展农民教育

培训是实现农业现代化的必经之路。农民只有通过教育培训提高自身的现代化机械技术、信息技术等知识水平，才能学以致用，切实提高农业生产效率，改变生存现状。同时，教育培训也是提高农民科学生态观、审美观和环境保护意识的重要渠道，有利于增强农民对乡村振兴战略的认同感。

（六）新技术推动乡村发展，引领现代农业发展新业态新模式

技术的革新能够推动生产、生活方式的变革。因此，积极引入新技术，依靠新技术驱动乡村发展是国外的普遍做法。日本通过引进机器人、无人机，灵活运用信息和通信技术，建立基于互联网的智能管理和销售终端管理，促进了农业生产效率的提高。目前，大数据改变着人类的传统思维模式，随着互联网的普及以及信息技术的互联互通，乡村振兴发展迎来了前所未有的新机遇。而虚拟化空间的扁平结构改变了传统农村的发展模式，为城乡融合一体化发展创造了条件。随着乡村地区网络的全面覆盖，以大数据为载体，互联网经济的引入，必将改变中国传统高耗能、高排放、高污染的粗放型经济增长方式，大大提高土地资源的利用效率与产出比例，灵活高效地组织时空维度的经济活动。某些地区已经开展了"互联网＋乡村"方面的大胆尝试，在农业扶贫及农村环境治理等领域取得了很好的成效。将以互联网为代表的新技术融入乡村建设，是乡村振兴发展的新方向。

二、基于国外乡村振兴的借鉴

现有的乡村振兴实践大多围绕乡村政治、经济、文化、社会、生态的一个或几个方面展开，且不同国家在不同时期各有侧重。根据上述总结分析，结合我国当前乡村振兴发展的现实需要，我国的乡村振兴必须坚持"五位一体"的统筹推进策略。

（一）在乡村经济建设方面

乡村经济发展是乡村振兴的物质基础，乡村经济建设的最终目的是满足乡村居民的物质生活需要和对美好生活的向往。发展乡村经济，要充分利用乡村的资源禀赋，宜农则农、宜渔则渔，注重推进农村一二三产业融合，延长农业产业链条。英、美、韩等发达国家均十分重视农村产业，通过新技术、新模式、新产业的融合发展，提升乡村经济的整体发展质量。在乡村产业选择上，应注重发挥乡村自然环境优势，通过发展乡村特色旅游增加农民收入。在乡村规划建设中，要充分重视自然资源和人力资源的保护和利用，做到物尽其用、人尽其才。应重视发展生态经济，保护生态环境，推动可持续经济的发展。通过休闲农业和乡村旅游业的发展，把农

业转变为乡村特色旅游农业，农田转变为具有生态价值的景观农田，农产品升级为具有收藏价值的旅游纪念品，增加乡村财政收入和农民生活收入，并通过具体的生态工程改善乡村居民的生产生活环境。

（二）在乡村文化建设方面

中华文明历史悠久源远流长，它不仅是中华民族生生不息的根本，也是中华民族历经劫难走向振兴的内生动力。乡村是中华文化发源和传承的缩影，也是众多自然和文化遗产的所在地。加强乡村文化建设，就是要充分发挥文化在乡村振兴发展中的作用，在充分继承和发扬乡村文化的基础上，为乡村经济社会的稳定和可持续发展提供精神保障。为此，应通过政府政策引导，推进乡村文化发展。韩国"新村运动"的初衷就是调动农民自建家园，恢复民族自信心。具体方式可以是政府资金投入与调动社会各方资源相结合，共同推进乡村文化建设。

（三）在乡村生态建设方面

加强乡村生态环境建设是实现乡村居民美好生产生活环境需求的必由之路。首先，统筹长远规划，保护环境，避免生态破坏。德国坚持科学规划，德国村庄发展在土地调整和改革的基础上坚持可持续发展。其次，因地制宜开展乡村建设。欧盟农村建设的思路是规划一个自然的、有特色的历史文化场所。再次，通过法律政策，保护乡村生态。美国农业政策包括提高收入、促进进口、保护资源环境、提高农村生活质量等多个目标。最后，加强乡村基础设施建设，推进乡村生态建设。韩国"新村运动"中着力改善农村基础设施，提高农民生活质量。

（四）在乡村社会建设方面

长期以来，受城乡二元结构的影响，乡村在社会制度建设、发展红利分享、基础设施建设、公共服务建设等方面都严重滞后。在乡村社会发展过程中，欧洲国家一方面重视政策、法律和规划的完善，通过乡村发展规划引导乡村发展，通过政策调控乡村发展，通过法律规范乡村发展；另一方面加大乡村基础设施建设，通过政府补贴及社会援助推动乡村基本公共设施及农业设施的建设，为乡村发展奠定坚实基础。

（五）在乡村政治建设方面

法治是现代社会的重要标志，法律法规既是农民维权的重要途径，也是乡村稳定发展的基础和保障。随着经济社会的发展，传统的乡村逐渐由封闭走向开放，外部资本大量涌入，人员流动性增强，改变了农村原有的社会结构，促进了乡村社会向现代社会的转型，也为乡村治理带来了新的挑战，乡村政治建设和治理体系亟须同步完善。在乡村振兴过程中，一是要坚持党的领导，发挥党组织在乡村基层发展中的核心作用；二是要重视农民主体的作用，倡导村民自治。必须正确处理基层党政组织、民间组织和农村自治组织在农村治理体系中的关系和作用，做到各尽其责，相互补充，共同发展，为乡村社会健康、稳定、可持续发展提供良好的内部环境。

乡村振兴战略背景下，乡村发展要从深度、广度、力度和创新性上完成"质"的飞跃。乡村发展的路径要与模式匹配，确保在现有条件下发展效率和发展质量的根本提升。乡村发展必须紧跟时代步伐，相关研究也必须根植于乡村建设的时代背景，广泛吸取各方经验。当今中国乡村正在发生天翻地覆的变化，农民素质在提升，农业生产模式在革新，农村生活在变化，如何在这千载难逢的机会中抓住乡村振兴的重大机遇，有针对性地制定、实施、落实乡村发展策略，更好地借鉴国外乡村发展经验，有效融合乡村发展的最新理论，在我国乡村建设实践中进行系统性创新，具有重大的现实意义。

第五章 我国城乡差异与乡村
发展现状评析

随着中国经济社会的快速发展，社会主要矛盾已经发生了根本性变化。党的十九大报告明确提出，我国社会主要矛盾已经转化为人民日益增长的美好生活需要和不平衡不充分的发展之间的矛盾，城乡发展不平衡、农村发展不充分的客观矛盾，已经成为制约当下人们追求美好生活的现实障碍。本章在概述我国城乡经济发展现状的基础上，利用面板数据，对东部、中部、西部和东北地区四大区域 31 个省份的城乡发展差异及乡村发展现状进行实证分析，归纳总结了现阶段我国乡村发展中存在的具体不平衡问题及其构成、不充分问题维度与指标和不同步问题成因，为合理制定城乡融合发展的机制和政策提供依据。

第一节 我国城乡发展的时空差异分析

一、我国城乡发展概况

二元户籍制度是导致城市和农村二元经济与社会结构的根本原因。随着改革开放的深入，中国经济取得了飞速发展，人民生活水平整体上得到了很大的提高，但城乡差距却进一步扩大，城乡发展不均衡现象日益凸显。我国城乡发展的不均衡主要表现为工业农业发展失调、城乡居民收入差距和消费差距日益扩大等方面。城乡经济发展失衡制约着我国国民经济的健康发展和社会的稳定和谐，也是乡村振兴亟须解决的难点问题。

自从 20 世纪 90 年代以来，尽管城乡差距在某些年份中有过下降，但总体来说，收入差距是不断扩大的。根据历年《中国统计年鉴》和地方统计年鉴的数据整理计算发现，特别是 2002 年，城镇居民人均可支配收入与农村居民人均纯收入之比达到 3.11∶1，自此就一直维持在 3 倍以上。

2007年，城镇居民人均可支配收入与农村居民人均纯收入之比达到3.33：1，随后的2008年和2009年一直维持在3.3以上的高比例。2010年后，随着农村外出打工人员收入增加、农产品价格上调等因素带来的增收，以及养老、低保等转移性收入水平的提高，城乡收入比有所下降，2010~2016年分别为3.23、3.13、3.1、2.98、2.75、2.73、2.72。大多数专家认为3倍的差距是警界红线。有的学者认为，城镇居民人均可支配收入与农村居民人均纯收入之比没有考虑城市居民享有的保险、医疗、住房等补助因素，如果考虑这些因素，现实中的中国城乡差距还要高。张和赵（1998）认为，尽管中国在改革开放时期经历了一个快速的工业化过程，但城市化进程仍十分缓慢，其中一条重要的原因就在于移民方面的控制政策，限制了乡村居民大规模流向经济较发达地区。20世纪90年代以来，限制有所松动的户籍制度推动了大批农民工去沿海发达地区工作，但是真正的移民数量相对于整体潜在的移民数量仍然偏低。

世界银行（1997）证实，城乡差异是中国20世纪90年代人均收入不平等的主要因素。区域间的收入差异以及城乡间的收入差异占据了我国人均收入不平等成因的50%以上。区域间不平等及城乡间不平等的现象常常形影相随、互为影响，城乡二元分割加剧了区域间的收入差异，但区域间的差异对城乡差异的影响却是非线性的，这取决于区域间的禀赋差异及政策差异等多个因素。因此，不论是理论分析还是政策制定，都必须正视区域间及城乡间存在的客观差异以及两者之间的内在联系。

崔启源（Kai-Yuen，1993）和罗泽尔（Rozelle，1994）认为，城乡发展的不均衡部分解释了区域间发展差异的成因。叶福金（Ye，1996）采用城乡名义消费数据，发现了乡村和城镇之间的巨大差距。拉维·坎佰和张晓波（Kanbur & Zhang，1999）给出了分析城乡不平衡的统一框架，分析了1983~1995年沿海和内地之间的不平衡，并暗示不断增长的不平衡主要是由"户口"（家庭）登记制度造成的。杨涛（Yang，1999）通过对1986~1994年四川家庭收入数据的调查分析，认为城乡差距仍在增大。姚树洁等（Yao et al.，2005）研究了我国城乡产出、收入和消费的不平衡。张鑫和万广华（Zhang & Wan，2006）研究发现，20世纪90年代后期，不利于农村的分配变化是造成农村相对贫困的主要原因。采用1995~2002年的家庭调查数据，久拉等（Terry et al.，2007）研究了我国城乡收入差距的大小及其影响因素。李迎成等（Li et al.，2014）运用2004~2010年跨省级面板数据，分析了中国城市化进程中城乡收入差距的影响因素，认为第一要素配置差异是收入差距扩大的主要原因，而城市化缩小收入差距；同时，教育资源配置在东部和中部省份作用明显。卢冲等（2014）通过构建产业结构与城乡居民收入差距模型，采用系统广义矩估计方法，分析了成都市产业结构与城乡居民收入差距之间的关系，发现产业结构调整、农村居民收入结构和区域经济增长对城乡收入差距缩小具有正向作用，而林业、渔业、建筑业是阻碍成都市城乡收入差距缩小的主要因素。陈斌开和林毅夫（2013）利用1978~2008年中国省级面板数据，从政府发展战略的视角研究中国城乡收入差距持续扩大的原因，发现政府战略鼓励了资本密集型部门优先发展，从而导致城市部门就业需求下降，农村居民不能有效地向城市转移，最终使城乡收入差距扩大，并得出中国城乡收入差距在经济发展过程中呈现先下降、后上升的"U"型规律。万广华和张鑫（2008）分析和解释了20世纪90年代后半期沿海和内地农村之间的贫困差异。杜建国和程发新（Du & Cheng，2008）以1993~2005年的数据为依据，将我国总的收入不均衡分解为城乡之间的收入不均衡、农村之间的收入不均衡和城镇之间的收入不均衡，并分析了各种不均衡对总的收入差异的影响，结果显示，1999~2005年，城乡收入不均衡呈现为发散趋势，而1993~1998年则为收敛，1999~2005年，城乡收入不均衡对总的收入不均衡的贡献增长了59.9%。在我国总的收入不均衡中，城乡间的不均衡几乎一直占据收入不均衡的支配地位，农村间的收入不均衡对总的收入不均衡的贡献仅次于城乡间的不均衡，而城镇间的收入差距较小且比较稳定。此外，1999~2005年，城镇收入与农村收入均值之间距离的增大也反映了我国城乡差距在进一步扩大。韩春平（Han，2015）对2009年抽样调查数据进行实证分析，揭示了城市和农村收入不平等的结构、属性与主观幸福感的内在关系，分析了城乡居民主观幸福感与社会不平等的深层次关联，呼吁各方关注农村群体。

从目前的发展现状来看，城乡差异在我国经济社会发展中仍表现突出，城乡关系仍处于不协调的发展状态，阻碍了农业和农村经济的发展。而"三农"问题的积累也严重制约着整个国民经济的发展。城乡问题一直备受关注，缩小城乡差距是全面建设小康社会和构建社会主义和谐社会的重要内容。近年来，政府加大了对农业和农村经济的支持和保护力度，并制定了新型农村合作医疗等优惠政策。同时，针对"三农"问题，国家制定了一系列政策措施，鼓励大学生到农村就业，用先进知识推动农村发展，但距离从根本上解决城乡发展的不平衡问题还有一定的差距，城乡二元问题仍需进一步探索研究并解决。

二、城乡发展指标选择

考虑到数据的可获取性和研究的需要，本书主要选择国内生产总值（GDP）、人均国内生产总值（GDPPC）、农村居民人均纯收入（RPCI）、城镇居民人均可支配收入（UPCI）、人均总收入（TPCI，是 UPCI 和 RPCI 的人口加权平均）来计算和分析我国城乡经济发展和收入水平的演化。

本书采集的数据来自国家统计局、国家信息中心和 31 个省份的统计年鉴。本章用于统计的数据包括 2007～2016 年全国及 31 个省份的统计结果，为保证数据之间的可比性，根据相应年度的消费价格指数，将 2007～2016 年的 GDP、GDPPC、RPCI 和 UPCI 分别用消费价格指数调整到 2007 年的价格基准。

本书在聚合维度主要考虑我国的四大区域：东部、中部、西部和东北地区。根据国家区域划分原则，界定四大区域：东部地区包括北京、天津、河北、山东、海南、广东、上海、江苏、浙江和福建 10 省份；中部地区包括安徽、江西、山西、河南、湖北、湖南 6 省份；西部地区包括重庆、四川、贵州、内蒙古、云南、西藏、广西、陕西、甘肃、青海、宁夏、新疆 12 省份；东北地区包括黑龙江、吉林和辽宁 3 省份。

三、城乡发展不均衡的解析方法

部分文献采用人均城镇居民可支配收入与农村居民纯收入之比来研究城乡发展的不均衡，这种方法虽然可以直观地反映出城乡收入差距，但对具有较高聚合层次的空间差异进行分析时，忽视了其内部或较低聚合层次的城乡、区域之间的差异，而且这种方法不能分解，不利于分析不同层次不均衡的关系。为了系统分析我国城乡不均衡的时空差异特征，本节介绍基于 Gini 系数的城乡收入不均衡分解方案。

（一）空间不均衡分析方法概述

分析具有空间层级特征数据的不均衡特征，首先要对不均衡程度进行度量，所以通常不均衡的分析方法也指不均衡的测算方法。测算不均衡的范围很广，从广义上来看，都井（Tsui，1993）认为，不均衡的测算可归结于以下三种方法：

一是借用统计学的方法或分布。例如基尼系数（Gini）、变异系数（CV）或 Theil 熵方法（又称为塞尔指数）。

二是在公理手段基础之上建立起来的方法。这个方法在程序上与第一种方法相反。首先构造不均衡测算的理想公理，在这些公理的基础之上，以数学的方式衍生出测量或测量方法的分类。如一般测度熵（GEM）分类就是这种方法的典型例子。

三是利用社会福利函数构建的测量方法。基于道德判断思路构造广义社会福利函数，然后将这个函数转换为不均衡指数。阿特金森（Atkinson，1983）构造的 Atkinson 函数和由森（Sen，1972）提出的测量方法属于这一类。

在实际应用中主要以第一类方法为主，即 Gini 系数和变异系数。这样做的优点是各种研究的结果可以互相比较，但要注意在个体间的不均衡测算中剔除地区/国家平均数（如地区间的不均衡）的影响。人们广泛认可的个体收入不均衡的测算方法是 Gini 系数，它以 Lorenz 曲线的方式作出合适的几何解释。而关于地区间不均衡的研究大多数建立在变异系数基础之上，但变异系数这个指标固有的道德倾向目前尚不清楚，且其具有对分布异常值高度敏感的不理想统计特征。鉴于 Gini 系数的广泛认可性，有不少学者也把它用于研究区域空间的不均衡。事实上，每种不均衡的测算方法都有一些我们应该知道但也许尚不明确的道德判断，这同时也意味着没有任何一种不均衡的测算方法是绝对"客观"的。

区域间的不均衡在某些方面不同于个体间的不均衡。因为从人口角度看，各地区的人口规模大小不一。为此，可以采用人口比重的形式来纠正这方面的偏差，这也符合区域间差异分析的经济逻辑。为此，在各集聚水平的 Gini 系数测算中考虑了人口权重。

Gini 系数的计算公式如下：

$$G = 1 - \sum_{i=1}^{n} w_i (2Q_i - s_i) \tag{5.1}$$

其中：$s_i = w_i x_i / \sum_{j=1}^{n} w_j x_j$；$Q_i = \sum_{k=1}^{i} s_k$；$n$ 表示区域空间数；w_i 代表权重，表示区域 i 人口占总人口的比重；$\sum_{i=1}^{n} w_i = 1$。x_i 是第 i 个区域的经济指标，如人均收入、人均 GDP 等，在计算过程中，首先将关键字 x_i 按升序排列，以方便 Q_i 的计算。

在进行差异分析的众多方法中，Gini 系数作为衡量居民内部收入分配公平程度的重要指标，越来越受到政府和学者的重视。Gini 系数值域为 [0，1]，其值越大表示居民收入分配差异越大。在国际上，其警戒值为 0.4，超过这个值，则应警惕贫富差距过大。Gini 系数的最大优点是结果的可比较性。Gini 系数还有其他形式，参见赫尔曼皮拉斯等（Herrmann-Pillath et al.，2002）。姚树洁（1999）认为式（5.1）比其他公式有以下优点：可以采用 Excel 表计算；可以表示 Gini 系数的区域（组之间或类之间）成分；可以很容易地通过人口层次和收入来源来进行分解。

（二）不均衡的空间分解

这里只介绍 Gini 系数反映的总的不均衡按不同集聚水平（不同区域空间层次）的分解，对于二元经济结构的城乡区域空间分解我们将在下节介绍。

首先根据 Gini 系数的分解要求，将各个地区（本书中为省份）按照聚合区域空间的界定进行分组，即将 N 个地区归并为 K 个聚合空间，并对其编号，属于同一个聚合空间的编号相同。如果某个地区属于第 k 个聚合空间，就给其一个空间代码 k。总的 Gini 系数由组分内部差异、组分之间差异和重叠差异三个部分组成（Pyatt, 1976），即：

$$G = G_A + G_B + G_0 \tag{5.2}$$

其中：G_A、G_B 和 G_0 分别表示 G 聚合空间的内部差异、空间之间的外部差异和重叠部分差异。

在上述三个差异中，$G_A = 0$ 表示聚合空间 G 内部无差异；同理，$G_B = 0$ 则表示不同聚合空间之间无差异；$G_0 = 0$ 则表述不同聚合空间不存在重叠部分。对于聚合空间之间的收入不平衡，G_B 对 G 的相对贡献率具有重要意义。由 G_A、G_B 和 G_0 的含义可知，它们都是非负的。

派亚特（Pyatt, 1976）采用博弈论的矩阵代数证明了式（5.2）的成立。关于复杂的矩阵代数和数学证明请参考派亚特（1976）和姚树洁（1999）的相关文献，这里只介绍其分解程序。

第 1 步，用等式（5.1）得到 G。

第 2 步，G_B 由聚合后 K 个聚合空间的数据分别按式（5.1）计算，即：

$$G_B = 1 - \sum_{k=1}^{K} \mu_k (2Q'_k - s'_k) \tag{5.3}$$

其中：$s'_k = \mu_k m_k / \sum_{k=1}^{K} \mu_k m_k$；$Q'_k = \sum_{l=1}^{k} s'_l$，$\mu_k$ 是聚合后空间 k 的人口权重；m_k 是第 k 聚合空间基于人口权重的指标平均值，是聚合空间的人均平均值份额累积到 k 的总和。

为了计算 G_B，式（5.3）中的所有元素必须按聚合空间指标人均平均值的升序进行排列。

第 3 步，G_A 可以由下式计算：

$$G_A = \sum_{k=1}^{K} \mu_k s'_k G_k \tag{5.4}$$

其中：G_k 代表第 k 个聚合空间的 Gini 系数。

因此，K 个聚合空间就有 K 个 Gini 系数。每个 G_k 的值根据各个聚合空间包含的地区按式（5.1）分别计算。

第 4 步，G_0 可由剩余法得到：

$$G_0 = G - G_A - G_B \tag{5.5}$$

此外，如果等式中所有的元素都能按照聚合空间指标人均平均值（主关键字）的升序和地区指标人均平均值（次关键字）的升序排列，并按式（5.1）得到一个系数 G'，则 $G_0 = G - G'$，G' 称为集中系数，有的学者称其为伪 Gini 系数。姚树洁（1999）给出了这种方式计算 G_0 的解释。如果 G_0 的值用这种方法计算可以节省第 2 步或第 3 步的计算时间，而且通过两种不同方法计算 G_0，能够为分解方法提供有效的检查机制。如果计算结果不等，那么就表明计算过程有误。Gini 系数空间分解示意如图 5-1 所示。

图 5-1　Gini 系数按聚合水平分解示意

（三）收入不均衡的城乡分解

Gini 系数的城乡分解中，首先将 N 个地区（市）农村部分和城镇部分归并为两个聚合区，也就是把农村人口及其农村居民人均纯收入分为一个聚合区，城镇人口和城镇居民可支配收入归入另一个聚合区。将两个聚合区分别进行编号，比如可用 I 表示农村聚合区，II 表示城镇聚合区，或者用 rural 表示农村聚合区，urban 表示城镇聚合区。设（P_1^r, P_2^r, …, P_n^r）为 N 个子空间的农村人口，$x = (x_1, x_2, …, x_N)$ 为对应的 N 个子空间的农村居民人均纯收入向量；（P_1^u, P_2^u, …, P_n^u）为 N 个子空间的城镇人口，$y = (y_1, y_2, …, y_N)$ 对应的城镇居民人均可支配收入向量。$P = \sum_{i=1}^{N} (P_i^r + P_i^u)$ 是整个研究对象的总人口，$P^r = \sum_{i=1}^{N} P_i^r$ 是农村总人口（或农村聚合空间的人口），$P^u = \sum_{i=1}^{N} P_i^u$ 是城镇总人口（或城镇聚合空间的人口）。$r_i = P_i^r/P$ 是第 i 个地区的农村人口占总人口的份额，$r = \sum_{i=1}^{N} r_i = \dfrac{P^r}{P}$ 是农村聚合空间人口占总人口的份额。$u_i = P_i^u/P$ 是第 i 个子空间的城镇人口占总人口的份额，$u = \sum_{i=1}^{N} u_i = \dfrac{P^u}{P}$ 是城镇聚合空间的人口占总人口的份额，满足 $r + u = 1$。$a_i = P_i^r / P^r$ 是第 i 个子空间的农村人口占农村聚合空间人口（农村总人口）的份额，满足 $\sum_{i=1}^{N} a_i = 1$。$b_i = P_i^u / P^u$ 是第 i 个子空间的城镇人口占城镇聚合空间人口（城镇总人口）的份额，满足 $\sum_{i=1}^{N} b_i = 1$。

农村聚合空间的居民人均纯收入均值为 $m_r = \sum_{i=1}^{N} a_i x_i$，城镇聚合空间的居民人均可支配收入均值为 $m_u = \sum_{i=1}^{N} b_i y_i$，整个研究对象（全国）总的人均收入均值为 $m = r m_r + u m_u = \sum_{i=1}^{N} r_i x_i + \sum_{i=1}^{N} u_i y$。我国整体人均收入可看成是农村和城镇两大聚合空间人均收入的加权平均，也可以看成由各个子空间农村人均收入和城镇居民可支配收入构成。例如，2016 年我国 31 个农村子空间和 31 个城镇子空间的区域号、空间名称、人口和人均收入数据如表 5 - 1 所示，农村聚合空间的人口 $P^r = 58193$（万人），人均收入 $m_r = 12381$（元）。城镇空间人口 $P^u = 79791$（万人），人均收入 $m_u = 33694$（元）。

表 5 - 1　　　　　　　　2016 年我国各省份的人均收入

区域号		空间名称	人口（万人）	人均收入（元）
I . 农村	1	北京	293	22310
	2	天津	267	20076
	3	河北	3487	11919
	4	山东	4076	13954
	5	海南	396	11843
	6	广东	3388	14512
	7	上海	293	25520
	8	江苏	2582	17606
	9	浙江	1845	22866
	10	福建	1410	14999
	11	安徽	2975	11720
	12	江西	2154	12138
	13	山西	1612	10082
	14	河南	4909	11697
	15	湖北	2466	12725

区域号		空间名称	人口（万人）	人均收入（元）
Ⅰ.农村	16	湖南	3223	11930
	17	重庆	1140	11549
	18	四川	4196	11203
	19	贵州	1985	8090
	20	内蒙古	978	11609
	21	云南	2623	9020
	22	西藏	233	9094
	23	广西	2512	10360
	24	陕西	1703	9396
	25	甘肃	1444	7457
	26	青海	287	8664
	27	宁夏	295	9852
	28	新疆	1239	10183
	29	黑龙江	1550	11832
	30	吉林	1203	12123
	31	辽宁	1429	12881
		农村聚合空间	58193	12381
Ⅱ.城镇	32	北京	1880	57275
	33	天津	1295	37110
	34	河北	3983	28249
	35	山东	5871	34012
	36	海南	521	28454
	37	广东	7611	37684
	38	上海	2127	57692
	39	江苏	5417	40152
	40	浙江	3745	47237
	41	福建	2464	36014
	42	安徽	3221	29156
	43	江西	2438	28673
	44	山西	2070	27352
	45	河南	4623	27233
	46	湖北	3419	29386
	47	湖南	3599	31284

区域号	空间名称	人口（万人）	人均收入（元）
48	重庆	1908	29610
49	四川	4066	28335
50	贵州	1570	26743
51	内蒙古	1542	32975
52	云南	2148	28611
53	西藏	98	27802
54	广西	2326	28324
55	陕西	2110	28440
Ⅱ. 城镇 56	甘肃	1166	25694
57	青海	306	36757
58	宁夏	380	37153
59	新疆	1159	28463
60	黑龙江	2249	25736
61	吉林	1530	36530
62	辽宁	2949	32876
城镇聚合空间		79791	33694
全国		137984	24705

根据前述 Gini 系数的空间分解，全国的收入不均衡可以分解为农村聚合空间和城镇聚合空间之间的不均衡、空间内部的不均衡和重叠部分。其中，农村聚合空间和城镇聚合空间之间的不均衡称为城乡不均衡，记为 G_{RU}；城镇聚合空间内部的不均衡反映了城镇与城镇之间的不均衡，记为 G_{UU}；农村聚合空间内部的不均衡反映了农村与农村之间的不均衡，记为 G_{RR}；重叠部分 G_0 反映了低人均收入聚合空间（在我国，一般为农村空间）中人均收入较高的地区高于高人均收入聚合空间中人均收入较低的地区的情况，如果没有，则 $G_0 = 0$。Gini 系数的这种分解是针对城乡收入差距或城乡二元经济结构进行的，我们把其称为 Gini 系数的城乡分解。城乡分解步骤如下：

第 1 步，计算全国人均收入的 Gini 系数。把 $2N$ 个子空间的农村居民收入和城镇居民收入放在一起，列出对应人口，并按人均收入的升序排列，按式（5.1）计算全国人均收入的基尼系数 G_{tot}：

$$G_{tot} = 1 - \sum_{i=1}^{2N} p_i (2Q_i - s_i) \quad (5.6)$$

计算过程如表 5 - 2 所示。其中：p_i 为各个子空间的人口占总人口的份额；m_i 为各个子空间的人均收入；$p_i m_i$ 表示人口份额乘以人均收入，合计值即为全国的人均收入均值；s_i 为各个子空间的人均收入占全国人均收入均值的份额，即 $s_i = p_i m_i / \sum p_i m_i$；$Q_i$ 是累积收入份额，最后一列为式（5.6）和式的每一项，合计为 $1 - G_{tot}$，由此可得：$G_{tot} = 1 - 0.7267 = 0.2733$。

表 5 - 2　　2016 年由各省份城乡人均收入计算的全国总的 Gini 系数

区域号	城乡	人口	p_i	m_i	$p_i m_i$	s_i	Q_i	$p_i(2Q_i - s_i)$
25	RPCI	1444	0.0105	7457	78.0363	0.0032	0.0032	0.0000
19	RPCI	1985	0.0144	8090	116.3848	0.0047	0.0079	0.0002
26	RPCI	287	0.0021	8664	18.0215	0.0007	0.0086	0.0000
21	RPCI	2623	0.0190	9020	171.4614	0.0069	0.0155	0.0005
22	RPCI	233	0.0017	9094	15.3558	0.0006	0.0162	0.0001
24	RPCI	1703	0.0123	9396	115.9705	0.0047	0.0209	0.0005
27	RPCI	295	0.0021	9852	21.0620	0.0009	0.0217	0.0001
13	RPCI	1612	0.0117	10083	117.7889	0.0048	0.0265	0.0006
28	RPCI	1239	0.0090	10183	91.4380	0.0037	0.0302	0.0005
23	RPCI	2512	0.0182	10360	188.5948	0.0076	0.0378	0.0012
18	RPCI	4196	0.0304	11203	340.6787	0.0138	0.0516	0.0027
17	RPCI	1140	0.0083	11549	95.4142	0.0039	0.0555	0.0009
20	RPCI	978	0.0071	11609	82.2820	0.0033	0.0588	0.0008
14	RPCI	4909	0.0356	11697	416.1287	0.0168	0.0756	0.0048
11	RPCI	2975	0.0216	11721	252.6995	0.0102	0.0859	0.0035
29	RPCI	1550	0.0112	11832	132.9099	0.0054	0.0912	0.0020
5	RPCI	396	0.0029	11843	33.9879	0.0014	0.0926	0.0005
3	RPCI	3487	0.0253	11919	301.2157	0.0122	0.1048	0.0050
16	RPCI	3223	0.0234	11930	278.6677	0.0113	0.1161	0.0052
30	RPCI	1203	0.0087	12123	105.6923	0.0043	0.1204	0.0021
12	RPCI	2154	0.0156	12138	189.4756	0.0077	0.1280	0.0039
15	RPCI	2466	0.0179	12725	227.4166	0.0092	0.1372	0.0047
31	RPCI	1429	0.0104	12881	133.3960	0.0054	0.1426	0.0029
4	RPCI	4076	0.0295	13954	412.1993	0.0167	0.1593	0.0089
6	RPCI	3388	0.0246	14512	356.3263	0.0144	0.1738	0.0082
10	RPCI	1410	0.0102	14999	153.2705	0.0062	0.1800	0.0036

区域号	城乡	人口	p_i	m_i	$p_i m_i$	s_i	Q_i	$p_i(2Q_i - s_i)$
8	RPCI	2582	0.0187	17606	329.4415	0.0133	0.1933	0.0070
2	RPCI	267	0.0019	20076	38.8464	0.0016	0.1949	0.0008
1	RPCI	293	0.0021	22310	47.3728	0.0019	0.1968	0.0008
9	RPCI	1845	0.0134	22866	305.7453	0.0124	0.2092	0.0054
7	RPCI	293	0.0021	25520	54.1909	0.0022	0.2113	0.0009
56	UPCI	1166	0.0085	25694	217.1166	0.0088	0.2201	0.0036
60	UPCI	2249	0.0163	25736	419.4774	0.0170	0.2371	0.0075
50	UPCI	1570	0.0114	26743	304.2808	0.0123	0.2494	0.0055
45	UPCI	4623	0.0335	27233	912.4079	0.0369	0.2864	0.0180
44	UPCI	2070	0.0150	27352	410.3321	0.0166	0.3030	0.0088
53	UPCI	98	0.0007	27802	19.7460	0.0008	0.3038	0.0004
34	UPCI	3983	0.0289	28249	815.4377	0.0330	0.3368	0.0185
54	UPCI	2326	0.0169	28324	477.4652	0.0193	0.3561	0.0117
49	UPCI	4066	0.0295	28335	834.9615	0.0338	0.3899	0.0220
55	UPCI	2110	0.0153	28440	434.8954	0.0176	0.4075	0.0122
36	UPCI	521	0.0038	28454	107.4347	0.0043	0.4119	0.0031
59	UPCI	1159	0.0084	28463	239.0790	0.0097	0.4215	0.0070
52	UPCI	2148	0.0156	28611	445.3818	0.0180	0.4396	0.0134
43	UPCI	2438	0.0177	28673	506.6204	0.0205	0.4601	0.0159
42	UPCI	3221	0.0233	29156	680.5969	0.0275	0.4876	0.0221
46	UPCI	3419	0.0248	29386	728.1283	0.0295	0.5171	0.0249
48	UPCI	1908	0.0138	29610	409.4379	0.0166	0.5337	0.0145
47	UPCI	3599	0.0261	31284	815.9696	0.0330	0.5667	0.0287
62	UPCI	2949	0.0214	32876	702.6294	0.0284	0.5951	0.0248
51	UPCI	1542	0.0112	32975	368.5014	0.0149	0.6100	0.0135
35	UPCI	5871	0.0425	34012	1447.1608	0.0586	0.6686	0.0544
41	UPCI	2464	0.0179	36014	643.1125	0.0260	0.6947	0.0243
61	UPCI	1530	0.0111	36530	405.0579	0.0164	0.7110	0.0156
57	UPCI	306	0.0022	36757	81.5150	0.0033	0.7143	0.0032
33	UPCI	1295	0.0094	37110	348.2790	0.0141	0.7284	0.0135
58	UPCI	380	0.0028	37153	102.3172	0.0041	0.7326	0.0040
37	UPCI	7611	0.0552	37684	2078.6121	0.0841	0.8167	0.0855
39	UPCI	5417	0.0393	40152	1576.2785	0.0638	0.8805	0.0666

区域号	城乡	人口	p_i	m_i	$p_i m_i$	s_i	Q_i	$p_i(2Q_i - s_i)$
40	UPCI	3745	0.0271	47237	1282.0567	0.0519	0.9324	0.0492
32	UPCI	1880	0.0136	57275	780.3627	0.0316	0.9640	0.0258
38	UPCI	2127	0.0154	57692	889.3078	0.0360	1.0000	0.0303
合计		137984	1.0000		24705.4325	1.0000		0.7267
$G_{tot} = 0.2733$								

第 2 步，计算 Gini 系数表示的城乡不均衡 G_{RU}。根据农村和城镇两大聚合空间的人口和人均收入数据，按式（5.6）可以计算城乡不均衡 G_{RU}，即：

$$G_{RU} = 1 - \sum_{k=1}^{2} \mu_k (2Q'_k - s'_k) \tag{5.7}$$

其中：$s'_k = \mu_k m'_k / \sum_{k=1}^{2} \mu_k m'_k$；$Q'_k = \sum_{I=1}^{k} s'_I$ 是聚合空间的人均收入均值份额累积到 k 的总和；$\mu_1 = r$；$\mu_2 = u$；$m'_1 = m_r$；$m'_2 = m_u$。

为了得到 G_{RU}，式（5.7）中的所有元素必须按聚合空间人均收入均值的升序排列，即 $m'_1 \leqslant m'_2$。各列数据的含义、计算方法同第 1 步，两大聚合空间的人口数据和人均收入数据来自表 5 - 1，由此可得：$G_{RU} = 1 - 0.7896 = 0.2104$，具体见表 5 - 3。

表 5 - 3 **2016 年 Gini 系数表示的全国城乡不均衡分析**

区域号	城乡	人口	μ_I	m'_i	$\mu_i m'_i$	s'_i	Q'_i	$\mu_i(2Q'_i - s'_i)$
I	Rural	58193	0.4217	12381	5221.4721	0.2113	0.2113	0.0891
II	Urban	79791	0.5783	33694	19483.9604	0.7887	1.0000	0.7005
合计		137984	1.0000		24705.4325	1.0000		0.7896
$G_{RU} = 0.2104$								

第 3 步，计算农村聚合空间内部的不均衡，即农村与农村之间的不均衡 G_{RR}，可以由下式计算：

$$G_{RR} = rs_R G_R \tag{5.8}$$

其中：$r = \mu_1$；$s_R = s'_1$；G_R 表示农村聚合空间内部的 Gini 系数，按式（5.6）计算。

由于农村子空间共有 N 个，此处将式（5.6）中求和公式的上界由 $2N$ 改为 N，计算结果如表 5 - 4 所示。各列数据的含义、计算方法同第 1 步。

表 5 - 4　　**2016 年 Gini 系数分解下全国农村与农村之间的不均衡**

区域号	城乡	人口	p_r	m_r	$p_r m_r$	s_R	Q_R	$p_r(2Q_R - s_R)$
25	RPCI	1444	0.0248	7457	185.0354	0.0149	0.0149	0.0004
19	RPCI	1985	0.0341	8090	275.9652	0.0223	0.0372	0.0018
26	RPCI	287	0.0049	8664	42.7316	0.0035	0.0407	0.0004
21	RPCI	2623	0.0451	9020	406.5598	0.0328	0.0735	0.0051
22	RPCI	233	0.0040	9094	36.4108	0.0029	0.0765	0.0006
24	RPCI	1703	0.0293	9396	274.9827	0.0222	0.0987	0.0051
27	RPCI	295	0.0051	9852	49.9411	0.0040	0.1027	0.0010
13	RPCI	1612	0.0277	10083	279.2946	0.0226	0.1253	0.0063
28	RPCI	1239	0.0213	10183	216.8128	0.0175	0.1428	0.0057
23	RPCI	2512	0.0432	10360	447.1855	0.0361	0.1789	0.0139
18	RPCI	4196	0.0721	11203	807.7983	0.0652	0.2441	0.0305
17	RPCI	1140	0.0196	11549	226.2408	0.0183	0.2624	0.0099
20	RPCI	978	0.0168	11609	195.1025	0.0158	0.2782	0.0091
14	RPCI	4909	0.0844	11697	986.7012	0.0797	0.3579	0.0537
11	RPCI	2975	0.0511	11721	599.1870	0.0484	0.4063	0.0391
29	RPCI	1550	0.0266	11832	315.1486	0.0255	0.4317	0.0223
5	RPCI	396	0.0068	11843	80.5902	0.0065	0.4382	0.0059
3	RPCI	3487	0.0599	11919	714.2259	0.0577	0.4959	0.0560
16	RPCI	3223	0.0554	11930	660.7612	0.0534	0.5493	0.0579
30	RPCI	1203	0.0207	12123	250.6117	0.0202	0.5695	0.0231
12	RPCI	2154	0.0370	12138	449.2741	0.0363	0.6058	0.0435
15	RPCI	2466	0.0424	12725	539.2375	0.0436	0.6494	0.0532
31	RPCI	1429	0.0246	12881	316.3013	0.0255	0.6749	0.0325
4	RPCI	4076	0.0700	13954	977.3841	0.0789	0.7539	0.1001
6	RPCI	3388	0.0582	14512	844.9012	0.0682	0.8221	0.0918
10	RPCI	1410	0.0242	14999	363.4264	0.0294	0.8515	0.0406
8	RPCI	2582	0.0444	17606	781.1534	0.0631	0.9146	0.0784
2	RPCI	267	0.0046	20076	92.1105	0.0074	0.9220	0.0084
1	RPCI	293	0.0050	22310	112.3277	0.0091	0.9311	0.0093
9	RPCI	1845	0.0317	22866	724.9661	0.0586	0.9896	0.0609
7	RPCI	293	0.0050	25520	128.4944	0.0104	1.0000	0.0100
合计		58193	1		12380.8637	1		0.8764

$$G_R = 0.1236$$

$$r = 0.4217$$

$$s_R = 0.2113$$

$$G_{RR} = 0.0110$$

第 4 步，类似于第 3 步计算城镇聚合区域内部的不均衡，即城镇与城镇之间的不均衡 G_{UU}，可以由下式计算：

$$G_{UU} = us_U G_U \qquad (5.9)$$

其中：$u = \mu_2$；$s_U = s_2'$；G_U 表示城镇聚合区域内部的 Gini 系数。

2016 年 Gini 系数分解下全国城镇与城镇之间的不均衡如表 5 - 5 所示，各列数据的含义、计算方法同前。

表 5 - 5   2016 年 Gini 系数分解下全国城镇与城镇之间的不均衡

区域号	城乡	人口	p_u	m_u	$p_u m_u$	s_U	Q_U	$p_u(2Q_U - s_U)$
56	UPCI	1166	0.0146	25694	375.4637	0.0111	0.0111	0.0002
60	UPCI	2249	0.0282	25736	725.4097	0.0215	0.0327	0.0012
50	UPCI	1570	0.0197	26743	526.1982	0.0156	0.0483	0.0016
45	UPCI	4623	0.0579	27233	1577.8433	0.0468	0.0951	0.0083
44	UPCI	2070	0.0259	27352	709.5946	0.0211	0.1162	0.0055
53	UPCI	98	0.0012	27802	34.1471	0.0010	0.1172	0.0003
34	UPCI	3983	0.0499	28249	1410.1510	0.0419	0.1590	0.0138
54	UPCI	2326	0.0292	28324	825.6890	0.0245	0.1835	0.0100
49	UPCI	4066	0.0510	28335	1443.9138	0.0429	0.2264	0.0209
55	UPCI	2110	0.0264	28440	752.0724	0.0223	0.2487	0.0126
36	UPCI	521	0.0065	28454	185.7888	0.0055	0.2542	0.0033
59	UPCI	1159	0.0145	28463	413.4436	0.0123	0.2665	0.0076
52	UPCI	2148	0.0269	28611	770.2068	0.0229	0.2894	0.0150
43	UPCI	2438	0.0306	28673	876.1076	0.0260	0.3154	0.0185
42	UPCI	3221	0.0404	29156	1176.9683	0.0349	0.3503	0.0269
46	UPCI	3419	0.0428	29386	1259.1652	0.0374	0.3877	0.0316
48	UPCI	1908	0.0239	29610	708.0483	0.0210	0.4087	0.0190
47	UPCI	3599	0.0451	31284	1411.0709	0.0419	0.4506	0.0388
62	UPCI	2949	0.0370	32876	1215.0696	0.0361	0.4866	0.0346
51	UPCI	1542	0.0193	32975	637.2560	0.0189	0.5055	0.0192
35	UPCI	5871	0.0736	34012	2502.6010	0.0743	0.5798	0.0799
41	UPCI	2464	0.0309	36014	1112.1459	0.0330	0.6128	0.0368
61	UPCI	1530	0.0192	36530	700.4739	0.0208	0.6336	0.0239
57	UPCI	306	0.0038	36757	140.9653	0.0042	0.6378	0.0049
33	UPCI	1295	0.0162	37110	602.2851	0.0179	0.6557	0.0210
58	UPCI	380	0.0048	37153	176.9390	0.0053	0.6609	0.0063

区域号	城乡	人口	p_u	m_u	$p_u m_u$	s_U	Q_U	$p_u(2Q_U - s_U)$
37	UPCI	7611	0.0954	37684	3594.5809	0.1067	0.7676	0.1363
39	UPCI	5417	0.0679	40152	2725.8866	0.0809	0.8485	0.1097
40	UPCI	3745	0.0469	47237	2217.0836	0.0658	0.9143	0.0827
32	UPCI	1880	0.0236	57275	1349.4951	0.0401	0.9544	0.0440
38	UPCI	2127	0.0267	57692	1537.8958	0.0456	1.0000	0.0521
合计		79791	1		33693.9604	1		0.8863

$G_R = 0.1137$
$r = 0.5783$
$s_R = 0.7887$
$G_{RR} = 0.0519$

第5步，根据式（5.10）计算 G_0：

$$G_0 = G_{tot} - G_{Ru} - G_{RR} - G_{UU} \qquad (5.10)$$

2016 年全国 Gini 系数的城乡分解中的重叠部分为：$G_0 = 0.2733 - 0.2104 - 0.0110 - 0.0519 = 0$。

全国城乡不均衡的分解示意表述如图 5－2 所示：

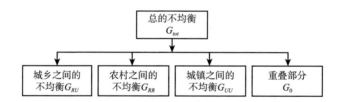

图 5－2　Gini 系数城乡分解示意

四、我国城乡发展不均衡的实证分析

（一）城乡整体发展差异的演化分析

2007～2016 年全国总的人均收入均值和城乡收入差距、总的收入不均衡的计算结果如表 5－6 所示，其中 G_{tot} 表示全国 31 个省级行政区城镇居民人均可支配收入与农村居民人均纯收入的总的收入不均衡，m 表示全国的人均收入均值，m_r 为农村居民的人均纯收入均值，m_u 表示城镇居民人均可支配收入均值，m_u/m_r 是二者之比，p_r、p_u 分别表示农村居民和城镇居民人口占总人口的比例。

表 5 - 6 全国城乡收入差距与总的收入不均衡

年份	不均衡	均值				人口份额	
	G_{tot}	m	m_r	m_u	m_u/m_r	p_r	p_u
2007	0.3468	8608	4177	13853	3.316	0.542	0.458
2008	0.3402	9932	4800	15721	3.275	0.53	0.47
2009	0.3397	10919	5190	17132	3.301	0.52	0.48
2010	0.3262	12790	5974	19165	3.208	0.483	0.517
2011	0.318	14742	7096	21882	3.084	0.483	0.517
2012	0.3107	16857	8067	24609	3.051	0.469	0.531
2013	0.2966	18469	9068	26403	2.912	0.458	0.542
2014	0.2798	19873	10494	27444	2.615	0.447	0.553
2015	0.2824	23066	11433	31995	2.798	0.434	0.566
2016	0.2733	24705	12381	33694	2.721	0.422	0.578
2007~2012 相对增量（%）	-10.41	95.83	93.13	77.64	-7.99	-13.47	15.94
2012~2016 相对增量（%）	-12.04	46.56	53.48	36.92	-10.82	-10.02	8.85
2007~2016 相对增量（%）	-21.19	187.00	196.41	143.23	-17.94	-22.14	26.20

从表 5 - 6 可以看出，全国的城镇人口比例（可看成反映城市化率的一个指标）虽然一直在增长，从 2007 年的 45.8% 递增到 2016 年的 57.8%，但 Gini 系数反映的城乡收入差距自 2013 年后变化不大；城乡居民收入差距大致呈逐年下降态势，全国农村居民人均纯收入增幅（196.41%）高于城镇居民人均可支配收入的增幅（143.23%），但仍远低于城镇居民人均可支配收入。

从 Gini 系数计算的全国人均收入总的不均衡来看，2007~2016 年全国总的收入不均衡基本呈逐年递减态势，与城乡人均收入之比的变化趋势基本一致。值得注意的是，2009 年收入总的不均衡是 0.3397，低于 2008 年（2008 年 Gini 系数为 0.3402），而城乡收入之比 2009 年为 3.301，高于 2008 年的城乡收入之比 3.275，这反映了两种指数计算方法的差异。采用城乡收入之比来刻画城乡差距，在全国这一层次时，城乡收入是各个省级行政区城乡收入的人口加权平均，过滤掉了其内部差异，不能全面地反映全国的城乡收入不均衡状况。全国总的收入不均衡和城乡收入差距随时间的演化趋势如图 5 - 3 所示，从该图可以直观看出二者之间的差异。

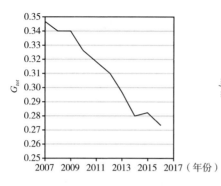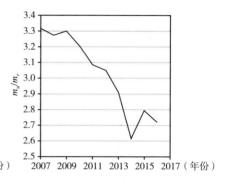

图 5-3　全国总的收入不均衡与城乡差距随时间的演化

（二）城乡发展不均衡的时空演化分析

2007～2016 年，我国东部、中部、西部、东北地区四大区域总的人均收入均值和城乡收入差距、总的收入不均衡的计算结果如表 5-7 所示，其中 G_{tot} 表示根据各区域下属省级行政区城镇居民人均可支配收入、农村居民人均纯收入每年数据计算的总的收入不均衡；m 表示各区域人均收入均值；m_r 为各区域农村居民的人均纯收入均值；m_u 表示各区域城镇居民人均可支配收入均值；m_u/m_r 是二者之比；p_r、p_u 分别表示各区域农业人口和非农业人口占总人口的比例。

表 5-7　　　　全国不同区域城乡收入差距与总的收入不均衡

地区	年份	不均衡	均值				人口份额	
		G_{tot}	m	m_r	m_u	m_u/m_r	p_r	p_u
东部地区	2007	0.2922	11859	5696	16901	2.967	0.45	0.55
	2008	0.2874	13511	6429	19101	2.971	0.441	0.559
	2009	0.2856	14821	6965	20832	2.991	0.433	0.567
	2010	0.2693	17223	7919	23249	2.936	0.393	0.607
	2011	0.2617	19715	9369	26399	2.818	0.392	0.608
	2012	0.2555	22322	10573	29567	2.796	0.381	0.619
	2013	0.2514	23928	11824	31098	2.63	0.372	0.628
	2014	0.2592	24457	13147	30918	2.352	0.364	0.636
	2015	0.2415	28725	14349	36527	2.546	0.352	0.648
	2016	0.2378	31272	15549	39395	2.534	0.341	0.659
	2007～2012 相对增量（%）	-12.56	88.23	85.62	74.94	-5.76	-15.33	12.55
	2012～2016 相对增量（%）	-6.93	40.09	47.06	33.24	-9.37	-10.50	6.46
	2007～2016 相对增量（%）	-18.62	163.70	172.98	133.09	-14.59	-24.22	19.82

地区	年份	不均衡	均值				人口份额	
		G_{tot}	m	m_r	m_u	m_u/m_r	p_r	p_u
中部地区	2007	0.2771	6911	3838	11635	3.032	0.606	0.394
	2008	0.2717	8041	4449	13228	2.973	0.591	0.409
	2009	0.2734	8838	4789	14369	3	0.577	0.423
	2010	0.2608	10259	5506	15959	2.898	0.545	0.455
	2011	0.2545	11885	6519	18318	2.81	0.545	0.455
	2012	0.2499	13686	7423	20694	2.788	0.528	0.472
	2013	0.2446	15298	8363	22664	2.71	0.515	0.485
	2014	0.2229	17342	10012	24733	2.47	0.502	0.498
	2015	0.248	19912	10920	28470	2.607	0.488	0.512
	2016	0.2183	20810	11795	28879	2.448	0.472	0.528
	2007～2012 相对增量（%）	-9.82	98.03	93.41	77.86	-8.05	-12.87	19.80
	2012～2016 相对增量（%）	-12.65	52.05	58.90	39.55	-12.20	-10.61	11.86
	2007～2016 相对增量（%）	-21.22	201.11	207.32	148.21	-19.26	-22.11	34.01
西部地区	2007	0.3456	6105	3033	11345	3.741	0.63	0.37
	2008	0.3425	7158	3524	13007	3.691	0.617	0.383
	2009	0.3427	7920	3819	14221	3.724	0.606	0.394
	2010	0.3273	9306	4427	15781	3.565	0.57	0.43
	2011	0.3203	10795	5277	18113	3.432	0.57	0.43
	2012	0.3138	12543	6055	20557	3.395	0.553	0.447
	2013	0.2986	13975	6854	22341	3.26	0.54	0.46
	2014	0.2739	15893	8285	24346	2.939	0.526	0.474
	2015	0.3029	18682	9064	28798	3.177	0.513	0.487
	2016	0.2671	19434	9883	28911	2.925	0.498	0.502
	2007～2012 相对增量（%）	-9.20	105.45	99.64	81.20	-9.25	-12.22	20.81
	2012～2016 相对增量（%）	-14.88	54.94	63.22	40.64	-13.84	-9.95	12.30
	2007～2016 相对增量（%）	-22.71	218.33	225.85	154.83	-21.81	-20.95	35.68

地区	年份	不均衡	均值					人口份额	
		G_{tot}	m	m_r	m_u	m_u/m_r		p_r	p_u
东北地区	2007	0.2295	8275	4383	11358	2.591		0.442	0.558
	2008	0.2272	9629	5140	13057	2.54		0.433	0.567
	2009	0.2313	10476	5497	14251	2.593		0.431	0.569
	2010	0.2189	12000	6461	15890	2.459		0.413	0.587
	2011	0.2114	13946	7814	18254	2.336		0.413	0.587
	2012	0.2096	15931	8868	20719	2.336		0.404	0.596
	2013	0.2102	18124	9930	23539	2.37		0.398	0.602
	2014	0.209	19801	10796	25601	2.371		0.392	0.608
	2015	0.209	21251	11488	27404	2.385		0.387	0.613
	2016	0.2242	24020	12274	31320	2.552		0.383	0.617
	2007~2012 相对增量（%）	-8.67	92.52	102.33	82.42	-9.84		-8.60	6.81
	2012~2016 相对增量（%）	6.97	50.78	38.41	51.17	9.25		-5.20	3.52
	2007~2016 相对增量（%）	-2.31	190.27	180.04	175.75	-1.51		-13.35	10.57

从表5-7可以看出，东部地区城乡收入不均衡的 Gini 系数明显低于中部、西部和东部地区，但城镇居民人均收入和农村居民人均收入的比值却起伏不定。人均收入水平东部地区最高，中部和东北地区次之，西部最低，城镇人口比例（可看成反映城市化率的一个指标）也是东部地区最高，2016年已达到65.9%（中部、西部和东北地区分别是52.8%、50.2%和61.7%），且城乡差距逐年下降。2007~2016年，东部地区农村居民人均纯收入增速为172.98%，明显高于城镇居民人均可支配收入的增速（133.09%），中部、西部和东北地区有同样的情况，但2012~2016年，东北地区农村居民人均收入的增为38.41%，低于城镇居民人均收入增速（51.17%）。从总体表现看，西部地区城乡收入的不均衡高于东部、中部和东北地区。

我国各省份总的收入不均衡和城乡收入比值随时间的演化趋势如图5-4所示，由图可见，各区域城乡收入不均衡呈明显的梯度排列，除东北地区呈明显"U"型外，其他地区均呈现下降趋势。城乡收入比值与不均衡分析趋势大致类似，但东部和中部地区差异缩小。

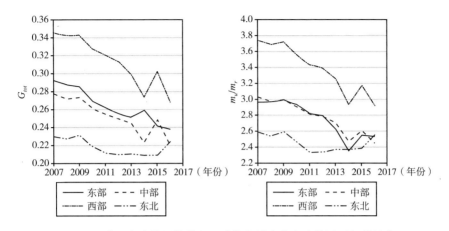

图 5-4 我国各省份总的收入不均衡与城乡收入比值随时间的演化

（三）城乡发展整体结构差异的演化分析

由城乡发展差异结构分析可知，基于农村和城镇两大聚合空间，Gini 系数表示的我国总的收入不均衡 G_{tot} 可以分解为城乡不均衡 G_{RU}、农村与农村之间的不均衡 G_{RR}、城镇与城镇之间的不均衡 G_{UU} 和重叠部分 G_0。这种分解方法可展示各组分对总的收入不均衡的贡献。按照 Gini 系数城乡分解的 5 个步骤，根据式（5.6）至式（5.10）计算总的收入不均衡 G_{tot}、城乡不均衡 G_{RU}、农村与农村之间的不均衡 G_{RR}、城镇与城镇之间的不均衡 G_{UU} 和重叠部分 G_0，结果如表 5-8 所示。

由表 5-8 可知，在 2007～2012 年和 2012～2016 年我国居民总的收入不均衡呈下降趋势，相对增长率分别为 -10.41% 和 -12.04%，其 Gini 系数分别为 0.3468、0.3107、0.2733，虽低于 0.4 的警戒位，但需要说明的是，采用省份数据计算的 Gini 系数比抽样调查计算的 Gini 系数要小。从 2007 年开始，总的收入不均衡的 Gini 系数几乎逐年递减。城乡之间的不均衡是构成总的收入不均衡的主要组成部分，它对总的收入不均衡的贡献率也经历了先增大后减小的趋势，分别为 80.45%、78.63% 和 76.98%。

Gini 系数分解的农村与农村之间的不均衡逐年递减，2007～2012 年，不均衡递减 32.77%，2012～2016 年，不均衡递减 30.38%，对总的收入不均衡的贡献率分别为 5.09% 和 4.02%。与此相反，城镇与城镇之间的不均衡呈逐年小幅提高的趋势，2007～2012 年，不均衡增加 14.22%，2012～2016 年，不均衡递增 2.57%，对总的收入不均衡贡献率分别为 16.29% 和 18.99%。

表 5-8 我国总的收入不均衡基于 Gini 系数和城乡两大聚合区域的分解结果

年份	总的 Gini	城乡之间		农村之间		城镇之间		重叠	
	G_{tot}	G_{RU}	贡献率（%）	G_{RR}	贡献率（%）	G_{UU}	贡献率（%）	G_o	贡献率（%）
2007	0.3468	0.279	80.45	0.0235	6.78	0.0443	12.77	0	0.00
2008	0.3402	0.2739	80.51	0.0216	6.35	0.0447	13.14	0	0.00
2009	0.3397	0.273	80.37	0.0205	6.03	0.0461	13.57	0.0001	0.03
2010	0.3262	0.2576	78.97	0.0169	5.18	0.0517	15.85	0	0.00
2011	0.318	0.2505	78.77	0.0173	5.44	0.0502	15.79	0	0.00
2012	0.3107	0.2443	78.63	0.0158	5.09	0.0506	16.29	0	0.00
2013	0.2966	0.233	78.56	0.0151	5.09	0.0485	16.35	0	0.00
2014	0.2798	0.2108	75.34	0.0132	4.72	0.0517	18.48	0.0041	1.47
2015	0.2824	0.219	77.55	0.0116	4.11	0.0518	18.34	0	0.00
2016	0.2733	0.2104	76.98	0.011	4.02	0.0519	18.99	0	0.00
2007~2012 相对增率（%）	-10.41	-12.44	-2.26	-32.77	-24.95	14.22	27.49		
2012~2016 相对增率（%）	-12.04	-13.88	-2.09	-30.38	-20.85	2.57	16.61		
2007~2016 相对增率（%）	-21.19	-24.59	-4.31	-53.19	-40.60	17.16	48.66		

重叠部分反映农村聚合区域内部农村居民人均纯收入的最大值大于城镇聚合区域内部城镇居民可支配收入最小值的情况，各年份均小于0.01，反映了我国城乡两大板块的异质程度较高，某种程度上也可说明我国的城乡差异性和二元结构特性仍较明显。

Gini系数反映的我国总的收入不均衡经城乡分解后各种组分随时间的演化趋势也可以通过面积图来直观表现，如图5-5所示。可以看出，2007~2016年，城乡不均衡总体呈现下降趋势，城乡不均衡在总的收入不均衡中始终占据绝对份额。

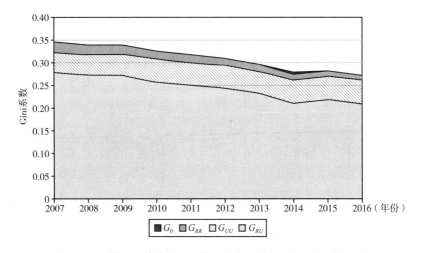

图5-5 我国总的收入不均衡经分解后各组分随时间的演化

（四）城乡发展结构差异的时空演化分析

以上的不均衡分析是基于我国农村居民人均纯收入和城镇居民人均可支配收入各省区的整体情况进行的不均衡分析（比如，Gini系数分解中，表达式（5.8）中的 G_R 表示我国31个省份农村居民人均纯收入的不均衡、式（5.9）中的 G_U 表示我国31个省份城镇居民人均可支配收入的不均衡），通过以上分析可见，2007年后，我国城乡间的不均衡整体呈现收敛态势。由于东部、中部、西部和东北地区具有不同的自然禀赋和发展特点，下面分别对四大区域的城乡收入不均衡情况进行解析，结果如表5-9至表5-12所示。

由表5-9至表5-12可知，2007~2016年，城乡之间的不均衡是构成各区域总的收入不均衡的主要原因，以2016年为例，四个区域城乡不均衡对总的收入不均衡的贡献率分别为72.04%、93.72%、91.65%和83.59%。Gini系数分解的农村与农村之间的不均衡逐年递减，而城镇与

表 5 - 9　东部地区总的收入不均衡基于 Gini 系数和城乡两大聚合区域的分解结果

年份	总的 Gini	城乡之间		农村之间		城镇之间		重叠	
	G_{tot}	G_{RU}	贡献率（%）	G_{RR}	贡献率（%）	G_{UU}	贡献率（%）	G_O	贡献率（%）
2007	0.2922	0.2339	80.05	0.012	4.11	0.0463	15.85	0	0.00
2008	0.2874	0.2312	80.45	0.0114	3.97	0.0448	15.59	0	0.00
2009	0.2856	0.2297	80.43	0.011	3.85	0.0449	15.72	0	0.00
2010	0.2693	0.2123	78.83	0.0088	3.27	0.0482	17.90	0	0.00
2011	0.2617	0.206	78.72	0.0086	3.29	0.0471	18.00	0	0.00
2012	0.2555	0.2008	78.59	0.0079	3.09	0.0468	18.32	0	0.00
2013	0.2514	0.1882	74.86	0.0077	3.06	0.0555	22.08	0	0.00
2014	0.2592	0.1681	64.85	0.0081	3.13	0.0727	28.05	0.0103	3.97
2015	0.2415	0.1761	72.92	0.0071	2.94	0.0583	24.14	0	0.00
2016	0.2378	0.1713	72.04	0.0067	2.82	0.0598	25.15	0	0.00
2007～2012 相对增率（%）	-12.56	-14.15	-1.82	-34.17	-24.71	1.08	15.60		
2012～2016 相对增率（%）	-6.93	-14.69	-8.34	-15.19	-8.88	27.78	37.29		
2007～2016 相对增率（%）	-18.62	-26.76	-10.01	-44.17	-31.39	29.16	58.70		

表 5 - 10 　　中部地区总的收入不均衡基于 Gini 系数和城乡两大聚合区域的分解结果

年份	总的 Gini	城乡之间		农村之间		城镇之间		重叠	
	G_{tot}	G_{RU}	贡献率（%）	G_{RR}	贡献率（%）	G_{UU}	贡献率（%）	G_0	贡献率（%）
2007	0.2771	0.2694	97.22	0.0047	1.70	0.003	1.08	0	0.00
2008	0.2717	0.2639	97.13	0.0045	1.66	0.0033	1.21	0	0.00
2009	0.2734	0.2645	96.74	0.0051	1.87	0.0038	1.39	0	0.00
2010	0.2608	0.2526	96.86	0.0045	1.73	0.0037	1.42	0	0.00
2011	0.2545	0.2462	96.74	0.0046	1.81	0.0037	1.45	0	0.00
2012	0.2499	0.2416	96.68	0.0042	1.68	0.0041	1.64	0	0.00
2013	0.2446	0.2335	95.46	0.004	1.64	0.0071	2.90	0	0.00
2014	0.2229	0.2122	95.20	0.0033	1.48	0.0074	3.32	0	0.00
2015	0.248	0.2202	88.79	0.0032	1.29	0.0246	9.92	0	0.00
2016	0.2183	0.2046	93.72	0.0033	1.51	0.0104	4.76	0	0.00
2007～2012 相对增率（%）	-9.82	-10.32	-0.56	-10.64	-0.91	36.67	51.54		
2012～2016 相对增率（%）	-12.65	-15.31	-3.06	-21.43	-10.05	153.66	190.38		
2007～2016 相对增率（%）	-21.22	-24.05	-3.60	-29.79	-10.88	246.67	340.04		

表5-11　西部地区总的收入不均衡基于 Gini 系数和城乡两大聚合区域的分解结果

年份	总的 Gini	城乡之间		农村之间		城镇之间		重叠	
	G_{tot}	G_{RU}	贡献率（%）	G_{RR}	贡献率（%）	G_{UU}	贡献率（%）	G_{o}	贡献率（%）
2007	0.3456	0.3172	91.78	0.0184	5.32	0.01	2.89	0	0.00
2008	0.3425	0.3131	91.42	0.0172	5.02	0.0121	3.53	0	0.00
2009	0.3427	0.3137	91.54	0.0159	4.64	0.0131	3.82	0	0.00
2010	0.3273	0.299	91.35	0.0132	4.03	0.0151	4.61	0	0.00
2011	0.3203	0.2914	90.98	0.0143	4.46	0.0146	4.56	0	0.00
2012	0.3138	0.2858	91.08	0.0131	4.17	0.0149	4.75	0	0.00
2013	0.2986	0.2753	92.20	0.0125	4.19	0.0108	3.62	0	0.00
2014	0.2739	0.2519	91.97	0.0114	4.16	0.0106	3.87	0	0.00
2015	0.3029	0.2639	87.12	0.0095	3.14	0.0295	9.74	0	0.00
2016	0.2671	0.2448	91.65	0.0094	3.52	0.0128	4.79	0.0001	0.04
2007~2012 相对增率（%）	-9.20	-9.90	-0.77	-28.80	-21.59	49.00	64.10		
2012~2016 相对增率（%）	-14.88	-14.35	0.63	-28.24	-15.70	-14.09	0.93		
2007~2016 相对增率（%）	-22.71	-22.82	-0.14	-48.91	-33.90	28.00	65.62		

表 5 - 12　东北地区总的收入不均衡基于 Gini 系数和城乡两大聚合区域的分解结果

年份	总的 Gini G_{tot}	城乡之间 G_{RU}	贡献率（%）	农村之间 G_{RR}	贡献率（%）	城镇之间 G_{UU}	贡献率（%）	重叠 G_0	贡献率（%）
2007	0.2295	0.2079	90.59	0.0035	1.53	0.0181	7.89	0	0.00
2008	0.2272	0.2019	88.86	0.0033	1.45	0.022	9.68	0	0.00
2009	0.2313	0.205	88.63	0.0031	1.34	0.0232	10.03	0	0.00
2010	0.2189	0.1904	86.98	0.0022	1.01	0.0263	12.01	0	0.00
2011	0.2114	0.1814	85.81	0.0022	1.04	0.0278	13.15	0	0.00
2012	0.2096	0.1791	85.45	0.0018	0.86	0.0287	13.69	0	0.00
2013	0.2102	0.1799	85.59	0.0018	0.86	0.0285	13.56	0	0.00
2014	0.209	0.1781	85.22	0.0013	0.62	0.0295	14.11	0.0001	0.05
2015	0.209	0.1776	84.98	0.0015	0.72	0.0299	14.31	0	0.00
2016	0.2242	0.1874	83.59	0.0015	0.67	0.0353	15.74	0	0.00
2007~2012相对增率（%）	-8.67	-13.85	-5.67	-48.57	-43.69	58.56	73.62		
2012~2016相对增率（%）	6.97	4.63	-2.18	-16.67	-22.09	23.00	14.99		
2007~2016相对增率（%）	-2.31	-9.86	-7.73	-57.14	-56.13	95.03	99.64		

城镇之间的不均衡普遍呈现逐年递增态势。各区域重叠部分均小于 0.01，反映了各区域城乡两大板块的异质程度均较高（东部地区 2014 年数据除外）。

Gini 系数反映的各区域总的收入不均衡经城乡分解后各组分随时间的演化趋势面积图如图 5-6 所示。

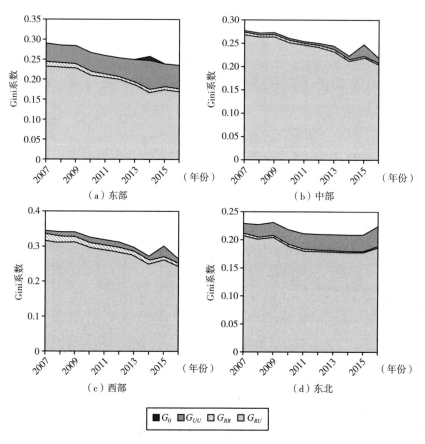

图 5-6 各区域总的收入不均衡经分解后各组分随时间的演化

由图 5-6 可见，西部地区总的收入不均衡明显大于东部、中部及东北地区，但东部地区城镇与城镇之间的收入差距明显大于中部、西部及东北地区，而西部地区农村与农村之间的收入差距大于其他地区。总的来看，东北地区总的收入不均衡呈"U"型，而其他地区大体呈现逐年下降态势，但下降速度较为缓慢。可见，城乡之间的收入不均衡始终是我国各区域收入不均衡的最主要原因。因此，实施乡村振兴，提高农村地区人均收入，对于解决我国各区域的收入不均衡问题至关重要。

第二节　我国乡村发展的现状评析

乡村发展是一个多尺度、多主体、多领域的演化过程，政策选择依赖于科学的乡村发展评价。党的十九大报告提出的乡村振兴发展战略包括了产业兴旺、生态宜居、乡风文明、治理有效和生活富裕五个方面的内容，这充分体现了新时代"五位一体"统筹发展的总体布局和基本要求。其中，产业兴旺是推动农村经济发展的核心，生态宜居是生态建设实现可持续发展的重点，乡风文明是文化建设、文化传承的主线，治理有效是政治建设的基石，生活富裕是社会建设的根本，也是满足人民美好生活愿望的关键。在已有乡村发展评价研究的基础上，以乡村振兴总体要求为指引构建指标体系，对乡村发展现状进行全面考察，可以更加客观、真实地反映我国各省份乡村发展水平，明确乡村振兴发展中需要特别关注的重点、难点和薄弱环节，以准确研判乡村振兴战略目标的实施前景，为科学推进乡村振兴发展提供客观依据。

一、评价指标体系设计

（一）指标选取原则

将产业兴旺、生态宜居、乡风文明、治理有效、生活富裕五个方面设为二级指标，在此基础上遴选三四级指标，并进一步构建出乡村综合发展水平的评价指标体系。指标选取主要遵循以下原则：

1. 系统全面、注重功能的原则

乡村振兴发展战略总要求的五个方面均对应特定的乡村发展功能，其中，产业兴旺侧重于乡村的生产功能，因此，"农林牧渔业总产值""农用地数量""农业机械总动力""国家重点龙头企业"等应作为评价产业兴旺的重要末端指标；生态宜居侧重于乡村的生态与闲暇功能，因此，"森林覆盖率""农药使用量""化肥使用量""全国生态村数量"等应作为重要指标；乡风文明侧重于乡村文化建设功能，因此，"教育文化娱乐支出""文盲人口占15岁以上人口的比重""文明乡镇数量""农村宽带接入用户"等应作为重要指标；治理有效侧重于乡村社会稳定功能，因此，"民主法制村数量""社区服务中心（站）覆盖率""农村贫困人口发生率"等应作为重要指标；生活富裕侧重于乡村主体的发展功能，因此，"农村居民人均可支配收入""城乡居民收入水平差异"等应作为重要指标。

2. 科学合理、凸显地域差异的原则

指标选取中考虑全国各地乡村发展的差异性与地域分工的合理性，选择具有共性的发展指标；指标体系框架构建及指标取舍在参考已有指标体系的基础上，坚持科学性原则，获取真实可靠和客观有效的信息，提高指标体系的科学性。

3. 突出重点、抓住关键环节的原则

指标选择尽量聚焦乡村振兴中的绿色可持续发展、生态环境保护、全面小康、主体培育等关键领域与重点环节；要突出主要矛盾，把建设宜居乡村、发展农村生产力、增加农民收入作为重点，充分体现可持续发展的科学发展观和以人为本的思想。

4. 可行性与可比性、便于实际操作的原则

充分考虑数据的可获得性，尽可能选取可以获得、具有权威性的评价指标；所选指标必须以反映我国乡村的真实现状为出发点，尽量简单易懂，便于操作，有可比性，便于进行不同地区乡村发展水平的横向比较，有助于在对比中找到差距，在对比中发现对策，在对比中寻求发展。

（二）评价指标体系框架

本书根据国家农业现代化标准（农业部、国务院法制办，2016）、国家建设小康社会指标体系（李善同等，2004；国家统计局，2008）、现有乡村振兴指标体系研究成果（张挺等，2018；浙江省统计局课题组，2019；郑家琪和杨同毅，2018；陈秋分等，2018），结合乡村发展实际情况调研，构建预选指标集，通过德尔菲法以专家打分的方式进一步筛选指标，构建出包括 5 个二级指标和 25 个三级指标的乡村发展水平评价指标体系（见表 5 – 13）。指标设置涵盖了产业、环境、教育、卫生、法制以及基础设施等，力求能够全面反映我国现阶段乡村发展的实际情况。为比较指标之间的重要性，构建网络层次模型和判断矩阵，采用 Saaty 提出的九标度法（Saaty，1988），邀请专家进行对比判断。计算专家判断矩阵的最大特征值和特征向量，得到专家主观权重并通过一致性检验，最终的指标体系和主观权重如表 5 – 13 所示。

表 5 – 13 我国乡村发展评价指标体系

一级指标	二级指标	主观权重（%）	三级指标	计量单位	主观权重（%）	指标类型
我国乡村发展（权重100%）	产业兴旺	25	农林牧渔业总产值	元/人	7.8	正向
			农用地数量	公顷/人	4.4	正向
			农业机械总动力	千瓦/人	4.7	正向
			"一村一品"示范村数量	个/百万人	3.9	正向
			国家重点龙头企业	%	4.2	正向
	生态宜居	20	森林覆盖率	%	5.4	正向
			卫生厕所普及率	%	4.6	正向
			农药使用量	吨/万人	2.8	负向
			化肥使用量	吨/万人	2.8	负向
			全国生态村数量	个/百万人	4.4	正向
	乡风文明	15	教育文化娱乐支出	元/人	4.3	正向
			文盲人口占15岁以上人口	%	2.6	负向
			火化率	%	1.8	正向
			农村宽带接入用户	户/万人	1.7	正向
			养老床位	张/千老人	2.4	正向
			文明乡镇数量	个/百万人	2.2	正向
	治理有效	15	社区服务中心（站）覆盖率	%	4.2	正向
			农村贫困人口发生率	%	3.8	负向
			农村低保平均标准	元/人·月	3.8	正向
			民主法制村数量	个/百万人	3.2	正向
	生活富裕	25	农村居民人均可支配收入	元/人	8.2	正向
			城乡居民收入水平对比（农村居民 =1）		5.5	负向
			农村地区每百户拥有家用汽车	辆	4.5	正向
			农村居民人均肉类消费量	千克	3.6	正向
			农村人均用电量	万千瓦时/人	3.2	正向

二、数据来源与评价方法

本书研究数据来源为公开出版的统计资料，包括《中国统计年鉴》《中国农村统计年鉴》《中国人口和就业统计年鉴》《中国农业发展年鉴》《中国农村贫困监测报告》《中国民政统计年鉴》《中国社会统计年鉴》

《中国工业统计年鉴》等。

为充分利用指标数据本身提供的信息，克服多指标变量间信息重叠和人为确定权重的主观性，本书研究在专家主观权重的基础上，融入熵值法确定客观权重，共同构成乡村发展评价的综合权重。熵值法源于热力学的物理概念，后由香农（C. E. Shannon）引入信息论，认为指标数据的变异程度越大，指标提供的信息越丰富，权重越高，反之亦然。其主要步骤如下：

（1）采集指标数据，构建原始指标数据矩阵。假设有 m 个待评方案和 n 项评价指标，则构建的原始矩阵 $X = \{x_{ij}\}_{m \times n}$（$0 \leq i \leq m$，$0 \leq j \leq n$），其中 x_{ij} 为第 i 个待评方案第 j 个指标的原始值。

（2）指标数据的标准化处理。由于各指标的量纲、数量级及指标正负取向均有差异，需对初始数据进行标准化处理。对于正向指标来说，评价指标 j 的理想值取待评方案所有指标 j 的最大值，记为 x_j^{max}，定义 x_{ij}' 为 x_{ij} 相对于理想值的相对值，则 $x_{ij}' = x_{ij}/x_j^{max}$；而对于负向指标，评价指标 j 的理想值取待评方案所有指标 j 的最小值，记为 x_j^{min}，则 x_{ij} 相对于理想值的相对值为 $x_{ij}' = x_{ij}/x_j^{min}$。基于此，指标原始数据矩阵可转化为标准化矩阵：$Y = \{Y_{ij}\}_{m \times n}$（$0 \leq i \leq m$，$0 \leq j \leq n$），其中，$y_{ij} = x_{ij}'$。

（3）计算各评价指标的熵值：根据熵值定义，各指标的熵值为 $e_j = -k \sum_{i=1}^{m} y_{ij} \ln y_{ij}$，其中，$k = 1/\ln m$。

（4）计算各指标差异性系数：$g_j = 1 - e_j$。

（5）计算各指标客观权重：$w_j^o = g_j / \sum g_j$。

假定各指标的主观权重为 w_j^s，本书采用等权重加权平均的方法将主观权重与客观权重合并为指标综合权重，即 $w_j = 0.5w_j^o + 0.5w_j^s$。则基于加权平均算子的乡村发展评价模型为：

$$Q_i = \sum_{j=1}^{n} w_j y_{ij} \qquad (5.11)$$

其中：Q_i 为待评方案 i 的综合评价值，y_{ij} 为待评方案 i 指标 j 的标准值，$0 \leq i \leq m$，$0 \leq j \leq n$。

三、实证评价与结果分析

本书针对 2017 年全国 31 个省份的乡村发展情况开展评价工作，不包括缺失数据的香港、澳门与台湾地区。采用熵权法计算的客观权重及与主观权重合并的综合权重计算结果如表 5 – 14 所示。

2017 年我国乡村发展评价指标权重

表 5 – 14

单位：%

二级指标	主观权重	客观权重	综合权重	三级指标	主观权重	客观权重	综合权重
产业兴旺	25.0	19.5	22.3	农林牧渔业总产值	7.8	4.1	5.9
				农用地数量	4.4	3.4	3.9
				农业机械总动力	4.7	3.7	4.2
				"一村一品"示范村数量	3.9	5.6	4.7
				国家重点龙头企业	4.2	2.8	3.5
生态宜居	20.0	18.1	19.1	森林覆盖率	5.4	5.3	5.4
				卫生厕所普及率	4.6	3.7	4.1
				农药使用量	2.8	2.2	2.5
				化肥使用量	2.8	2.5	2.7
				全国生态村数量	4.4	4.5	4.4
乡风文明	15.0	21.1	18.1	教育文化娱乐支出	4.3	1.8	3.0
				文盲人口占 15 岁以上人口	2.6	1.3	2.0
				火化率	1.8	7.4	4.6
				农村宽带接入用户	1.7	3.2	2.4
				养老床位	2.4	2.0	2.2
				文明乡镇数量	2.2	5.4	3.8

二级指标	主观权重	客观权重	综合权重	三级指标	主观权重	客观权重	综合权重
治理有效	15.0	23.2	19.1	社区服务中心（站）覆盖率	4.2	5.8	5.0
				农村贫困人口发生率	3.8	4.6	4.2
				农村低保平均标准	3.8	6.3	5.1
				民主法制村数量	3.2	6.5	4.9
生活富裕	25.0	17.9	21.5	农村居民人均可支配收入	8.2	4.2	6.2
				城乡居民收入水平对比（农村居民=1）	5.5	2.9	4.2
				农村地区每百户拥有家用汽车	4.5	3.6	4.1
				农村居民人均肉类消费量	3.6	4.2	3.9
				农村人均用电量	3.2	3.0	3.1

运用公式（5.11）对 2017 年我国 31 个省份的乡村发展情况进行综合评价，省份按排名的综合评价结果如图 5 – 7 所示。

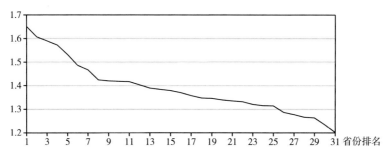

图 5 – 7　2017 年我国 31 个省份的乡村发展情况综合评价结果

由表 5 – 15 可见，排名在前 5 名的省份（北京、上海、浙江、天津、江苏）在乡村发展方面遥遥领先于其他省份，而 26 名及之后的 6 个省份（新疆、河南、云南、陕西、山西、甘肃）与其他省份相比差距较大。31 个省份的具体排名及评价结果如表 5 – 15 所示。

表 5 –15　　　　　　　　2017 年我国乡村发展情况评价结果

区域	综合评价	序号	省份	综合评价	排名
东部地区	1.50	1	北京	1.6511	1
		2	天津	1.5724	4
		3	河北	1.3148	25
		4	山东	1.4201	9
		5	海南	1.4037	12
		6	广东	1.4666	7
		7	上海	1.6076	2
		8	江苏	1.5321	5
		9	浙江	1.5899	3
		10	福建	1.4857	6
中部地区	1.32	11	安徽	1.3357	21
		12	江西	1.3482	18
		13	山西	1.2345	30
		14	河南	1.2779	27
		15	湖北	1.3793	15
		16	湖南	1.3399	20

区域	综合评价	序号	省份	综合评价	排名
西部地区	1.33	17	重庆	1.3900	13
		18	四川	1.3465	19
		19	贵州	1.3157	24
		20	内蒙古	1.4242	8
		21	云南	1.2670	28
		22	西藏	1.3323	22
		23	广西	1.3211	23
		24	陕西	1.2638	29
		25	甘肃	1.2015	31
		26	青海	1.3705	16
		27	宁夏	1.3842	14
		28	新疆	1.2875	26
东北地区	1.40	29	黑龙江	1.4166	11
		30	吉林	1.3579	17
		31	辽宁	1.4186	10

注：深色、浅色与白色分别表示排名 1~10 位、11~20 位、21~31 位的省份。

由表 5-15 可见，东部地区乡村综合发展情况优于其他地区，除河北和海南外，其他省份综合排名均居前 10 名；中部和西部地区乡村综合发展较为滞后，其中，全国乡村发展最为落后的 11 个省份中，西部地区占了 7 个。进一步分析乡村发展较为滞后的 6 个省份在产业兴旺、生态宜居、乡风文明、治理有效、生活富裕五个二级指标的得分排名情况，如表 5-16 所示。

表 5-16 乡村发展滞后地区按二级指标的评价排名

省份	综合评价	产业兴旺	生态宜居	乡风文明	治理有效	生活富裕
新疆	26	4	31	27	29	26
河南	27	15	28	29	27	23
云南	28	28	8	30	31	24
陕西	29	18	24	24	26	30
山西	30	30	29	25	25	29
甘肃	31	29	27	28	30	31

由表 5-16 可见，尽管乡村发展滞后地区的综合排名较差，但各地区

均有自身的禀赋优势，具有较大的发展潜力和提升空间。譬如，新疆地区综合排名为 26 名，但产业兴旺位居第 4 名，在"农用地数量"方面，仅次于西藏、青海和内蒙古，在"农林牧渔业总产值"方面也表现不菲，具有丰富的农业资源；河南和陕西地区与新疆地区情况类似；而云南虽整体表现不佳，但生态宜居方面位居全国第 8 位。因此，在乡村振兴发展中，应注重发挥各地区的资源优势，推动全面共同发展。全国 31 个省份按二级指标分列的排名情况如表 5 – 17 所示。

表 5 – 17 　　　　　全国 31 省份乡村发展按二级指标排名

综合排名	省份	产业兴旺	生态宜居	乡风文明	治理有效	生活富裕
1	北京	14	1	4	1	4
2	上海	31	5	3	2	1
3	浙江	20	2	1	5	2
4	天津	16	13	5	3	3
5	江苏	6	18	2	4	5
6	福建	12	3	7	10	7
7	广东	25	7	8	6	6
8	内蒙古	2	26	12	12	10
9	山东	3	22	9	14	9
10	辽宁	10	16	6	11	14
11	黑龙江	1	20	10	20	18
12	海南	9	14	16	8	21
13	重庆	22	12	15	9	11
14	宁夏	8	21	17	7	25
15	湖北	11	17	14	17	15
16	青海	5	19	21	15	20
17	吉林	13	25	13	18	13
18	江西	26	4	22	23	16
19	四川	23	11	23	22	8
20	湖南	21	9	19	24	17
21	安徽	19	23	11	19	19
22	西藏	7	10	31	16	27
23	广西	24	6	26	28	22
24	贵州	27	15	18	13	28

综合排名	省份	产业兴旺	生态宜居	乡风文明	治理有效	生活富裕
25	河北	17	30	20	21	12
26	新疆	4	31	27	29	26
27	河南	15	28	29	27	23
28	云南	28	8	30	31	24
29	陕西	18	24	24	26	30
30	山西	30	29	25	25	29
31	甘肃	29	27	28	30	31

注：深色为分项指标排名前5名的省份。

由表5－17可见，不同地区乡村发展各具优势和特色，但均仍有较大的提升空间，应针对地区特点开展专项推进工作。譬如，天津、江苏、内蒙古、山东、黑龙江、青海、新疆等省份应着力加大生态建设力度，江西应在乡风文明和乡村治理方面多做文章，青海还应重点关注乡风文明和百姓生活富裕问题等。

第三节　我国乡村发展面临的主要问题

在经济快速发展的大背景下，我国社会的主要矛盾已经发生了根本性变化。正如党的十九大报告指出的，新时期我国社会的主要矛盾已经转化为人民日益增长的美好生活需求与不平衡不充分的发展之间的矛盾。几十年工业化发展、计划经济、农业补贴工业等历史原因，导致农村发展基础薄弱、发展模式粗放、发展不充分及农业信息化发展不同步等问题较为严重，城乡二元结构差异长期存在，"三农"问题是发展不平衡、不充分的集中体现，是经济社会全面发展的"短板"。因此，乡村发展是中国实现现代化的关键，应通过"补短板"，推动乡村经济社会全面发展，以实现全面建成小康社会的目标。同时，我们要建设的现代化是人与自然和谐共生的现代化，因此，乡村发展不单单是经济发展问题，更要通过建设乡村生态环境、传承乡村文明、共建和谐社会、促进共同富裕等，满足人民日益增长的美好生活需要。

乡村振兴战略是党的十九大报告提出的七大战略之一，重点针对乡村发展中的现实问题，从产业兴旺、生态宜居、乡风文明、治理有效、生活富裕五个方面寻求全面推动乡村振兴发展的总体解决方案。近十几年来，中央对推进统筹城乡经济社会融合发展、一体化发展等分别作出重大部署，已经初步形成了工业反哺农业、城市支持乡村的基本思路和发展框架。但是城乡发展的融合程度不高、城乡二元分割、资源要素流动不畅等问题并未得到根本解决。彻底打破城乡二元结构，走融合发展之路是新时代农业农村发展的新起点。

（一）我国发展不均衡的关键在于城乡发展不均衡

通过对不同地区的收入不均衡解析发现，2007~2016年，我国各区域总的收入不均衡、城乡之间收入不均衡、农村之间收入不均衡随时间的演化均呈现逐年下降趋势，而城乡之间的收入不均衡始终在不均衡构成中占据绝对优势，尤其是我国中部和西部地区，城乡不均衡均占总体不均衡的90%以上。因此，解决我国发展的不平衡问题，关键在于推动乡村发展，缩小城乡差异。各地政府应在基础设施建设、财政扶持、资源配置、人才培养与流动等方面向乡村地区倾斜，重点破解乡村发展中的"瓶颈"问题，以产业兴旺、生态宜居、乡风文明、治理有效、生活富裕为突破口，推动乡村地区全面振兴发展。

（二）城乡发展不均衡的主要原因是农村发展不充分

通过对我国31个省份城乡发展现状进行的评价与分析发现，尽管各地乡村综合发展水平有较大差异，但不同农村地区在产业发展基础、生态条件、文化历史、社会治理等方面各有优势，部分地区虽然综合排名较为滞后，但自身产业基础力量雄厚，具有较大的发展潜力；部分地区拥有优良的自然与生态环境，具备将"绿水青山"转化为"金山银山"的基础条件，等等。因此，在推动乡村振兴发展的过程中，应充分挖掘不同地区的独特优势，通过因地制宜的科学规划，统筹发挥乡村互补优势，以城乡深度融合、共同富裕、质量兴农、乡村绿色发展、乡村文化兴盛、乡村善治、中国特色减贫等体制机制与模式创新为抓手，推动生态宜居与乡村生产生活发展，走出中国特色社会主义乡村振兴道路，带动农村地区全面、充分发展，从根本上解决城乡发展不均衡问题。

（三）我国发展不同步的关键是农业现代化滞后于工业化、城镇化、信息化

为充分发挥后发优势，我国的现代化发展模式必然不同于西方发达国家的"串联式"过程，而应该是工业化、城镇化、信息化、农业现代化叠加发展的"并联式"过程，因此，"新四化"的协调同步发展是推动我国现代化进程的关键。目前，我国农业现代化发展明显滞后于工业化、城镇

化与信息化发展，农业机械化、自动化、规模化水平不高，与农业发达国家还有很大差距，"新四化"发展呈现出地区间发展不均衡和地区内发展不同步的双重矛盾，阻碍了我国现代化发展的进程。切实推进农业农村现代化建设，补齐我国现代化进程中的发展短板，实现四化同步，对于全面实现我国现代化建设目标至关重要。

党的十九大报告提出的乡村振兴战略，是解决新时代"三农"问题的重大战略举措，为我国的农村发展指明了方向。从社会主义新农村建设，到美丽乡村，到乡村振兴，是我国在不同社会发展阶段提出的乡村发展战略。而"乡村振兴"是在我国社会主义发展新时代乡村发展问题新判断与新表述基础上的新战略、新目标与新部署，具有鲜明的时代特色，必将对我国乡村的未来发展产生深远的影响。然而，在乡村振兴的具体实施工作中，抓手是什么？乡村振兴从何处突破？如何推动乡村振兴的全面开展？这些问题都是亟待解决的关键问题。本书拟运用多学科的累积性知识及协同创新，通过对乡村振兴机制建设和政策设计进行系统研究，厘清推动乡村振兴战略实施的关键问题，探讨新时代城乡融合发展的中国道路，为乡村振兴战略的体制与机制建设提供支持。

机　制　篇

乡村振兴发展是一项复杂的系统工程，作为美丽乡村的一种新的经济形态，乡村振兴发展必然要在一定的经济机制条件下运行，其运行过程不仅受到市场经济规律的制约，而且受到政府行为的约束。虽然人们对乡村振兴发展的重大意义已经达成共识、对乡村振兴发展的理念和技术已经予以肯定，然而乡村振兴在国内作为一个新生事物，目前无论在理论上还是实践上都还不成熟。特别是关于乡村振兴发展的机制研究，尚未形成成熟的理论体系。因此，在开展乡村振兴宣传，普及相关知识，提供政策支持之外，更重要的是要解决机制的问题。乡村振兴发展的实践要想取得成效，不仅需要政府提供强有力的政策支持，而且需要建立一个调节经济参与主体行为的综合机制，使各经济主体与其他组织顺利实现物资、能量、信息等要素的交换，同时平衡各参与主体的利益分配。随着乡村振兴理论的发展与实践经验的积累，从机制角度出发研究乡村振兴发展成为一个重要的前沿方向。乡村振兴发展的机制由推动乡村振兴发展的经济机理、维持或改善这种作用机理的各种经济关系、组织制度等构成，激发各类主体参与乡村振兴发展的积极性，必须切实解决机制问题。

第六章　乡村振兴发展机制研究的理论基础

乡村振兴作为美丽乡村的一种新的发展形态，其发展必然要在一定的发展机制条件下运行，其运行过程不仅受到乡村发展规律的制约，而且受到政府及社会组织行为的影响。虽然人们对乡村振兴发展的重大意义已经达成共识、对乡村振兴发展的理念已经予以肯定，然而乡村振兴作为一种新生概念，目前无论在理论上还是实践上都还不成熟。特别是关于乡村振兴的机制研究，尚未形成成熟的理论体系。因此，从系统角度分析，乡村振兴的实现除了外部条件之外，还需要完善相应的发展机制。乡村振兴的实践要想取得成效，不仅需要政府提供强有力的政策支持，而且需要建立一个调节乡村振兴发展参与主体行为的综合机制，使各参与主体与其他组织顺利实现物资、能量、信息等要素的交换，同时平衡各参与主体的利益分配。随着乡村振兴理论的发展，从机制角度出发研究乡村振兴成为一个重要的前沿方向。乡村振兴的机制由推动乡村振兴发展的政治机理、经济机理、社会机理、生态机理、文化机理以及维持或改善这种作用机理的各种关系、组织制度等构成，激发各类主体参与乡村振兴发展的积极性，必须切实解决机制问题。本章在对机制等基本概念进行系统解析的基础上，首先界定了乡村振兴发展机制的研究范畴，然后梳理了公共物品、制度创新等相关理论，再然后对乡村振兴发展机制的已有研究进行评述，最后提出了乡村振兴发展机制的研究思路和总体框架。

第一节　乡村振兴发展机制的研究范畴

一、机制的概念界定

（一）机制的含义

机制一词来源于自然科学，原指系统中各元素之间相互作用的过程和功能，后来逐渐被包括社会科学在内的许多学科借用，泛指制度加方法或者是制度化了的方法。在社会科学中，机制具有多重含义：机制是被实践证明的有效方法；机制本身包含制度的要素；机制一般是借助于多种方法的共同作用；机制暗含事物变化的内在原因及其规律。按照系统论的观点，机制是指一个系统中各要素之间相互作用、合理制约，使系统整体良性循环、健康发展的规则、程序的总和。在任何一个系统内，机制都起着基础性的、根本性的作用。在理想状态下，有了良好的机制，甚至可以使这个社会系统接近一个自适应系统，在外部条件发生不确定变化时，能自发地迅速做出反应，调整原定的策略和措施，实现系统优化。目前，机制已经成为一个使用频率很高的词语，被广泛应用于经济、政治、文化、教育、社会等各个领域。在现代经济学理论中，"机制"一般引申为某系统的构成要素及各要素之间相互作用的过程与方式，它揭示了局部与整体之间的关系。在机制理论的研究范畴内，机制中的微观参与主体包括政府、企业、家庭、社会公众以及第三方组织等。其中，政府是一个特殊角色，可以作为宏观经济活动下的微观参与主体。

（二）乡村振兴制度与乡村振兴机制

乡村振兴的本质特征决定了它具有独特的运行机制和资源配置方式。乡村振兴发展离不开制度保障，乡村振兴制度是指乡村振兴建立和发展的一系列规则和考核指标。乡村振兴的制度构架与传统乡村发展不同，不仅应在立法上体现生态主题与可持续发展，更要在具体制度上反映社会文明和生态价值，进而建立起环境政策与经济政策一体化的乡村振兴发展制度，将自然资源与生态环境纳入企业成本与政府绩效的考核之中，促进经济与资源环境的协调发展。这一系列制度既包括由长期交易方式确定并由政府立法认可的正式制度，也包括随着市场不断发展而萌发的非正式制度，主要从激励与约束两个方向对经济主体起作用。

乡村振兴发展机制就是乡村振兴发展系统中各组成要素之间相互作用的过程和功能。由于乡村振兴与传统乡村发展具有根本区别，乡村振兴发展既要符合传统乡村发展的效率性，又要体现传统乡村发展所不具备的生态性、文化性和全面性。因此，乡村振兴机制既包括并受制于乡村制度体系，又不拘泥于乡村制度本身，而是体现为市场、政府及道德等多种手段与方法的融合，既是动态的过程，又是静态的结果。

二、乡村振兴发展机制的研究范畴

(一) 乡村发展机制的研究范畴

乡村系统的整体运行中包含各构成要素之间的局部运行，乡村系统运行过程是系统内各要素之间相互联系和相互作用的过程。因此，乡村发展机制是一定乡村系统内各构成要素之间相互联系、相互作用的制约关系及其功能，它贯穿乡村社会发展萌芽期、成长期、成熟期、变革突破期的全过程。可以从以下三个层面理解乡村发展机制：它是协调乡村建设过程的发展机理的总称；其功能的发挥依赖于乡村发展过程中各构成要素的相互作用；从总体上看，它是有规律地按一定方式运行并发挥总体作用的。由此可见，乡村发展机制是特定发展过程中系统要素间的联系和交互过程，而不是一个孤立的要素。乡村发展机制主要由资源配置机制、激励约束机制、动力机制、利益分配机制、宏观调控机制等组成。乡村振兴机制是乡村发展体制的实现机制，完善的乡村发展机制具有足够的动力，能够使乡村社会系统各部分之间在内在力量的推动下相互制约、相互作用，从而产生效率和公平，促进乡村健康、有序发展。

(二) 乡村振兴发展机制的研究范畴

随着乡村社会的发展，乡村的含义也在发生改变。现代乡村的内涵包括美丽乡村、文化乡村、生态乡村等，乡村发展的目标已从传统意义上的"发展"走向全面"振兴"。乡村振兴涉及乡村发展的经济振兴、文化振兴、生态振兴、组织振兴、社会振兴等领域，它不再是强调单一领域的繁荣，更多的是多领域多方面的融合与共同发展。乡村振兴机制是在乡村建设活动中，应用现代乡村发展理念，通过合理配置乡村资源，协调乡村系统要素关系，调动建设主体积极性，实现乡村政治、经济、社会、文化、生态"五位一体"的协同发展，是乡村发展的体系、制度、方法、形式等的作用过程，是包括政府、利益相关方（龙头企业、农村合作组织、农民）和乡村外部组织等相关主体交互作用的结果。本书在借鉴国内外学者相关研究成果的基础上，将乡村振兴机制界定为：以乡村发展逻辑和系统思维为指导，在一定的自然条件和社会条件综合因素的约束和激励下，为实现物质流、信息流、价值流、能量流的高效运转，提高乡村资源利用效率和运行质量而制定的各种协同运作机制，乡村振兴发展所必需的内外部驱动机制，以及维持或促进各种交互关系与协同作用的制度安排。乡村振兴机制研究的主体由乡村发展的宏观系统、中观系统以及微观系统构成，其支撑主体包括政府、利益相关方（龙头企业、农村合作组织、农民）和乡村外部组织等社会力量，最终目标是促进政府宏观调控机制的建立、乡村资源协调机制的形成、社会激励驱动机制的整合以及公众参与机制的完善。

第二节 乡村振兴发展机制的理论基础

一、公共物品理论

公共物品理论是西方经济学的一个重要内容。新古典经济学研究证明，市场机制作用的充分发挥隐含着一系列假设条件，包括市场主体的完全理性、市场体系的完全竞争、信息的充分与对称、不存在公共物品和外部效应及交易费用等。然而这些理想的假设条件在现实市场经济中存在的可能性正如物理学中的"真空"状态一样，几乎为零。因此，"市场失灵"便成为常态，即由于市场机制的某些障碍而造成资源配置缺乏效率。其原因之一便是公共物品的存在。典型的公共物品是相对于私人物品而言具有非排他性、非强制性、无偿性和不可分割性等特征的商品。非排他性指某种物品的消费者之间彼此并不排斥，非强制性指某种物品的消费以主观自愿为前提，无偿性指消费者消费此种物品不必付费，不可分割性则是指此种物品只能供整体消费而不能进行分割。譬如，农村社会治安可以视为具有完全的非竞争性和非排他性特征的农村事务，是典型的农村公共物品。而乡村医疗、农田水利等，则具有一定的排他性或一定的竞争性，可以算作准公共物品（贺雪峰和罗兴佐，2006）。从某种意义上讲，乡村公共物品可以认为是能够满足乡村地区老百姓不同需要的物品，而且它的效用不会随着消费人数的增加而减少，譬如，义务教育、社会治安、生态环境、医疗卫生服务、社会保障、公共文化和公共基础设施等都是典型的乡村公共物品（张旭，2014）。乡村公共物品的配置事关农业生产和农民福利，是全社会公共物品配置体系中不可或缺的重要组成部分（徐琰超和尹恒，2017）。乡村振兴发展所依托的载体中，环境资源由于其不可分割性，导致产权难以界定或界定成本偏高，具有一定的公共物品属性。共同而又不相排斥地使用这种环境资源理论上是可能的，但实践中由于"先下手为强"心理的客观存在，使用者往往不考虑选择的公正性和整个社会的意愿而滥用资源，导致清洁的水源、优质的空气等资源日渐稀缺，没有制度的约束，久而久之，"公地悲剧"便不可避免。

二、制度创新理论

一个好的经济制度可以规范市场参与者的行为，使得人们维护自身的权利同时，不会损害其他使用者或后代的利益。正如美国经济学家布坎南所言："没有适当的法律法规，市场就不会产生任何体现价值最大化的自然秩序。"乡村振兴也是一样，同样需要建立自己的制度框架和政策体系，其实质就是建立经济政策与生态环境政策相结合的经济体系，将乡村自然资源和生态环境成本纳入规范乡村经济行为和绩效的考核评价，促进乡村"经济—社会—资源环境"的协调发展。

在制度经济学和新制度经济学中，制度有三种解释：制度是组织；制度是规则；制度既是组织又是规则。新制度经济学中许多学者倾向于持第二种观点。譬如，美国新制度经济学派最具代表性的人物之一道格拉斯·C.诺斯认为："制度是社会的游戏规则，更规范地说，它们是为决定人们之间的相互关系而制定的一些制约。"环境系统经济学中的"制度"也是从"规则"层面理解的。本书认为，乡村振兴发展体系中的"制度"也应这样解读。不仅如此，作为一种"规则"的制度，它不仅包括由长期交易方式确定并由政府认可的正式制度，还包括随着市场的不断发展而形成的非正式制度。前者主要包括界定分工中经济主体的"责任"规则，界定每个人能做什么和不能做什么以及相应奖惩的规则等，而后者主要包括价值信念、伦理规范、道德观念、风俗习惯和意识形态等。这些制度从激励和约束两个方面在经济主体中发挥着重要的作用。

就乡村振兴发展的制度创新而言，它既可以是强制性制度变迁，也可以是诱致性制度变革。相对来说，以政府为主导的强制性制度变迁更具优势。实施乡村振兴战略，要在坚持党的农村基本政策的基础上，大力推进制度创新，强化制度供给，激发乡村发展活力，探索中国特色城乡发展新路径（张红宇，2018）。

三、乡村治理理论

治理理论和乡村治理是相辅相成、相互促进的。治理理论为乡村治理提供理论基础，乡村治理则为治理理论提供有效的社会实践。随着国家工业化和城市化进程的不断加快，围绕实现国家的善政与善治，西方学者提出了诸多代表性理论，特别是在20世纪90年代以后，治理理论面临着复杂的社会实践背景，在对人类社会变迁的实践有深刻认识的基础上，各国对治理理论和善治思想的研究更是如火如荼，治理理论和善治思想已经成为西方学界具有广泛影响力和解释力的理论范式和分析框架之一，也引起了国内学术界的高度重视。

乡村治理理论主要由乡村治理主体（农户、村级治理组织、基层政府、企业等）、治理权力（公权力、私权力）配置的方式、治理目的和治理过程四方面组成。（1）乡村治理主体方面。乡村治理体系中的参与主体包括政府，以秉承政府管理农村的思想，还包括村级各治理组织，包括村党支部、村委会、团支部、妇女会、各种协会等，以保障农民的主体地位。乡村治理理论更加关注政府以外的村级治理组织或权威机构，在治理过程中，并非政府独大，而是重视发挥各治理主体的角色和作用。（2）治理权力配置方面。传统的农村社会研究模式中，私权作为农村社会的管理权限，一直被忽视或否定，而只强调公共权力或政府在农村社会管理中的作用。乡村治理理论改变了以往的观点，它基于国家能力有限、政府办事效率低下、机构臃肿等原因，认为乡村社会蕴含的私权力在乡村社会公共事务管理中发挥着重要的作用，是公权力无法替代的。乡村治理组织和个人只要获得村民认可就可以行使乡村治理的公共权力，因此，乡村治理理论更加强调"民治"。（3）乡村治理目的方面。乡村治理以实现乡村社会公共利益最大化为目标。鉴于乡村治理的高度不确定性和复杂性，乡村治理理论认为，只要是有益于增加乡村或村民公共利益的，都应该纳入乡村治理的范畴中来，反之亦然。乡村治理理论拓展了乡村治理的研究范畴，将乡村地区或与乡村居民有关的安全问题、利益冲突问题以及家庭矛盾问题等统统纳入乡村治理的范畴，通过化解各类矛盾与冲突，实现农村的"善治"。（4）乡村治理过程方面。乡村治理是对布局、环境、设施、服务等公共资源进行合理配置的过程，是一项具有高度复杂性和不确定性的系统性社会工程，涉及主体众多（村级治理组织、农户、中央政府、地方政府、企业、市场、社会等），主体利益诉求不一致，主体间关系难以协调，且乡村社会地域范围大，人口分布散，治理边界模糊，治理内容复杂烦琐，对治理水平和治理经验要求高。村民自治提高了乡村治理的灵活性和认同性，便于最大限度地化解主体之间的利益分歧。通过给予村民自主权，摆脱完全依赖政府的传统观念，弱化宗族意识，扩大基层民主，可以有效地提高治理效率和治理能力，更好地推动乡村生产力和经济的发展，保障农村社会稳定，使乡村社会成为一个良性发展的社会共同体。

四、机制设计理论

机制设计理论是博弈论和社会选择论的集合，简单来说就是在特定的社会背景下，社会选择论设定一个目标，采用机制设计理论构造一个博弈形式，使这个形式最接近这个社会目标。20世纪20年代到30年代，西方经济学爆发了一场著名的论战，哈耶克和兰格两方围绕"分散化的社会主义经济机制能否使资源有效配置"展开了激烈的碰撞。60年代到70年代，赫尔维茨开创的机制设计理论有效地回答了资源配置如何实现帕累托最优，马斯金、迈尔森更是进一步发展了机制设计理论，大大提高了对最优配置机制的深入理解（邱询旻等，2009）。近几十年来，机制设计理论一直是现代经济学研究的核心主题之一，众多经济学家在这个领域做出了重要贡献。

机制最值得关注的功能便是信息和激励，机制设计理论主要研究信息效率问题和机制激励相容问题，提出了走出困境的途径，从而最大限度地保证社会目标的达成。在市场竞争机制下，机制通常是在不断变化发展的，所呈现的信息也在发生变化。由于经济信息的不完全性或者在传递共享信息时的代价太大，为保证信息的时效性，实现信息的价值，人们就需要采用分散化决策或者社会化决策的方式来进行资源配置，用最快的速度挖掘有用的信息，这已成为一个经济常识。在机制设计的过程中，针对信息的不完全性，如何以较小的信息成本制定出合理的机制，最大限度地提高信息效率，实现既定的社会目标，是机制设计理论的重要问题之一。机制的激励相容问题是指在所制定的机制下，个人利益与社会利益是否相一致，换句话说，就是在市场经济条件下，经济活动参与者在满足个人利益的同时也达到了机制所指定的目标。

经济机制理论最为关注的问题，是对于给定的经济或社会目标，在自由选择、决策分散化和信息不对称的情况下，设计一种经济机制（包括立法、规则、政策、条例、资源分配制度等），协调经济活动参与者的个人利益与设计者的目标，即在机制下使得各个参与者在追求个人利益的同时能够达到设计者所设定的目标。设计者可以进行整个经济制度的设计，满足社会利益，也可以对某个经济活动进行局部设计，满足个体利益。

第三节　乡村振兴发展机制的框架构建

一、我国乡村发展机制的研究现状

对我国乡村振兴发展机制进行研究评述，从思想障碍、制度障碍、技术障碍、信息障碍和资金障碍几个方面，归纳健全我国乡村振兴机制的制约因素并进行分析。

（一）我国乡村发展机制的研究述评

我国自开展乡村建设以来，乡村发展的理论研究已由观念传播、概念诠释发展到了理论体系建构阶段。随着乡村社会的不断发展，学者们日益关注机制设计在乡村发展中的重要作用，从不同角度对乡村发展的运行机理、动力机制、激励机制等展开了较为系统的研究。夏兰（2012）对农业政策在农村经济发展中的机制效应进行了研究，认为农村政策是乡村发展机制中必不可少的部分；马力阳和罗其友（2017）通过建立耦合协调度模型，探讨城镇化和农村发展的耦合协调机制；张富刚和刘彦随（2008）从系统论出发，剖析了农村系统的要素组成、结构特征及动力机制；邹开敏和庄伟光（2016）从城市带动农村发展途径的问题分析出发，提出健全创新、协调、绿色、开放、共享发展机制，加快城市信息、人才、资金和技术等资源向农村流动的政策建议。上述研究从不同角度，选择不同的切入点、研究范围以及研究方法对乡村发展机制进行探讨，对乡村发展的实践产生了积极影响，对于进一步完善乡村振兴的运行机制和动力机制具有重要的启发意义。但是，现有研究成果侧重点各不相同，仅仅反映了乡村振兴发展的某个侧面，存在感性化、表层化等问题，缺乏对乡村振兴系统结构、功能、运行机理以及运行效率的系统性分析。探索科学适用的研究范式，揭示乡村振兴系统运行的基本规律，探讨支持乡村振兴发展的有效机制，成为推动乡村振兴发展迫切需要解决的理论问题。此外，在方法论上，目前的研究成果大多以规范研究为主，缺乏跨学科、多视角的开拓性研究积累，在理论和实践层面均难以应对乡村振兴发展实践中出现的新问题、新情况。因此，将制度分析、实证分析等方法引入乡村振兴发展的机制设计，有助于乡村振兴机制研究的系统化和科学化，提高乡村振兴机制的可操作性和实践指导价值。

（二）乡村振兴发展机制建设的制约因素

乡村振兴战略的实施使我国的乡村建设实践进入到一个崭新的阶段。乡村建设是改善农村居住环境、构建美丽中国的重要举措。但其目前还处于初级探索阶段，面临着不少制约因素（杜娇，2017），归纳起来主要有以下几个方面。

1. 思想障碍

对乡村振兴发展的理解存在认知偏差，部分地区并没有充分认识到乡村振兴发展的内涵，不清楚乡村振兴发展的实现路径，导致乡村振兴无法付诸实践。有些地方上级政府与基层农民群众对待乡村振兴的态度不一致，由于地方政府在短期内看不到乡村振兴发展的经济效益，因此出现"上热、中温、下冷"的现象。部分贫困地区农村集体经济落后，自身发展能力弱，在推动乡村振兴过程中仍存在要项目、等资金、靠上级的思想。有些地方片面理解乡村振兴的实质，认为乡村振兴仍然以房屋建设、道路建设为主，导致不少历史文化村镇和乡土建筑遗产消失和损毁（保国钰，2020）。有些地方仅仅把提升村容村貌作为乡村振兴发展规划的重点，将乡村振兴视为"面子工程"，忽略了农村产业发展滞后和农民收入不高等根本问题，不重视农村精神文明、政治文明建设。

2. 制度障碍

在乡村振兴推进过程中，存在诸多亟待解决的体制性障碍。由于土地流转机制施行时间短，流转程序有待于进一步协调、规范。农业科技推广机制与市场经济发展要求不相适应，农业合作经营内部运行机制尚不规范，农业产业化经营机制呈现出明显的不平衡性，建立现代农业发展的长效机制还有很长的一段路要走。乡村振兴稳定的资金投入机制尚未建立，农村金融风险化解机制缺乏，农村金融供给机制不完善，农村公共服务建设资金不足，教育、医疗、社会保障等方面与城市相比仍存在较大差距（陈放，2018），农村精神文明的投入机制、政治保证、法律保障机制和农业生态补偿机制尚需完善。

3. 技术障碍

20世纪80年代以来，经济学家提出的新增长理论倾向于把技术创新看作推动经济增长的"内生变量"。现代经济增长的理论与实践表明，技术创新是经济增长的必要而非充分条件，技术进步同样是经济增长的决定因素。然而，由于我国农业科技创新能力不强，科技成果转化不畅，一些新的农业技术并不能真正地融入乡村建设的实践。譬如，物联网技术在建设现代农业中的应用仅仅处于起步阶段，且现代农业存在着严重的信息化程度不足等问题。

4. 信息障碍

我国幅员辽阔，大部分乡村远离城市区域，科技发展水平低，交通网络不发达，能够获取的信息较为匮乏。现代经济发展中，信息贫乏的地区往往处于竞争中的劣势地位，而这种信息不对称问题广泛存在于我国中西部农村地区和东部地区、乡村与城市之间，严重阻碍了乡村发展的现代化进程。农村互联网的普及打破了长期以来农村信息闭塞、城乡信息不对称的局面，有望弥补农村经济发展的这一短板。虽然互联网上海量信息的传播会带来新的信息过载以及信息不对称问题，但信息的互联互通为乡村振兴创造了城乡融合发展的契机（张燕和邓义，2008）。

5. 资金障碍

乡村振兴过度依赖政府财政支出，乡村振兴发展的资金投入存在较大的"缺口"。我国农村地区尤其是中西部地区基层财力薄弱，农村集体经济发展滞后，推动现代农业发展的资金严重不足。实行农村税费改革以后，尽管中央财政加大了转移支付力度，但尚不足以弥补乡村财政的收支缺口（邓大才，2003）。尤其是在农村集体经济基础薄弱的地区，资金投入的缺乏无疑严重阻碍了乡村振兴发展的步伐。因财力不足，乡村基础设施建设缺乏有力的资金保障，乡村振兴发展的规划落实困难重重。

（三）乡村振兴机制的需求分析

现代化进程中，无论是欧美的西方发达国家，还是日韩等东亚的发达国家，都走过了工业化、城镇化、信息化和农业现代化进程。现代化进程同时伴随着乡村的凋敝，是世界范围内的普遍现象。步入工业化和城市化中期加速阶段的中国，也出现了明显的城乡差距过大、乡村治理失序、农业农村发展滞后等发展中的不平衡、不充分和不同步现象。在我国，这种不充分、不协调、不同步发展带来的系列问题严重阻碍了全面小康社会目标的实现，亟须通过乡村振兴之路予以解决。乡村振兴涉及乡村生产和生活的方方面面，与社会大众的切身利益密切相关。因此，从利益相关者角度出发，乡村振兴发展机制包括政府机制、农民机制、社会机制等。建立政府、农民及利益相关者、社会的多主体互动机制，正是乡村振兴发展的应有之义，也是推动乡村振兴发展的本质要求。因此需要从政府、农民及利益相关方（龙头企业、农村合作组织、农民）和社会三个层次进行需求—价值分析。

1. 政府

中国特色社会主义进入新时代，我国社会主要矛盾已经转化为人民日益增长的美好生活需要和不平衡不充分发展之间的矛盾。实施乡村振兴战略，加快推进农业农村现代化，是农村化解社会主要矛盾的必然选择。推动乡村全方位振兴是中国乡村繁荣发展的唯一出路。实现产业兴旺、生态宜居、乡风文明、治理有效、生活富裕是乡村振兴的目标及重要组成部分。乡村变革是一个复杂的过程，具有强制性、外部性以及多层次性等特征，这就决定了政府在其中发挥着不可替代的作用。政府不仅是乡村振兴战略的构思者，同时也是推行者，承担着重大责任。政府推进乡村振兴的实际行动是其承担责任的具体体现，是实现资源高效配置的保证。为更好地把握政府在乡村振兴过程中主角和配角角色功能的切换，政府部门必须做到不缺位、不越位、不错位，适时调整政府的管理领域、时机、力度、方式、方法等。政府发挥其引领作用，支持乡村振兴的机制设计，不仅能够避免乡村破坏性发展问题，而且能够通过统筹规划，规范乡村可持续发展。

2. 农民及利益相关者

农民及利益相关者是乡村发展的主体，也是乡村振兴成败的关键。农民及利益相关者参与乡村振兴行为的内部驱动力来自对乡村经济振兴、环境友好及对美好生活的追求，外部驱动力则主要来自乡村、政府及社会的压力。无论是内部驱动力还是外部驱动力，归根结底都是农民及利益相关者为满足自身利益诉求而付诸的行动。然而，乡村振兴的价值实现具有长期性、稳定性、滞后性、间接性等特点，农民及利益相关者应着眼于长远的战略规划，根据乡村产业特点和乡村发展实际制定具体发展模式。目前，我国大多数乡村由于受资金、环境、文化、人才等影响，还没有建立起完善的支持乡村振兴的机制。根据发展基础、行业特征、文化背景、组织结构、技术资源等，构建切合本地区发展需求的乡村振兴发展机制，对于协调长期绩效和短期绩效的关系，提高乡村发展的质量和效率，激发主体行为的自觉性和主动性，实现各方互利共赢具有重要作用。

3. 社会

乡村发展改变了乡村的社会结构，也对传统的乡村治理提出了新的挑战。围绕新型乡村社会组织的治理模式，各地开展了大量的理论和实践探索。乡村新型社会组织一方面专注于公共事务，活动于基层社会的公共领域，与基层社会具有天然的紧密联系，另一方面又与政府保持或合作或依附的关系，并在政府主导的地方治理结构中发挥重要作用。乡村发展涉及全体乡村居民的切身利益，而乡村居民的积极参与是促进乡村振兴发展的关键社会力量。乡村社会力量的集聚能够进一步促进全社会参与的生态转型，从而建立起一个高效的乡村振兴发展体系，促使各参与主体以乡村发展红利为纽带，形成互补互动、共生共利的合作机制。目前，虽然乡村振兴的制度建设已初步完成，社会参与已经具备一定的制度保障和文化氛围，也取得了一定成效，但与发达国家和地区相比还有一定差距。具体来说，社会公众参与的深度和广度还不够，原因在于公众参与乡村振兴的运行体系和组织机制仍然不健全，缺乏参与沟通的渠道和平台。因此，完善公众参与乡村振兴的体制机制，为公众参与乡村振兴活动提供良好的制度环境和平台保障，对于全面推动乡村振兴发展具有重要意义。

二、研究思路和基本框架

（一）研究思路

现代发展理论将机制视为发展的重要动因和前提条件。乡村振兴是一种新形态的发展模式，必然需要设计一套全新的发展机制，以契合乡村健康、稳定、协调运行的需求。本书遵循系统分析的思路，融合多学科的研究方法，将乡村振兴发展的机制分为一般机制和具体机制。首先明晰推动乡村振兴发展机制的研究范畴，分析我国乡村振兴发展机制的研究现状，辨析乡村振兴发展机制研究的需求和价值，构建推动乡村振兴发展机制的基本框架；进而从动力激发机制、动力传导机制、动力反馈机制、动力耦合机制对推动乡村振兴的动力机制进行研究，按照乡村发展的不同阶段，区分不同模式进行运行机制研究；最后从宏观、中观和微观三个视角，提出具体的机制建设目标，构建乡村振兴机制体系。

（二）基本框架

乡村振兴发展机制由推动乡村振兴发展的经济机理以及维持或改善这种作用机理的各种经济关系、组织制度等构成，具体研究思路如图 6-1 所示。

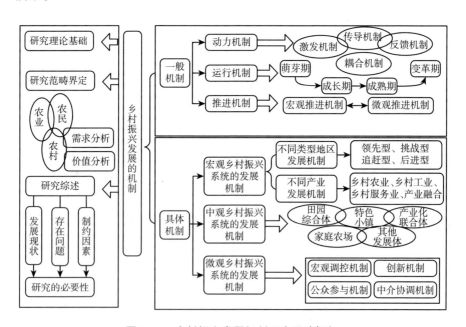

图 6-1　乡村振兴发展机制研究思路框架

一般机制主要解决规律性问题，探讨乡村振兴发展的动力机制、运行机制以及推进模式，这些都是乡村振兴的共性规律，适用于不同类型、不同产业以及不同组织。具体机制则是指乡村振兴发展的程序和过程，往往具有个体特性，因行为主体、实施范围、产业类型等不同而不同。因此，首先需要将乡村振兴发展划分为三个层面，即宏观、中观、微观层面，然后对三个层面进一步细分，分别研究不同细分领域乡村振兴发展的具体机制。宏观层面从区域和产业两个维度展开，中观层面以农业产业联合体、田园综合体、特色小镇、家庭农场以及其他发展体为典型代表展开分析，微观层面围绕政府、农民及利益相关者和公众三类行为主体展开深入研究。

第七章　乡村振兴发展的一般机制

乡村振兴发展不仅仅是一场理论探索，更是一种全民参与的实践活动。现有的乡村发展机制对保障乡村有序发展具有重要作用，但是，随着乡村发展理论的不断更新，技术的不断融合，模式的不断创新，原有的发展机制已不能完全适应新形式的变化，亟须一套高效的体制机制来推动乡村振兴发展的进程。我国乡村发展的一般机制主要包括三个方面，即动力机制、运行机制和推进机制。三种机制相互协作，共同作用于乡村振兴发展的全过程，推动乡村振兴发展战略的顺利实施。本章主要解决乡村振兴发展的规律性问题，探讨乡村振兴发展的动力机制、运行机制以及推进机制，这些乡村振兴发展中的普适性机制适用于不同类型、不同产业以及不同组织。

第一节　乡村振兴发展的动力机制

乡村振兴是一种全新的发展模式，囊括了乡村经济、政治、社会、生态、文化的多个方面，是"五位一体"的复合系统。乡村振兴复合系统的稳定运行和良性发展，必须以强大的发展动力为支撑。因此，推动乡村振兴发展，无论是从国家层面，还是从区域、乡村乃至全社会层面，都必须切实解决好动力机制问题。这里所讨论的乡村振兴发展的动力，是指乡村系统"五位一体"协同演化发展的内驱力及其作用方式，换言之，是指乡村振兴各动力要素相互联系、相互作用，推动系统发展前进的动力过程。

一、动力要素

（一）动力的定义

一般说来，动力是指推动事物运动和发展的力量。根据动力形成的原因，动力可以分为内生动力和外生动力；根据作用方式，动力可以分为直接动力和间接动力；根据作用强度，动力可以分为主导动力和辅助动力。乡村综合发展理论认为，乡村发展的关键是乡村内部动力与外部动力共同作用的结果，内外部动力缺一不可（Terluin，2003）。同时，动力又具有方向性、动态性、加和性三个特性。乡村振兴发展的动力包括驱动乡村振兴发生和发展的一切有利因素，包括利益追求、技术进步、制度约束、政策扶持等。从动力的形成原因来看，利益追求、技术进步等属于内生动力，而制度约束、政策扶持等属于外生动力。可见，乡村振兴是一个由多因素驱动的综合性过程，并且符合在推力和拉力双重作用下发展的经济社会的一般规律。

（二）动力要素

1. 经济效益

乡村振兴系统是一个复杂的共生系统，它的运行主体包括政府、农民及相关利益者、其他社会组织等，经济效益是乡村振兴的根本动力。只有当参与乡村振兴的相关群体所获得的经济效益或预期经济效益与其期望相符时，他们才会自发地参与到乡村振兴的实践中来。乡村振兴所能够实现的经济效益体现为多种形式，有的是长期的、隐蔽的、间接的，有的是系统性的，有的是局部性的。不同的乡村参与主体对经济效益认知存在差异性。政府通常立足长远发展的角度推动乡村建设，农民及利益相关者则更加关注当前的利益，有些社会组织还可能更为关注乡村建设的综合社会利益。因此，政府应正确引导并建立良好的沟通和对话机制，协调各方利益，解决矛盾冲突，激发各方参与乡村振兴的动力。

2. 技术进步

技术进步是推动乡村快速发展的重要力量。新技术的诞生总是能够引起生产、生活方式的变革。从技术进步的角度来看，乡村振兴也是一种技术范式的变革，并依赖于技术进步对生产生活方式的改变。传统乡村发展模式资源消耗大、环境污染严重、乡村发展动力不足，新技术的应用提高了资源利用效率，降低了能源消耗，使农业、农村的循环绿色、高质高效发展成为可能。乡村振兴中的产业振兴、人才振兴、文化振兴、生态振兴、组织振兴等各方面都涉及技术问题，乡村的科技创新能够直接推动乡村产业的振兴，乡村人才建设、组织建设、文化建设及生态建设也都需要新技术的推动。因此，推动乡村振兴发展，必须突破原有的技术范式，大力研发和应用新型环保技术，探究适合农业、农村及农民发展的技术模式，以通过技术革新推动乡村发展模式的创新，并实现乡村全面振兴发展。

3. 企业家精神

乡村振兴是全社会参与的振兴，亟须得到社会各界的支持，尤其是直接推动产业振兴发展的企业及企业家。企业家参与乡村建设，能够为乡村带来资金、技术、人才、市场等发展要素。在乡村振兴建设初期，乡村发展要素匮乏，驱动力不足，亟须富有远见卓识、勇于大胆尝试的企业家为乡村振兴发展开创新局面。为此，应积极引进富有企业家精神的实干企业家加入乡村振兴发展大业，为企业家提供优良、宽松的发展环境，给予必要的权利。企业家勇于创新的精神、独特的资源整合能力及人格魅力是乡村振兴实践不断推进的动力源泉。

4. 可持续发展

社会公众的资源环境保护意识和可持续发展理念是乡村振兴发展的社会基础和精神动力。乡村振兴不仅要满足人的基本生存需求，更要满足乡村居民对优美生态环境的需求，拥有更加美好的生态环境正日益成为社会公众共同追求的目标。可持续发展是一种节约资源、减少污染、循环再生的新型发展模式，倡导崇尚自然，顺应自然，追求健康发展，在追求舒适生活的同时，最大程度地节约资源和能源。可持续发展是实现乡村生态优美、乡风文明的必要手段，也是公众参与乡村振兴发展的重要驱动力。

5. 制度创新

乡村振兴发展的内在需求对支持系统发展的制度体系提出了更高的要求。传统的乡村发展模式是一种粗放式的效益管理模式，追求的是片面的经济利益最大化，而乡村振兴系统追求的是系统功能的完善和乡村的全面振兴发展。制度规范着乡村振兴发展的方式和方向，应根据不同地区、不同发展阶段、不同发展模式采取差异化的制度安排和制度创新，通过增加制度供给，明确资源环境产权，加大对乡村振兴发展的扶持力度，加强对乡村振兴的指导监督与服务。制度环境能够为乡村振兴发展提供支撑和保障，是优化乡村振兴资源配置的重要工具。

（三）驱动主体分析

乡村综合发展思想认为，乡村系统内、外部驱动力的共同作用在推动乡村系统发展中起着关键作用。① 作为"社会"关键构成要素的政府、农民、企业资本和学术机构，要在乡村建设过程中合理分工，承担各自的责任与义务。为此，构建政、民、资、学"四位一体"的新型乡村振兴驱动机制是很有必要的。其中，"政"是指以政府为主要代表的公共部门，"民"代表的是农民群众，"资"代表企业资本，"学"是指高校、科研院所等学术机构。这四个部分作为推动乡村振兴工作的主体，在各自的领域

---

① Terluin, I. J. Differences in economic developent in rural regions of advanced countries: an overview and critical anylysis of theories [J]. Journal of Rural Studies. 2013, 19 (3): 327 – 344.

各尽其责，且积极互动、协同作战。该机制还可具体分为导向机制、约束机制等，通过多种机制有序衔接和高效协作，确保乡村振兴的有效运行以及各部分之间的相互联系、互相配合。

1. 政府主导的驱动力

政府作为乡村振兴政策的规划者、制定者和监督者，为推动乡村振兴提供了巨大的外部驱动力。政府要与市场密切配合，将环境外部性收益内部化，进而推动外部性收益，使乡村实现绿色协调发展。要以城乡统筹改革为途径，发挥政府主导作用，在组织发动、规划引领、部门协调、财政引导上下功夫，形成资源整合的有利格局，把更多的资源推向乡村，推动乡村建设。

2. 农民主体的驱动力

中国乡村发展的实践证明，如果不能确保农民在乡村建设中的主体地位，乡村振兴就难以实现。因此，乡村振兴必须充分尊重广大农民的意愿，调动其积极性、主动性、创造性。农民既是乡村振兴的治理主体、建设主体和受益主体，同时也对事关自身利益的建设项目、资金分配和使用流向等行使监督权。乡村生活环境的改善和生态文明思想的普及符合广大农民的切身利益，农民生态文明意识的提高加速了乡村振兴、生态文明建设的步伐。只有充分激发农民参与乡村建设的内在动力和活力，挖掘和激活农民的创新积极性，教育引导广大农民利用自己的辛勤劳动建设美好家园，才能真正实现乡村可持续发展（沈红梅等，2014）。

3. 资本引领的驱动力

市场的拉动和资本的引领是推动乡村振兴发展的重要力量，要建立现代农业体系来改造传统农村，解决其动力不足问题（阮建青等，2011）。资本可以带动发展，同时也可以在一定范围内引领发展。资本活跃的方向是未来发展的方向，而对发展前景的预估能够对资本流向产生反作用。通过资本引领来汇聚乡村紧缺的资源，促进资源要素在城乡间合理流动、平等交换，有利于改善农业农村发展条件，从而推进乡村振兴发展步伐。

4. 学术机构的驱动力

在推进乡村建设过程中，学术机构起着不容小觑的作用。乡村振兴是国家战略，在这样的时代背景下，学术机构应当担负起相应的职责。一方面要源源不断地为乡村振兴提供全新的思路，大胆进行理论创新和实践创新，利用自身的科技优势，满足农民科学技术方面的需求；另一方面要向乡村输出优秀人才，健全乡村人才队伍，调动广大农民群众参与乡村振兴的积极性（马建富等，2015）。乡村振兴战略的顺利开展离不开学术、科研机构的理论创新与实践探索。

（四）系统性结构

系统论认为，系统由输入、输出、过程、反馈四个环节构成，各环节之间相互影响，共同发挥作用。系统各要素之间的互动往往是动态的、复杂的，任何一个要素发生变化，都会影响其他要素，进而影响系统整体功能的发挥（成思危，1999）。乡村振兴涉及要素众多，要素关系复杂，是一个开放的复杂系统。充分解析乡村建设主体及其驱动力的构成要素、环境因素等，才能构建科学的乡村发展驱动机制模型。党的十九大报告提出了"产业兴旺、生态宜居、乡风文明、治理有效、生活富裕"的乡村振兴战略总要求，明确了乡村发展驱动机制系统的压力源，这是乡村振兴发展系统的输入环节。上述压力对乡村建设主体产生驱动作用，形成主体响应机制，激发内生动力（李志龙，2019），在法律法规、科技人才、教育文化等社会因素的作用下，构成完整的动态驱动机制。在环境因素的影响下，乡村建设主体被驱动，输出运行结果，即产生乡村振兴效益。而运行结果在系统反馈机制的作用下又会影响环境，形成周而复始的正向反馈闭环结构。

（五）整体框架

乡村振兴的动力要素之间并非相互隔离，而是存在复杂的交互作用和内在联系。经济利益既是乡村振兴发展的动因，也是技术创新和制度创新的基础，经济利益的表现形式是多样化的，而且是有层次的，经济利益是乡村振兴发展的根本动力；技术进步是乡村振兴的重要推动力量，同时也是乡村创新发展的目标之一；制度创新为乡村振兴发展的模式变革提供了重要保障。因此，经济、技术和制度是乡村振兴发展的核心动力，而企业家精神、可持续发展对乡村振兴发展起到辅助作用，属于辅助动力。企业家创新精神为乡村振兴发展奠定了微观基础，提供了不竭的动力源泉，可持续发展理念决定了人们是否具有与乡村振兴发展相适应的思维方式和行为模式，决定了行为主体是否具有参与乡村振兴建设的内在动力。之所以说它们是辅助动力，是因为它们推动乡村振兴发展的作用是间接的。由于农民及利益相关者是实施乡村振兴的主体，本书主要从促进农民发展的角度进行动力发掘，探寻乡村振兴动力机制的核心在于探寻推动农民参与乡村振兴的动力，然后分析这些动力的来源。

在乡村振兴发展的关系模式中，乡村经济发展的核心包括经济、技术和制度三个维度。技术进步、经济效益和制度创新是乡村振兴发展的三大驱动力。三种驱动力之间存在一定的交叉性，即乡村振兴发展是各种因素综合作用的结果。经济动力是指对乡村经济效益的提高产生积极或直接影响的因素。直接的经济效益是指通过实施乡村振兴改善经济指标，而间接的经济效益则指乡村品牌价值提升等潜在收益。经济效益是各类主体参与乡村振兴的第一动力。技术动力是指各种技术的产生、发展和成熟，推动乡村振兴的全面发展。以三次科技革命和生态理论为基础，诞生了一系列新的乡村振兴技术，包括互联网技术、物联网技术、大数据技术、云计算技术等，这些技术的成熟发展为乡村振兴提供了充分的信息化支撑。制度维度包括正式制度和非正式制度。正式制度的影响是指政府制定的法律、法规、规章及相应的正式契约。正式制度的核心是法律制度，它对乡村振兴的资源要素分配发挥着重要作用，引领着乡村振兴发展的方向。非正式制度是指农村的各种价值观念、伦理道德、风俗习惯和意识形态等，其核心是道德因素。道德的潜在力量是推动乡村全面振兴发展的内生动力。乡村振兴的目标是社会公平与和谐，实现人与人、人与自然、人与社会发展的和谐，其本质是人类生态伦理道德，是人类最基本的道德规范。

二、动力机制

动力机制推动着人类社会的运行和发展，指一个社会、一个区域、一个业态的不同运动、发展、变化和动态水平之间的关系。动力机制是抽象的、整体的、开放的、包容的，它反映了各种事物在其运行和发展过程中的内在逻辑和一般规律，可用于指导相关制度的安排，规范整个社会发展的方向。研究乡村振兴发展的动力机制，对于更好地实施乡村振兴战略具有重要意义。完善的乡村振兴动力机制可以将社会各要素组合起来，保证乡村振兴战略得以健康、持续发展。我国乡村振兴的动力源可以分为外在推力与内在动力，内在的动力源包括农民、合作社、土地等，外在的动力源包括企业家、政府、政策等。乡村振兴的动力要素集中体现在经济、技术和制度三个层面，这三大层面的要素最终都落实到相应的承载主体上，通过承载主体之间的利益和信息交互，实现不同主体之间利益的均衡与协调发展。

（一）动力激发机制

乡村振兴的动力要素包括经济、技术、制度、企业家精神、可持续发展理念，其中企业家精神和可持续发展理念对乡村振兴起到辅助作用，强化了乡村振兴行为的自觉性和主动性；经济对乡村振兴战略起关键作用，经济发展水平将直接决定乡村振兴程度；农业科技对乡村振兴战略起支撑作用；制度对乡村振兴战略起保障作用。在乡村振兴发展的不同阶段，动力机制的构成要素是复杂多变的，各要素的推动力量也大小不一，但是其目标都是促进乡村振兴战略的实现。动力激发可以分为被动型和主动型两种，如果是由制度动力触发的，则属于被动激励，如果是由技术动力或经济动力触发的，则属于主动激励。无论是主动还是被动激励，都存在一定程度的复杂交叉，各种动力激发机制并非相互独立。经济利益是乡村振兴参与行为的根本动力，制度规范是乡村振兴发展的有效保证，技术支持是乡村振兴发展的前提条件，企业家精神和可持续发展理念强化了实施乡村振兴发展行为的自觉性和主动性。因此，必须以经济利益为诱导，以技术进步为契机，以科学的制度体系为调控和约束手段，激励和加强乡村振兴发展实践。

（二）动力传导机制

乡村振兴的动力系统由动力源和动力要素构成，以动力源为引擎，同构某种方式向乡村地区输送动力要素，并对其发展进程产生影响。每个动力源都可以直接向乡村地区输送经济、技术或制度动力，各个动力源还可以与其他动力源相互配合，共同推动乡村振兴。在乡村振兴发展的过程中，政府不仅是制度的制定者，也是技术与经济的辅助提供者，政府从实际情况出发制定符合农民利益的政策，支持科研机构研发新技术，推动乡村振兴的发展；政府相关部门要建立健全激励与约束并重的金融支农政策，不断完善金融政策支农惠农体系，鼓励金融机构将贷款发放给参与乡村振兴的企业，让金融政策更好地聚焦"三农"；政府与行业协会合理分工，扩大行业协会的职能，指导和监督乡村振兴的发展，从而发挥农业的多功能性，促进农业农村的可持续发展；政府应统筹城乡发展，推进社会主义新农村建设，通过宣传"乡村振兴""共同富裕"的理念，引导公众购买乡村产品，引导公众参与乡村旅游，建立以城带乡的长效机制；新闻媒体也要加强对乡村振兴发展的报道和渲染，吸引消费者和投资者对乡村发展的关注等等。各动力源要有效衔接，使这些直接或者间接的传导方式得以实现，发挥它们的协同作用，推动乡村振兴发展战略的实施，形成城乡经济社会发展一体化的新格局。另外，还要重视优化动力机制的传导路径，构建合理有效的动力机制。譬如，政府在采用财政补贴、"两优先一高于"的方式，补齐乡村发展短板的同时，可以设置专门的公共服务部门协调城乡关系，增强补贴政策的针对性和实效性，增加制度运行的透明度和规范性，以提高政策效能，促进互利共赢，保障农民可持续收入的实现。

（三）动力反馈机制

动力传导是否顺畅、合理、准确，是否切实促进了乡村振兴发展，需要通过反馈环节进行评价和分析。通过信息和资金利用的反馈结果，可以评判实施乡村振兴的活力与能力。公众、新闻媒体、农民和非政府机构都可以通过互联网、政府公用电话和市长电话等相关渠道反映乡村振兴发展中出现的问题，电视、广播和互联网等新闻媒体可以跟踪和报道乡村振兴规划和实施过程，这无疑有利于及时发现问题、推广经验和纠正错误。通过完善内部股东大会制度，村民委员会和监事会制度，建立健全信息披露制度，充分调动村民参与乡村振兴发展的积极性，还可加强投资者与乡村之间的信息交流。通过各种企业家论坛、峰会、行业商会等平台，各企业家可以及时了解乡村振兴战略的相关信息，不断学习和适应新情况，发现新商机，并就相关问题进行讨论交流，实现企业家之间的互相学习、相互督促和共同发展。政府要完善基础设施建设，强化农业农村发展基础，为人才提供良好的薪资待遇与生产生活环境，避免人才流失。在资金流方面，政府通过减税、金融支农政策、保险政策、财政优先支持等形式助力乡村产业振兴发展，并通过乡村产业振兴，为社会创造更多的经济效益、社会效益、生态效益，让人民群众充分享受到发展带来的成果。

（四）动力耦合机制

动力反馈结果可以评断每个动力源的作用程度和作用效果，并根据评判结果，及时调整方向、强度和力量组合，以最大限度地协调各种要素的作用力和作用形式，实现动力要素的耦合协调机制。耦合协调机制包括外部因素的耦合机制与内部因素的耦合机制。农民、企业家、政府等内部要素形成强大的凝聚力、向心力，抓住机遇，勇挑重担，相互协作，共同推动乡村振兴发展。政府除了应加强基础设施建设外，还要完善城乡文化互动载体及配套设施，将乡村振兴理念融入乡村文化建设中。为了使外部动力要素协调发展，有必要明确政府、非政府组织、新闻媒体、投资者的职责，使其各尽其职，各尽所能，将各种动力要素集中起来，形成有利于乡村振兴发展的合力。应从防范政府失灵问题入手，建立健全监督和管理制度，允许新闻媒体客观反映事实真相，独立发挥舆论监督作用。鼓励社会民众参政议政，落实非政府组织的公共责任，提升非政府组织的自律性。拓宽投资者视野，不仅考虑投资收益，还应注重提升自身素养，培养社会责任感，共同推动乡村振兴战略的顺利实施。

第二节　乡村振兴发展的运行机制

一、乡村振兴不同发展阶段的运行机制变迁

（一）乡村振兴发展阶段划分

国内外学术界普遍将乡村振兴发展分为起步、发展和成熟三个阶段，这是对乡村振兴理论与实践的初步划分。但是，这种划分方法与乡村振兴实践之间存在着一定的偏差，需要加以修正。基于生命周期理论，从乡村振兴中各动力源和动力要素的成长历程角度来看，应将乡村振兴划分为萌芽期、成长期、成熟期和变革期四个阶段，如图 7-1 所示。

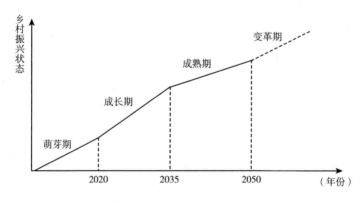

图7-1　乡村振兴阶段划分示意

乡村振兴发展的不同阶段间紧密衔接，不同阶段的动力要素在方向、强度以及配置结构上存在明显差异，前一阶段为下一阶段奠定基础，下一阶段是前一阶段的必然延伸，整体呈现非线性演化态势，任何阶段动力机制的作用效果都可能导致其发生逆转以及跨阶段的反复、曲折、回旋和波动，并在演进过程中伴随着动力要素的改变。在乡村振兴的整个过程中，主要有三个拐点，其中两个是关键拐点，决定着乡村振兴发展的方向。一个是成长期向成熟期的拐点，另外一个是成熟期向变革期的拐点。推动乡村振兴的可持续发展，不使其在拐点上衰落，关键在于保持动力机制的健康、可持续运行。

（二）乡村振兴各阶段特征分析

1. 萌芽期

在乡村振兴的萌芽期，全社会对乡村振兴发展的思想、做法及优势尚未形成系统的认识。社会各界从不同视角解读乡村振兴的概念，但并未完全理解乡村振兴的深刻内涵，对乡村振兴的原理也不甚明确。这个阶段，相关理论与实践主要围绕解决乡村产业发展问题和乡村环境治理问题。因此，从严格意义上讲，并没有真正实施乡村振兴战略，乡村振兴发展模式的优势也未得到充分发挥。同时，由于乡村环境保护、末端治理、生态修复等均需要有相应的技术设备投入，增加了乡村的投入成本，一定程度上会降低短期经济效益，农民及利益相关者主动参与的积极性较低，主要动力来源于政府、非政府组织和新闻媒体。此阶段的动力要素主要来自政府，政府直接为乡村振兴发展提供资金和政策优惠，推动乡村振兴战略的启动实施。

2. 成长期

随着乡村振兴发展的初见成效，政策措施不断完善并发挥效能，乡村潜在价值不断显现。在政府、非政府机构以及媒体的大力宣传和倡导下，社会公众逐步认识到乡村振兴发展的重要性，"五位一体"全面振兴发展深入人心。乡村振兴的外界动力已经形成，农民及利益相关者自身的素养也得到提升，环境保护成为普遍共识，乡村成为投资者关注的领域，乡村振兴发展的程度成为投资者进行投资决策的重要依据。此时，农民及利益相关者已认识到乡村振兴的经济价值，其经济动力开始形成，伴随技术的进步及日臻成熟，科技成果在乡村振兴中的大量应用成为可能，乡村振兴的广度、深度以及发展模式发生了质的转变。这一阶段，政府专门制定了乡村振兴法律法规，用法律法规规范乡村振兴发展的主体行为；政策层面从注重惩戒转向注重激励，财税优惠政策多管齐下，鼓励各地区积极推进乡村振兴，并鼓励公众的广泛参与。该阶段更加注重发挥政府的组织作用，促使多元主体更加广泛地参与到乡村振兴发展的实践中来。同时，政府还积极开展乡村振兴技术的研发以及成熟乡村振兴模式的推广工作。

3. 成熟期

在乡村振兴的成熟期，全面发展成为乡村振兴发展的主流。在这一发展阶段，经过前期实践探索和经验总结，乡村发展已基本实现产业合理、人才储备丰富、生态环境优美、乡风文明、治理效果明显、生活基本富裕等目标，乡村振兴的综合效应得到极大释放。该阶段的动力机制发展到较高水平，各要素均能发挥有效作用并相互补充与促进。经过萌芽期和成长期两个阶段的发展，乡村振兴发展的制度体系也更为完备，动力传导机制日益清晰，相关利益主体之间的责权关系较为明朗，动力要素之间形成了紧密的耦合关系；动力反馈渠道更加通畅，动力机制实现了良性循环。在这种状态下，由于乡村振兴提高了经济效益，内驱力形成并得到强化，乡村振兴参与主体自身成为动力机制的核心要素，推动乡村振兴发展的模式由被动循环式变为主动循环式，主体自觉进行乡村振兴技术的研发创新，不断探索适合乡村振兴发展的新业态、新模式，乡村振兴基本进入良性循环发展阶段。

4. 变革期

乡村振兴经历成熟期后，进入新一轮的变革周期。在这一时期，乡村建设出现了两条不同的路径，有可能带来新的突破和新的发展空间，也可能就此走向衰退。在乡村振兴发展过程中，如果技术、制度和经济动力不足，特别是如果没有更为先进的技术做支撑，无法突破原有的技术壁垒，乡村持续发展的综合优势就会日渐丧失。受市场需求、技术供给和制度保障的制约，乡村振兴的动力将日渐衰竭。反之，如果乡村坚持创新驱动，以科学技术的进步突破发展"瓶颈"，就有可能创造新的发展机会，形成新的生态产业链，带动乡村整体"转型"，实现跨越式发展。

（三）乡村振兴不同阶段运行机制变迁

我国实施乡村振兴战略的目标任务是，到 2020 年，乡村振兴取得重要进展，制度框架和政策体系基本形成；到 2035 年，乡村振兴取得决定性进展，农业农村现代化基本实现；到 2050 年，乡村全面振兴，农业强、农村美、农民富全面实现。这些阶段性目标与我国乡村振兴发展的萌芽期、成长期、成熟期和变革期四个阶段一一对应，即 2020 年之前的乡村建设属于乡村振兴萌芽期；2020 年到 2035 年属于乡村振兴的成长期；2035 年到 2050 年属于乡村振兴的成熟期；2050 年以后进入乡村振兴的变革期。从乡村振兴系统目标的演化进程来看，乡村振兴发展是具有阶段性的。不同的发展阶段呈现出不同的特征，导致影响乡村振兴发展的动力因素和动力源也发生阶段性演变，进而影响运行机制的变化。可见，在运行机制的设计过程中，应根据乡村振兴的不同阶段的发展特征建立相应的运行机制。

1. 萌芽期

在萌芽期，我国乡村振兴的制度框架和政策体系尚处于形成阶段。在这个阶段，乡村振兴实践尚处于探索阶段，市场机制先于政府机制而存在，富有创新精神的乡村率先发现乡村振兴机遇。由于此阶段的乡村振兴受到市场、技术等各种不确定性因素的影响，因此，乡村振兴参与主体的行为本质上来说是一种自发行为，市场机制对乡村振兴的发展起着决定性的作用，市场机制的作用某种程度上甚至超过了政府机制的作用。此外，受限于乡村发展的现实困境，乡村振兴实践具有隐蔽性、不确定性和风险性，此时的乡村振兴应立足地方特点，因地制宜地选择制定相应的机制措施，避免因生搬硬套发达地区的经验而对乡村振兴发展产生负面影响。

2. 成长期

成长期是我国乡村振兴实践发展的关键时期。在这个阶段，各区域根据自身特色广泛开展乡村振兴，各乡村充分利用自身条件发展乡村产业，同时兼顾乡村政治、文化、社会、生态各领域的协同发展。此时，乡村发展资源短缺的问题日益凸显，单纯依靠市场机制已不能满足乡村振兴快速发展的需求。为提高资源利用效率，降低资源消耗，解决市场配置资源的失灵问题，亟须政府力量的有力干预，特别是通过体制制度创新，调节资源配置效率。在该阶段，市场机制的作用没有发生太大变化，而政府的作用却快速增强，政府以宏观调控为手段，通过制定法律法规、政策制度等引导乡村振兴的发展方向，通过建立市场准入标准等措施规范乡村振兴的日常运营。政府职能的发挥，也促进了乡村振兴机制的有效发挥，政府的行政干预恰到好处，市场机制也将发挥最大效用。因此，在乡村振兴成长期，随着政府机制作用的增强，市场机制的作用也将经历一轮质变。在政府机制和市场机制的双重作用下，特色乡村较快扩张，乡村之间相互借鉴经验并展开广泛合作，以共同繁荣为目标，实现乡村融合发展。

3. 成熟期

乡村振兴进入成熟期是我国乡村振兴发展成功的标志。在这一阶段，随着资源环境产权的日渐明晰，市场主体的价格行为逐步规范，资源环境价格机制也逐步完善，市场机制通过价格信号调节经济运行和资源配置的作用越来越强，在该阶段乡村振兴实践中发挥着基础性的作用。因此，在该阶段，市场机制的完善将大大减少政府直接干预的必要性，政府机制的作用日渐降低，政府参与乡村振兴实践的方式将由直接干预转向宏观领域的间接干预，从原来的财税政策扶持转向环境规制约束、公共设施服务等，为乡村振兴企业提供更为健康的市场环境。由于乡村振兴机制的日趋完善，乡村振兴的优势得到极大的显现，乡村发展潜力不断被挖掘，乡村振兴进入稳步发展阶段。此阶段的乡村产业也日趋成熟，形成了循环工业、现代农业和现代乡村服务业等新业态，产业组织形式也以高效集约生产的集群和生态园区为主，依托现代信息技术手段，建立起创新型产业生态网络。该阶段的政府机制仍然发挥着积极的作用，通过完善制度供给机制、信息传播机制和风险担保机制等，促进乡村产业网络的稳定、协调运行。

4. 变革期

乡村振兴进入变革期，基本实现了乡村农业强、农村美、农民富的现代化全面振兴局面。此时的乡村发展会出现新的瓶颈，只有通过变革和创新才能实现新的突破。乡村振兴的运作不可能永远保持稳定，基于产业共生共荣、价值共创共享、利益互惠互补而建立起来的共同体可能因成员目标的不一致、乡村振兴群体的不稳定性和联动性能降低等导致乡村建设的停滞不前。技术瓶颈在乡村振兴的这一阶段也可能出现。在这种情况下，保证乡村建设的有序、健康运转，不仅要及时协调各环节主体的利益关系，还要加强研发投入，开展模式创新，实现新的"蜕变"。此时，政府的支持和规划又上升到主导位置，市场机制的作用力又一次变弱了。

二、乡村振兴类型及运行机制

可以从不同角度对乡村振兴进行分类。根据乡村振兴发展的空间层次，可将其划分为宏观、中观、微观三个维度；根据乡村振兴的产业门类，可将其划分为乡村工业振兴、乡村农业振兴、乡村服务业振兴；根据乡村振兴的实施范围，可将其划分为国家层面的乡村振兴、区域层面的乡村振兴、地方层面的乡村振兴等。实际上，每一种划分都基于一定的研究目的，研究目的不同，分类就不同。乡村振兴发展的重点是解决其动力问题，因此，本书从乡村振兴发展的动因出发，将乡村振兴实践划分为资源启动型、经济吸引型、技术推动型、政府主导型以及综合驱动型五种实践类型，下面对这些类型的基本内涵及运作模式分别进行解析。

（一）资源启动型

资源启动型乡村是依托区域优势资源发展起来的，具有明显的地域特色。资源启动型乡村往往具有资源种类单一、乡村发展缺乏活力等特性。同时，在价值创造过程中，资源启动型乡村常常存在资源消耗高、资源浪费以及环境污染等问题。伴随着资源不断开发利用，资源约束与环境污染问题将日益凸显，而资源的不可再生性和资源耗竭规律决定了资源启动型经济在经历了成长期和成熟期后，不可避免地出现衰退现象。乡村振兴强调资源的循环利用、再生利用和集约利用，重视资源的减量使用和利用效率，资源启动型乡村具有的资源依赖程度高、物质流量大等特征，决定了其必须走全面发展的乡村振兴之路。资源启动型乡村重点需要解决资源消耗、环境承载力、生态修复等问题，所以资源启动型的乡村振兴模式更加适合拥有可再生资源的乡村，以资源消耗模式的创新为突破口，驱动乡村振兴发展。

（二）经济吸引型

乡村振兴以产业振兴为核心，乡村产业振兴能够为乡村带来显著的直接经济效益，提高乡村居民收入。而政府对乡村振兴实施了一系列支持政策，获得政府的政策支持，能够大大节约生产成本，间接提高经营利润。乡村振兴还能够改变社会公众对乡村的态度，提高乡村的美誉度，为乡村产品广开销路。乡村振兴还体现了乡村社会责任的担当，能够赢得更多投资者的关注。可见，乡村振兴提高了全社会对乡村产业经济效益的预期，必将吸引更多的逐利性社会组织参与乡村振兴领域。企业家是潜在盈利机会的掌握者、最能动的创新要素以及创新风险的承担者，乡村振兴背景下的乡村产业价值链具有链条更长、节点交叉、结构复杂等特点，其中的商业价值较为隐蔽，容易被忽略，一些有远见的投资者能够发现乡村发展中有价值的成分，成为乡村振兴产业发展的先驱者。为了让更多投资者发现乡村振兴中的商机，一方面，可以加强对投资者的培训，激发企业家精神，让更多的投资者发现乡村振兴中蕴藏的巨大商机并积极行动，并通过丰厚的回报吸引更多投资者。可以以政府或行业协会的名义建立培训机制，邀请国内外乡村振兴领域的知名专家以及在乡村振兴领域取得成功的投资者作为培训讲师，激发企业家创新精神，形成庞大的信息交流网络，提高投资者对乡村振兴的认知水平，为乡村振兴创新成果的共享和扩散创造条件。另一方面，加强宣传，不仅要宣传乡村振兴的潜在优势，还要宣传政府的相关扶持政策，搭建乡村振兴信息服务平台，组织乡村发展推介会、乡村振兴发展论坛、乡村振兴经验交流会等，通过让更多人了解乡村振兴的经济发展前景，吸引各行各业的实干者加入乡村振兴领域。

（三）技术推动型

技术是推动乡村产业、乡村生产、生活方式变革的重要力量。附加值高的农产品一般都是技术密集型产品，技术依赖性高，譬如，绿色低碳技术、再生循环技术、信息化技术等。技术推动型乡村振兴在技术创新的推动下创新乡村产业链，强调科学研究和由此产生的技术创新是推动乡村一二三产业融合的主要动力。技术创新可以从三个方面推动乡村振兴发展：一是采纳先进的生产技术提高资源利用率或寻找可替代资源，力求以最少的资源消耗创造最大的经济效益；二是通过技术创新最大限度地降低乡村发展的成本，提高乡村发展的效益；三是通过技术合作实现产业融合，推动资源的综合利用和集约化利用。在"乡村振兴技术→乡村产业融合→乡村各领域发展"的链条中，产业融合主要受技术创新的驱动，而不依赖于市场需求。由此可见，重视乡村振兴中的技术创新，构建乡村振兴技术创新体系，成为技术推动型乡村振兴快速发展的关键。为此，需要将技术创新活动的终端从市场扩展到环境，使技术创新的各个环节以乡村产业发展需求为终端和开端，以逆向物流、信息流和知识流为纽带，开拓技术创新模式。通过强化产学研联合，建立技术服务支撑体系，增强乡村自主开发能力，加大对乡村技术创新的扶持力度，建立健全循环型产业集群的技术创新机制，以技术创新为手段推动乡村全面振兴发展。

（四）政府主导型

政府主导型是乡村振兴发展中的一种重要模式。当然，此处的政府主导并非指政府直接主导乡村微观主体的乡村振兴实践，而是在宏观和中观层面加大政策扶持，推动各类产业园区、产业集群的组建和发展。在这种模式中，政府不仅是乡村振兴发展的直接规划者，综合开发的领导者，而且是乡村振兴实践的主导者，资源的投入者，收益的主要享有者。乡村振兴产业园区、集群的性质以及开发目标、方式、管理者等都由政府确定，乡村的规划及开发阶段所需资金主要由政府提供（通过拨款、银行贷款等）。政府主导型乡村振兴具有较大的强制性，具有目标明确统一、资源结构较合理、稳定性较好等特点，同时也存在着监督困难、效率低下等问题。

（五）综合驱动型

上述类型都将乡村振兴的发展归结为单一要素的作用，而乡村振兴的实践却往往并非如此。资源、经济、技术、政府等要素均在乡村振兴实践中发挥作用，但这些要素通常不是孤立存在的。综合驱动型乡村振兴的动力源就体现了多要素共同作用的结果，且要素之间是相辅相成的，并随着时间、地点的变化而变化。在某些情景下，某种要素的力量占据主导地位，而在另外的情景下，其主导地位又会发生变化。各要素在乡村振兴发展的不同阶段也发挥着不同的作用，在发展初期主要受资源禀赋、政府行为和潜在经济利益的影响，在快速成长阶段则更多地受到技术推动的影响，当发展到成熟阶段后则表现得更为复杂。可见，乡村振兴的发展过程是一个资源启动、政府促动、技术推动、市场拉动以及利益诱动的综合过程。

第三节　乡村振兴发展的推进机制

一、乡村振兴宏观推进机制

（一）乡村振兴服务机制

农村公共产品供给中的基础设施建设不仅对乡村发展起着至关重要的作用，而且能够吸引城镇化、工业化的反哺（单哲，2011）；扩大教育、文化、医疗、社会保障、基础设施等公共产品的供给，能够有效改善农村居民生活质量；公共产品是农村经济社会发展的前提和基础，农村公共产品的高效供给是乡村振兴的客观要求，在一定程度上会促进乡村振兴的实现。因此完善农村公共产品供给体制，改善农村公共产品供给效率是乡村振兴战略发展的重要举措。农业生产服务体系的构建与发展虽然是一种市场行为和经济活动，但其发展壮大过程离不开国家对农业发展的财政投入支持。完善城乡产业融合机制，通过城市和工业发展，为农村人口提供更多的就业机会，是城镇化与工业化推动乡村振兴发展的重要体现，提升乡村振兴外部推动力的作用效率，探索行之有效的工业反哺农业路径，实现全方位、多角度、高效率反哺，是落实城镇化、工业化反哺机制的重要措施。现阶段，乡村振兴发展过程中的工业化反哺模式主要包括村企对接、投资参与、农业产业化经营、推进农村富余劳动力转移等模式。乡村振兴发展过程中，应当结合不同地区乡村经济社会的发展现状，制定和实施合理有效的工业反哺农业政策，以更好地为乡村振兴发展服务。

（二）乡村振兴保障机制

实施乡村振兴发展战略，要大力推进农村体制改革，加强农村制度建设，这不仅有助于发挥农民主体作用，激发和调动农民群众参与乡村振兴发展的积极主动性，而且有利于发挥政府主导作用，鼓励和支持社会各方的积极参与。完善制约乡村发展的土地管理制度、基本经营制度、农业支持保护制度、农村金融制度，创新乡村振兴体制机制环境，是健全乡村振兴保障制度的关键。乡村振兴战略实施过程中，必须建立与完善农村的基本经营制度，构建组织化、专业化和社会化相结合的新型农业经营体系（宋洪远，2018）。土地制度对农业的发展有着重要意义，规范和健全的土地制度能够保障农民通过投资农业生产获得有效收入，并通过出租、转包、入股、合作、抵押等方式创造机会，让农民获得更多财产性收入，以缩小城乡差距，实现共同富裕。

（三）乡村振兴金融机制

金融是现代经济的核心，是经济运行的命脉，是乡村振兴战略实施的重要引导力量和支撑力量。金融在乡村振兴中具有战略引领作用，是各项资源向乡村流动的重要推动力。创新农村金融制度，优化城乡融合金融支持机制，将有利于农村经济发展外部环境的优化，降低农村经济发展成本，改进农村资源配置的宏观效率，从而为加快实现农业农村现代化提供坚实的制度保障。构建城乡一体化发展的社会保障制度，是缩小城乡差距、促进社会和谐的重要举措。城乡差距主要表现在城乡居民收入差距、教育差距、医疗差距、消费差距、就业差距等多个方面，长期以来，城市化进程、产业布局、劳动力质量、基础设施建设、政府政策偏向等原因导致了城乡之间的发展差距。通过金融制度改革，完善乡村振兴金融机制，积极推进城乡经济社会一体化发展，打破城乡二元结构，推动城乡生产要素的自由流动，是实现资源合理配置、改变农村面貌、改善人民生活、保持社会和谐稳定的重要保障。

二、乡村振兴微观推进机制

如何构建一套行之有效的乡村振兴工作推进机制，是提升乡村振兴发展全过程跟踪、管理、协调和服务能力的重要内容。在乡村振兴的微观层面，借鉴国内外已有的成功经验，本书提出"管理责任落实、要素资源保障、高效服务、综合协调、学习赶超"五大机制。

（一）管理责任落实机制

严格重点工作责任落实机制。一是建立监察督导机制。督查机构负责抓好督查督办，采取实地查看、明察暗访、随机抽查等形式，对乡村振兴中不合法规的地方予以通报批评，并责成立即整改。二是强化考评奖励制度。对重点工作的建设推进，实行量化计分、分等计奖、分类处理，并纳入各单位、各部门年度综合目标管理绩效考核总成绩。三是强化责任追究制度。对乡村振兴重点工作各环节发生的违法、违纪、违规问题和产生不良后果的行为，要追究相关单位和人员的责任。

（二）要素资源保障机制

要素资源是乡村振兴发展的物质基础，因此，必须保障资源的合理分配和供给。一是积极争取项目要素资源。高点站位、系统谋划、做深前期，加大专项建设基金、中央预算内投资等资金争取力度。二是加强土地要素保障。优先保障乡村振兴重点项目新增建设用地指标、耕地占补平衡指标等，经常性开展项目建设用地对接工作。三是创新投融资机制。发挥政府基金的引导作用，推进乡村振兴项目落地，完善各项融资对接常态化机制，有效解决项目融资难题。

（三）高效服务机制

政府公共部门的积极参与和优质服务是乡村振兴发展的重要保障。通过制定高效的服务机制，保障乡村振兴发展所需的要素资源能够得到有效配置，乡村发展遇到的问题能够得到有效解决。高效的乡村振兴服务机制一方面可以释放政府的压力，更好地发挥政府职能，使政府能够更加专注于宏观规划与指导；另一方面可以激活乡村振兴发展的动力，保障乡村振兴发展的顺畅实施。

（四）综合协调机制

乡村振兴涉及主体及要素众多，需要协调各方的利益矛盾与冲突，还要协调各个动力源、动力要素以及各种关系，因此，必须完善乡村振兴综合协调机制。主要包括：一是实行分级协调机制，对乡村振兴发展中出现的问题进行等级划分，优先协调影响乡村发展最迫切、最关键的问题。二是强化重点工作落地推进机制，包括实行重点工作挂包机制，建立重点工作例会制度，建立定期工作调度制度。

（五）学习赶超机制

乡村振兴发展是一个长期的过程，经历不同的发展阶段，每个阶段都会出现关键拐点。通过建立学习赶超机制，不断总结经验，互相促进，是推动乡村振兴可持续发展的关键。学习赶超机制包括：一是通过学习机制使乡村振兴不断注入新的血液，不断增强发展的动力。二是通过赶超机制使乡村发展走向更高层次，实现乡村振兴新的良性拐点。三是通过动力赶超机制保障乡村发展稳定性和创新性的统一，在稳定中谋求创新，在创新中谋求更高层次的稳定。

第八章　乡村振兴发展的具体机制

本章主要从宏观、中观和微观三个层面研究乡村振兴发展的具体机制。宏观层面从地区和产业两个维度展开，中观层面从农业产业联合体、田园综合体、特色小镇、家庭农场为典型代表展开，微观层面从政府、农民及利益相关者和公众三个行为主体展开。具体研究划分为区域乡村振兴发展机制、不同产业乡村振兴发展机制、中观层面乡村振兴发展机制和微观层面乡村振兴发展机制四部分内容。

第一节　区域乡村振兴的发展机制

根据我国省域乡村振兴发展水平的时空分布，将 31 个省级行政区划分为四个梯队，第一梯队为领先型地区，第二梯队为挑战型地区，第三梯队为追赶型地区，第四梯队为后进型地区。各地区乡村振兴发展所处的阶段不同，具有不同的阶段性特征，乡村振兴发展正是通过这些特征的量变和质变逐渐由低级向高级阶段演进。依据乡村振兴不同发展的战略需求，从系统论视角出发，选择适合本地区发展的乡村振兴战略，对于有效推动各地乡村振兴发展具有重要意义。

一、领先型地区发展机制：引领示范机制

领先型地区的乡村发展已经达到较高层次，产业结构和产业布局较为合理，经济发展与资源、环境日益协调，资源产出效率较高，资源综合利用程度较高。这类地区的乡村振兴实践起步早，政府从一开始就重视乡村振兴发展，财政支持拨款多，在乡村振兴技术方面的投入较充分，科技成果转化为现实生产力的水平也高。同时，这类地区的公众环保意识较强，环境治理投资大，政策落实也比较好，因而其乡村振兴发展水平在国内处于领先地位。领先型地区已经积累了较为丰富的乡村振兴实践经验，乡村

振兴技术基础好，能够起到带头示范作用。下一阶段的发展重点，一是要进一步提高管理水平和推广先进技术，促进乡村振兴发展水平的全面提升。二是要发挥辐射、带动、示范效应，推广乡村振兴经验，带动其他地区发展。针对这两大发展重点，下一步的关键是建立和实施全面提升机制和示范推广机制。领先型地区虽然在国内处于领先地位，但是与欧、美、日等发达国家和地区相比仍然存在较大的差距，同时区域内部的发展也不均衡。因此，应当进一步探索经济结构转型升级的新模式，突破乡村振兴发展的约束与限制，在乡村振兴技术、制度、治理、产业、空间规划等方面实现全面创新发展，以实现乡村发展更高层次的蜕变。

领先型地区乡村振兴水平的全面提升，是以实现乡村振兴技术的突破、乡村振兴理念的升华、乡村振兴实践的政策制度创新为基础的。因此，探索乡村振兴的技术突破，推进乡村振兴的制度文化升华，发展乡村振兴的产业网络链接新路径，形成以创新为核心驱动力的发展新模式，成为此类地区乡村振兴发展的关键。具体包括：一是通过政策制度设计、行业规则和技术标准制定、知识产权保护等规范市场行为，促进乡村振兴领域的知识创新；二是对区域乡村振兴发展的价值进行重新定位，培育乡村振兴建设者的开拓精神、冒险精神、创业精神以及团队精神等，实现乡村价值的再发现、再恢复和再创造；三是紧密结合区域自身的独特优势，选择具有技术突破潜力的产业领域，建立区域乡村振兴技术创新、技术扩散、技术转移的制度与文化环境。领先型地区应依托自身现有的发展优势，提高乡村振兴发展的质量和速度，塑造乡村振兴发展的典型形象，形成区域乡村振兴发展的品牌效应和示范效应，带动其他地区乡村振兴的发展。领先型地区应系统总结乡村振兴发展的具体做法和成功经验，主动向其他地区介绍、宣传、推广乡村振兴发展的技术、知识和管理经验，在全国范围内推广乡村振兴典型模式，带动其他地区乡村振兴发展实践的新高度。

二、挑战型地区发展机制：竞合突破机制

挑战型地区的经济社会发展水平在我国属于中上等级，这些地区的自然资源一般较为丰富，近年来依托资源优势，乡村振兴实践取得了显著成效，涌现出一批先进的乡村产业化联合体、产业集群等。挑战型地区的产业结构已经得到较大的优化，经济发展与资源、环境日益协调。这类地区的乡村振兴实践起步较早，政府对乡村振兴发展较为重视，财政支持力度较大，但是由于其经济基础不够雄厚，科技发展水平不够高，科技成果转

化能力不强，乡村振兴发展到一定阶段后，出现了瓶颈，难以获得新的突破。因此，这类地区下一阶段的工作重心是充分利用自身的资源优势，采取竞争—合作的突破机制，实现区域乡村振兴的跨越式发展。

挑战型地区的乡村振兴发展应落实"竞合—赶超"战略，通过竞争与合作，实现乡村振兴新的跨越发展，赶超领先型地区。该战略的核心是区域间的竞争与合作。包括：第一，建立区域间的竞争机制。乡村振兴发展的关键是发挥市场配置资源的决定性作用，市场机制的核心是价格机制与竞争机制，而落实到区域层面，关键就是竞争机制。挑战型地区由于其乡村振兴发展水平与领先型地区差距较小，应当树立赶超的决心，统筹规划，注重培育，加快集聚，选择有潜力和有爆发力的产业予以优先扶持，并对选中的重点产业制定专项发展政策，使资金、人才、技术、信息等生产要素向这类产业集中。建立完善政策扶持、项目开发、市场开拓为一体的产业发展机制，打造富有竞争力的乡村产业和乡村产业集群，打造区域乡村振兴竞争优势。第二，建立区域间的协调与合作机制。乡村振兴发展到一定程度后都会遇到"瓶颈"，如何突破瓶颈关系到乡村振兴的可持续发展。在周边近邻处借力并获得他们的支持，将成为区域乡村振兴发展突破瓶颈的重要手段，直接关系到区域乡村振兴发展的深度与广度。因此，追赶型地区应利用自身的区域优势，最大限度地在经济模式转型升级中寻求区域、全国乃至国际的支持与合作，通过区域合作、资源整合，为自身乡村振兴的健康发展提供充足的动力。在选择区域合作落脚点的过程中，应当从自身发展实际出发，在更大范围内延伸自身发展的资源边界。在区域合作过程中，政府应当按照乡村振兴发展的要求，加强与周边地区的交流与合作，利用区域差异实现互补性合作的双赢。

三、追赶型地区发展机制：引导提升机制

追赶型地区处于乡村现代化建设的快速发展阶段，其经济发展水平还不高，虽然产业结构已经得到较大程度的优化，但其经济发展方式仍处于粗放型向集约型转变的过渡阶段。因此，这些地区的乡村振兴发展水平还不高。农民和企业的发展意识、创新意识、合作意识、资源保护意识不够强，资源浪费依然严重；乡村振兴的体制机制建设尚不完善，乡村振兴服务体系的建立和落实还有待加强。政府在乡村振兴领域的投资逐年增加，但乡村产业发展较为缓慢，环境治理能力不足等问题依然严峻。民众已经意识到乡村振兴的重要性，部分地区已经有了一定的乡村振兴实践基础，主体参与乡村振兴的动力也日益增强，但是乡村振兴发展仍然比较

零散和无序。

追赶型地区乡村振兴发展的关键在于引导和规范。具体包括：一是政府引导。追赶型地区政府应通过制定规划和政策，鼓励将技术创新作为驱动发展的核心要素，引导乡村学习国内外先进经验模式，实现绿色生产方式的转变。二是宣传引导。利用广播、电视、报纸、网络等宣传工具和手段，大力宣传乡村振兴发展的优势和潜力及政府的优惠政策，引导人才、资金、信息向乡村振兴领域集聚，解决发展要素不足的难题。三是典型引导。充分发挥先进典型的示范作用，通过榜样的力量引导其他地区效仿。要注意爱护典型，保护典型，通过优惠政策支持先进典型的创新行为，总结先进典型的乡村振兴实践经验。四是投入引导。政府应建立长效的投入保障机制，增加专项资金投入总量，保持财政支持乡村振兴发展的稳定性。五是服务引导。政府应理顺管理体制，消除乡村发展的体制障碍。应建立协调沟通机制，共同制定发展规划，协调解决发展中遇到的各种问题。应弱化部门分割和管理职责，强化综合服务职能，进一步优化发展环境，完善乡村振兴发展硬件设施建设的同时，营造更加高效的乡村振兴发展软环境。

四、后进型地区发展机制：学习促进机制

后进型地区的经济发展水平普遍较低，乡村产业结构单一，乡村振兴发展的政策法律缺失，政府财力有限，对乡村振兴的投资力度不足，缺乏有效支撑乡村振兴发展的技术体系，乡村振兴人力资源匮乏，科技成果转化能力差，对乡村振兴的宣传教育工作滞后，公众参与意识不高，参与乡村振兴的积极性、主动性不足，乡村振兴整体发展水平落后，处于乡村振兴发展的雏形发育阶段。

后进型地区乡村振兴发展除了需要一定的硬件设施，更需要技术、管理经验、政策、理念、社会意识等软环境建设。考虑到经济发展基础，后进型地区乡村振兴发展需要借鉴、引入外部先进的乡村振兴技术与管理经验。学习是后进型地区实现快速追赶的重要手段，因此，后进型地区乡村振兴发展的基本战略是学习与模仿，应在重视乡村经济发展的基础上，注重引入循环发展模式，引导乡村良性发展。后进型地区乡村振兴发展应坚持"引进—吸收—创新"的发展策略，根据自身发展条件，科学选择学习模仿的对象，到领先地区实地考察，学习他们的先进技术和管理经验，在推动本地区技术创新、文化创新和制度创新下足功夫，实现后进型地区由学习模仿向自主创新的转变。

在学习过程中，农民作为乡村振兴的主体和实践者，其学习能力与动力直接影响学习效果。不同类型的中介服务体系在促进区域间政产学研合作，实现乡村振兴知识流动方面发挥着重要作用。政府的职责是制定适合的乡村振兴发展政策、制度，构建和维护区域间乡村振兴经验交流学习网络，引领区域间乡村振兴学习与发展的方向，规范学习与发展的行为，调控学习与发展的进程，保障后进型地区乡村振兴生产、创新、扩散的有序进行。具体包括：一是建立内向型学习机制，建立不同主体之间的交互学习和互动机制，政府通过搭建平台，促进乡村与高校、科研院所的交互式学习，各行为主体通过学习获得互补性资源，提高后进型地区乡村振兴发展的创新能力。二是建立外向型学习机制，不断引进乡村振兴技术、政策、制度等方面的知识，通过区域外部关系网络与同层级、更高层级区域网络的连接沟通，建立后进型与领先型地区之间的稳定合作关系。领先型地区通过对口支援，采取技术转移、直接投资经验推广、人才派遣等形式帮助后进型地区提升乡村振兴发展水平。三是发挥乡村龙头企业的作用，政府牵线搭桥，帮助他们与领先型地区建立合作关系，企业也应主动拓展知识边界，充分利用外部知识资源。龙头企业还应积极与各类科技学会、行业协会等建立联系，通过积极开展形式多样的学术交流和培训、教育活动，提高吸收和利用外部知识的能力。

第二节　宏观层面乡村振兴的发展机制

经济是乡村振兴的基础，产业振兴是乡村振兴的核心。我国地域广袤，乡村资源禀赋、发展条件和发展水平不一致，各地应根据自身特点选择适合的主导产业作为乡村产业振兴的突破口。

一、乡村农业发展机制

乡村振兴遵循生态系统和经济系统的协同发展规律，以经济效益为驱动力，以绿色发展为导向，通过优化农业生产的产业链结构，实现资源的多级循环、高效利用，将产业活动对环境的负面影响降到最低。现代农业作为乡村振兴的主导产业，以农业现代化和农业绿色化为核心，以低消耗、低排放、高效率为基本特征，其独特性主要表现在：（1）完善的生产条件和基础设施，集约化使用各种现代生产要素；（2）倡导农业产业化经营，注重商品率和农作物的经济效益，注重可持续发展；（3）物理技术和农业生产的有机结合，利用高新技术实现资源利用最优化，提高农业生产效益和竞争力，延长农业生态产业链。

与乡村工业振兴类似，乡村农业发展也具有层次性，可以划分为农产品生产层次、农业产业内层次、农业产业间层次。其中，农产品生产层次通过推行绿色生产，全程防控污染；农业产业内层次通过物质与能量交换，互利互惠；农业产业间层次通过交换物质，使价值再生和增值。不同地区的乡村应以资源禀赋为基础，加大农业资金、科技、人才投入，因地制宜，探索具有实际应用价值的乡村农业振兴模式。

目前，各地乡村在积极探索乡村农业发展模式中已卓有成效，各种乡村农业发展模式在全国各地均有不同程度的推广应用，在节约资源、降低污染、改善农民生活质量、提高农民收入以及优化产业结构、规避产业风险等方面取得了显著成效。这些模式集中体现了乡村农业振兴的规模化、精细化、系统化、标准化以及多极性、多样性、互动性和共生性等新特征，亟须建立一种在空间上多层次、时间上多序列、行为上多主体参与的乡村振兴农业发展机制，即一体化多主体参与机制。由于乡村农业振兴不仅仅涉及资源利用、种养产业布局、生产组织管理等农业内部体系，更对统筹协调资金、技术、人才、信息、中介组织等前后向关联产业具有较高的依赖性，随着农业产业链的不断延伸，还需要金融、研发、培训、设施建设、品牌评估等非农主体的参与，"企业＋农户＋基地"模式、"企业＋合作社＋农户＋基地"等多元主体模式将成为现代农业振兴发展的主要组织形式。

二、乡村服务业发展机制

服务业是一个宽泛的概念，包括金融保险、信息服务、文化教育、科技服务、现代物流、商务会展、中介服务、房地产、商贸流通、旅游休闲、社区服务、体育卫生等，这些行业各自都具有特有属性和运行机制。因此，乡村服务业的发展模式比乡村工业、乡村农业更为复杂和多样化，研究乡村服务业的发展模式必须落实到具体行业。

乡村服务业的振兴发展应该尽可能减少服务主体、服务对象和服务途径对环境产生的直接与间接影响，并带动服务对象积极参与，实现可持续发展。与传统服务业相比，乡村服务业振兴发展具有以下特点：（1）乡村服务业发展与人们的日常生活和消费联系紧密，是连接其他产业和社会生活的纽带，乡村服务业以促进第一产业、第二产业和循环型乡村社会的发展为目标；（2）乡村服务业发展采用开环型减量化模式，而不强求采用完全闭合的经济模式；（3）乡村服务业发展分为两个层次，即乡村服务业的行业内部生态化运作以及乡村服务业与其他产业、行业之间生态耦合关系的建立。

近年来，随着乡村振兴战略的推进以及现代服务业的迅猛发展，全国各地根据自身产业条件，探索出了一系列乡村服务业发展模式，譬如，在乡村旅游业方面，有产业组合式乡村旅游、环境保护式乡村旅游、绿色生产式乡村旅游和生态城市式乡村旅游；在信息服务产业方面，有信息服务传输的减量化模式及开放模式等；在物流业方面，有企业绿色物流作业模式、逆向物流模式、社会对绿色物流的管理控制模式、绿色物流与三次产业的交叉模式等。乡村服务业发展模式的复杂性特征，决定了难以建立起普遍适用的乡村服务业发展模式和运作机制，而应针对不同行业发展模式的特点，采用差异化的推进机制。譬如，交通运输业应重视交通工具的清洁化，住宿、餐饮和娱乐业应重视绿色化，旅游业应重视生态化，物流业应重视循环化，金融、保险、咨询等其他服务业应重视多元主体的创新化等。应当在行业范畴内，从不同层面创新乡村服务业发展机制，构建多层次、差异化的推进机制。乡村服务业的多层次表现为服务业面向多种不同行业，必须从企业、园区、产业以及城市等多个层面全方位推进乡村服务业发展，同时还应该综合考虑乡村服务业发展所需要的要素投入，构建全方位的要素筹集机制；乡村服务业的差异化表现为不同行业之间的物质流、能量流、信息流和价值流存在差异，其交互过程不一致，各行业所需要的支撑要素也不一样，应有针对性地考虑具体的机制选择，包括公众参与机制、投融资机制、环境保护机制、合作交流机制等。

三、乡村产业融合发展机制

从乡村振兴系统组织的演化进程来看，乡村振兴将经历从单一产业到产业融合的发展过程。乡村产业融合是乡村产业振兴发展的高级组织形态，是乡村产业振兴发展的必然结果。乡村产业融合是一种特殊的产业网络，其特殊性就体现在它是基于产业生态学原理和乡村振兴模式而形成的经济网络组织，是在特定的空间范围内，以物质流、能量流、价值流、信息流为纽带，由若干在生态上共生共荣、在经济上价值共创共享、在关系上利益互补互惠的产业链条耦合而成的产业共同体，它能够实现物质能量的多层级利用，可以通过资源利用最大化和环境污染最小化，实现经济、社会、生态等多重目标的协调统一。

因此，乡村产业结构的发展与传统产业链不同，它是由不同产业链基于产业共生关系形成的复杂产业网络。产业发展的结果是逐步走向融合，实现农、工、商产业的一体化。其中，产业共生是三次产业融合发展的基础，不同产业通过物质流动和产品利用形成利益关系。在产业共生关系的形成过程中，应通过基础设施共享、技术共享、信息共享、品牌共享、环境共护、利益共生，实现产业发展和生态环境系统之间的物质和能量交换，建立高效率、低消耗的乡村产业网络。三次产业之所以能形成共生耦合关系，也是基于三次产业之间资源、能源、原材料以及其他物质产品的循环。虽然工业在国民经济中占据主导地位，但是工业的发展离不开农业和服务业的支持。通过都市农业、观光农业、生态农业等形式，农业可以与第二、第三产业链接，形成农、工、贸相结合，"产、学、研"一体化的现代农业生态系统，为工业、服务业提供基本的原材料，并解决工业、服务业产生的有机废弃物，并为城乡居民提供生产、生活所需要的原材料和产品。服务业是为社会生产和生活服务的产业，因此服务业与其他产业的耦合发展往往是为其他产业服务的，也是以其他产业的乡村发展模式为主导的，包括将生态服务业理念嵌入其他产业，协同促进其他产业实现乡村振兴等。农、工、商产业在融合发展过程中不断巩固这种网状的产业共生关系，并形成了相互依存、密切联系、协同发展的乡村振兴产业体系。

第三节　中观层面乡村振兴的发展机制

乡村振兴系统是以物质、能量、信息、价值为构成要素的有机体，体现为经济振兴系统、政治振兴系统、文化振兴系统、生态振兴系统和社会振兴系统。根据乡村振兴系统构成要素及其相互关系的复杂程度，将系统划分为宏观、中观、微观三个层面。乡村振兴发展的中观层面主要以生态产业园区、产业集群和乡村社区等形式存在，本节以现代农业产业联合体、田园综合体、特色小镇及家庭农场为实例，探究乡村振兴中观层面的发展机制。

一、农业产业联合体发展机制

（一）农业产业联合体的概念内涵

现代农业产业化联合体是以龙头企业为核心、农民合作社为纽带、家庭农场和专业大户为基础，以契约形成要素、产业、利益的紧密连接，集生产、加工、服务为一体化的新型农业经营组织联盟。从内涵界定上，现代农业产业化联合体以农村发展、农业增效、农民增收和企业盈利为目标，以同一产业品牌为市场导向，依靠专业化服务和企业化管理，将龙头企业、农村合作社、专业大户、家庭农场和普通农户组织起来，形成一个共同体，通过各类经营主体间的产业共生、要素互补和利益共享，实现产出高效、产品安全、资源节约、环境友好，提升现代农业竞争力。现代农业产业化联合体能够把农产品生产、加工、销售等不同产业环节上的利益主体串接起来，延长农业产业链、价值链和增收链，实现农村一二三产业融合发展，有效促进企业增利、农业增效、农民增收。

（二）农业产业联合体的发展机制

现代农业产业联合体作为一种新型的现代农业经营组织，经历了组织变革、调整、适应、优化、定型等不同阶段。在演化过程中，作为利益相关者的共同组织，以经济利益为纽带和内驱力，从分散式独立经营向联合的适度规模经营转化，通过形成合力发挥规模效益。为了保证联合体的可持续发展，农业产业联合体必须建立有效的风险分担和利益分享机制，使各主体都能获得相应的经济效益，同时实现可观的社会效益和生态效益。产业联合体引入有序的合作与竞争机制，保证各主体自觉维护联合体的健康运行。

1. 内部拉动机制

农业产业联合体的内部拉动机制包括准入退出机制、竞争合作机制、利益调节机制和沟通信任机制。

（1）准入退出机制。在农业产业联合体规划建设初期设定准入标准，提高准入门槛，建立准入机制和退出机制，坚决拒绝不达标的企业或产业加入，并通过行政手段对产业联合体内部企业进行干预，建立考核淘汰制度。在引进企业时要按照行业设定的指标标准对其生产流程进行严格的审查和考核，对不能达到乡村产业化发展标准和技术不过关的企业实施退出机制。

（2）竞争合作机制。将竞争与合作机制引入农业产业联合体，激励企业的品牌意识和科学发展意识，坚持可持续发展和环境保护的发展宗旨。通过在产业联合体内营造竞争与合作氛围，增强产业链上企业、组织间的相互信任、相互促进、相互协作的合作与竞争关系，有利于产业联合体内企业与本地利益相关主体在提高资源利用效率、减少内耗方面达成共识，推动产业联合体健康发展。

（3）利益调节机制。农业产业联合体是一个多主体参与的合作组织，组织成员间不可避免地存在着利益矛盾与冲突。目前，产业联合体结构不稳定的根本原因在于组织内部成员间利益分配机制的不健全。因此，亟须建立科学的利益分配机制，要让加入农业产业联合体的企业和组织切实感受到乡村振兴发展取得的实效。具体可以通过财政支持、税收优惠、价格优势、技术支撑、优先补偿等方法，完善农业产业联合体的利益调节机制，还要着重处理好企业与社会的关系。

（4）沟通信任机制。农业产业联合体内部的组织成员间要建立沟通信任机制，以稳定产业联合体结构，保证全产业链的正常运行。由于产业联合体内的主体之间是一种自我实施交易行为的关系，信用约束能力是有限的，所以要建立联合诚信制度、信用评级制度、信息披露制度等，引入信息中介机构并建立企业—组织信息数据库，实现成员资料的信息化管理。同时，要完善惩罚机制，并将其嵌入产业联合体的产业链或共生系统中。

2. 外部推动机制

农业产业联合体的外部推动机制包括政府导向机制、监督约束机制、政策激励机制和技术支撑机制。

（1）政府导向机制。政府的政策导向对农业产业联合体的建立和发展起着至关重要的作用。政府可以通过规划引导、政策激励、协调统筹、监督考核、宣传教育等手段，对农业产业联合体的筹建和可持续发展进行调控，可以通过投资、价格、税收、排污收费等经济杠杆，规范产业联合体在生产、加工、服务、消费领域的行为，并将乡村振兴的发展理念贯穿到产业联合体的发展战略中，指引产业联合体的发展方向。

（2）监督约束机制。建立健全乡村振兴发展的监督约束机制，是保证乡村振兴各项法规和政策得以执行的重要手段。乡村振兴标准和目标制定出来后，能否执行是关键，而严格有效的监督和约束机制是企业向乡村振兴方向转变的"推动器"。农业产业联合体同样需要建立一套科学的监督和约束机制，以保证组织内部的成员以乡村振兴发展为己任，加强内部合作，推行绿色发展。对未能按照制度严格实施的组织单位给予指导、帮助和一定的惩罚，以保障农业产业联合体的健康、可持续发展。

（3）政策激励机制。对农业产业联合体给予财政金融支持和税费政策优惠，并通过税收减免、价格补贴等激励政策，积极树立典型示范产业，表彰那些在资源综合利用、土地集约利用、材料节约和科技创新等方面做出突出贡献的单位和个人。通过完善多种形式的优惠政策和激励机制，吸引和带动更多产业加入农业产业联合体，推动农业生态化发展。

（4）技术支撑机制。技术创新是农业产业联合体稳定运营和可持续发展的基础。农业产业联合体的创立和发展均需要先进的技术为后盾，应从农业产业联合体可持续发展的角度出发，建立一系列技术标准、技术创新机制和技术创新鼓励制度，加大对科学技术创新的投入和支持力度，鼓励产业联合体积极进行技术创新。同时，应积极引进国内外乡村振兴发展的高新技术，加强"产、学、研"交流与合作，提高科技成果转化效率，有效解决农业产业联合体发展中遇到的技术难题。

二、田园综合体发展机制

（一）田园综合体的概念内涵

田园综合体是现代农业、休闲旅游和农村社区相结合的农村产业综合发展模式，是原有生态农业和休闲旅游业的延伸和发展，能够更好地体现乡村特色，展现乡村美丽和活力，为城市居民提供休闲娱乐的世外桃源，实现城市居民的田园梦。从内涵界定来看，田园综合体是在工业化和城市化发展到一定阶段的情况下，顺应农业供给侧结构性改革、可持续生态环境和乡村产业振兴发展需求，遵从现代企业的经营管理理念，以广大农民为生产经营主体，以美丽乡村和现代农业为基础，融合低碳环保理念和循环可持续发展理念，保持田园乡村风貌，完善公共设施和服务，实行城乡一体化的社区管理服务，拓展农业的多功能性，发展农事体验、文化、休闲、旅游等产业，实现田园生产、田园生活、田园生态的有机统一和一二三产业的深度融合，为农村、农业和农民全面发展探索的一套可推广可复制的、稳定的生产生活方式。

（二）田园综合体的发展机制

1. 内部拉动机制

田园综合体的内部拉动机制包括内部治理机制、竞争合作机制和学习创新机制。

（1）内部治理机制。田园综合体的生产经营主体同时也是乡村振兴最重要的实施主体。因此，田园综合体内的主体要自觉强化自身的社会责任感和使命感，在生产服务中培养生态意识和社会责任意识并提升自律意识，把建设田园综合体作为推动乡村振兴发展的一部分，保证田园综合体的绿色、健康、可持续发展。

（2）竞争合作机制。将竞争与合作机制引入田园综合体实践，激励参与主体的品牌意识和科学发展意识，推动田园综合体的可持续发展。通过营造田园综合体内部的竞争与合作氛围，增强综合体内成员间的相互信任、相互促进、相互协作的合作与竞争关系，有利于田园综合体内各参与主体在提高资源利用效率、减少环境污染等方面达成共识，推动田园综合体健康发展。

（3）学习创新机制。经营模式、经营手段、管理思路等的创新是驱动田园综合体发展的不竭动力，而学习是创新的思想源泉。良好的学习创新机制能够为田园综合体带来持久且稳定的发展动力。因此，田园综合体的各参与主体都应建立一套完整的学习创新机制，在学习、消化、吸收的基础上不断创新。应积极参加行业内的各种创新交流会和技术研讨会，通过交流和学习增进协作，积极进行技术革新和管理模式创新，不断降低成本，提升效益，保持田园综合体的持久吸引力。

2. 外部推动机制

田园综合体的外部推动机制包括政策导向及激励机制、信息传导机制、技术支撑机制和公众参与机制。

（1）政策导向及激励机制。政府的引导和支持对田园综合体的建立和发展起着至关重要的作用。政府可以通过规划引导、政策激励、协调统筹、监督考核、宣传教育等手段，对田园综合体的可持续发展进行调控；通过投资、价格、税收等经济杠杆，规范田园综合体在生产、加工、服务领域的经营行为，将乡村振兴的"五位一体"发展理念贯穿到田园综合体的发展规划过程中。积极树立田园综合体典型示范企业，表彰那些在资源综合利用、土地集约利用、材料节约和科技创新等方面做出显著贡献的单位或个人，通过建立各种优惠政策和激励机制等方法，积极引导和带动更多企业加入田园综合体建设。

（2）信息传导机制。通过广播电视、报纸杂志、互联网等媒体对田园综合体这种经营模式进行广泛宣传，加强园区内乡村振兴知识普及，树立新时代消费理念和生产理念；通过宣传帮助田园综合体生产经营主体树立共同发展意识，主动节约资源，开展生产协作，保护环境。

（3）技术支撑机制。技术创新是田园综合体稳定运营和可持续发展的基础。田园综合体规划建设建立在先进技术手段的基础之上，应从系统性整体发展和可持续发展的角度进行科学规划，积极探索，建立科学的技术标准、技术创新机制和技术创新鼓励制度，鼓励企业积极进行技术创新。政府还应加大对科学技术创新的投入和支持力度，积极引进、消化、吸收先进技术，有效解决田园综合体发展中遇到的技术问题。

（4）公众参与机制。公众的积极参与和有效监督是推进田园综合体健康发展的关键。充分发挥民间组织、社会团体、媒体、中介组织、居民的作用，积极鼓励公众参与到政府规划、方针、政策、措施的制定和实施中，牢固树立可持续发展、和谐发展、共同富裕的主流思想，建立监督检举和奖惩制度，积极鼓励公众参与到田园综合体的建设实践。

三、特色小镇发展机制

（一）特色小镇概念界定

特色小镇是具有明确产业定位、休闲旅游、现代制造和社区居住的综合性发展项目，包括两种不同的发展模式，一种是住房和城乡建设部主导的以建制镇为基本单元的特色小镇，另外一种是发改委主导的以"浙江模式"为主要特征的特色小镇。特色小镇强调突出特色，依据资源优势确定培育对象，防止千镇一面，创新发展理念和改革小镇的体制机制，激发内生动力，实现经济转型升级，不断提高建设水平和发展质量，推进新型城镇化和新农村建设。特色小镇的产业要凸显"特而强"（特色产业＋旅游产业），功能要体现"聚而合"（产业功能＋文化功能＋旅游功能＋社区功能），形态要求"小而美"（独特的小镇风貌＋错落的空间结构），机制要"新而活"（以政府为引导、以企业为主体的市场化开发运营机制），可以有效对接创新性供给与个性化需求，是大众创业、万众创新的"双创"发展平台，新型城镇化发展的有效载体。

（二）特色小镇的发展机制构建

1. 内部拉动机制

特色小镇的内部拉动机制包括治理机制、特色传承与保护机制和学习创新机制。

（1）治理机制。加强特色小镇治理能力，完善治理机制是特色小镇建设的重点内容。通过加强特色小镇在基层政治、经济、文化、社会、生态等各领域的综合治理，使特色小镇的综合景观得到有效提升，为特色小镇的建成与发展奠定基础。譬如，安徽省宏村依托自然人文景观特色，村党组织领导有力，村民自治依法规范，法治理念深入人心，文化道德形成新风，建成了堪称"中国一绝"的人工水系村落，被誉为"中国画里的乡村"，入选第一批国家级特色小镇。

（2）特色传承与保护机制。特色小镇重点在于其特色，只有充分挖掘和继承特色、保护特色，并进一步发展特色，才能使小镇发展更具吸引力和竞争力。特色小镇的建设要因地制宜，从当地发展现状出发，在发展机制与保护机制上应注重总结借鉴国外特色小镇建设中的经验和教训。国外特色小镇建设起步早，注重产业型和金融型小镇建设，大力发展科学技术，将研究成果及时应用到特色建设中，提高生产力。同时，为特色小镇建设提供良好的政策环境，加大政策扶持，完善基础设施和配套设施建设。国外特色小镇建设普遍遵循了尊重自然、顺应自然的思想，注重生态保护和文化传承，深挖文化资源，突出文化特色，提高文化软实力，打造宜居、宜业、宜游的美丽小镇。

（3）学习创新机制。特色小镇建设既要通过继承传统文化保持特色，又要通过不断创新谋求发展。继承是对原有特色的认可和保护，创新是紧跟时代发展需求做出的改变。要将继承乡村特色与先进技术和现代化发展理念充分融合，使得特色小镇的特色更加突出、更加鲜明、更可持续等。为此，应建立一套完善的学习创新机制，积极参加乡村建设交流会和技术研讨会，通过交流和学习增进协作，积极进行技术革新和管理模式创新，不断适应市场需要，保持特色小镇的长久吸引力。

2. 外部推动机制

特色小镇的外部推动机制包括政府导向机制、监督约束机制、信息传导机制和公众参与机制。

（1）政府导向机制。政府的引导和支持对特色小镇的建立和发展起着至关重要的作用。政府可以通过规划引导、政策激励、协调统筹、监督考核、宣传教育等手段，对小镇的可持续发展进行调控；通过投资、价格、税收等经济杠杆，规范小镇在生产、加工、服务、消费领域的行为，将乡村振兴的"五位一体"发展理念贯穿到特色小镇发展规划的全过程中。

（2）监督约束机制。特色小镇不是自给自足的封闭式经营方式，也不是在乡村发展的过程中自然、自发产生的，是在特定条件下，随着周边大都市的发展而协同演变的。欧美发达国家是以小镇为单元的国度，在其城乡发展过程中，政府有意识地引领特色小镇与周边地区统筹发展，在政策支持和相关企业的共同推动下，慢慢地向小城镇发展，并通过适当的约束机制，避免了小城镇漫无目的的肆意扩张。建立健全监督约束机制，一方面是保证了特色小镇建设过程中各项法规和政策的有效执行，另一方面也是为了有效监督特色小镇建设中盲目和不科学的建设发展行为。

（3）信息传导机制。通过广播电视、报纸杂志、互联网等媒体对特色小镇的发展概况进行宣传，加强特色小镇建设中乡村振兴知识的普及，树立绿色发展理念和生产理念；加强宣传小镇历史、人文、景观等方面的信息，通过宣传提高小镇知名度，让更多的人认识到特色小镇的内在美和外在美。

（4）公众参与机制。公众的积极参与和有效监督是推动特色小镇健康发展的关键。要使资源节约和环境保护成为社会公众的共识思想，充分发挥民间组织、社会团体、媒体、中介组织、居民的作用，积极鼓励公众参与政府规划、方针、政策、措施的制定和实施。建立完善的监督检举和奖惩制度，鼓励公众积极参与特色小镇建设，参与监督乡村振兴发展的实践。乡村振兴发展的宗旨是向公众提供更加优质的服务，提高乡村居民收入，带领乡村居民实现共同富裕，因此，特色小镇发展规划及政策制定要充分听取公众的诉求和意愿，只有符合公众需求的特色小镇才会更具活力和发展潜力。

四、家庭农场发展机制

（一）家庭农场的概念内涵

家庭农场是一类新型农业企业，它以职业农民为主体，结合技术、信息、农业机械、金融和现代管理等现代生产要素，实现专业化生产、社会化协作和规模化经营（王勇，2014）。家庭农场以追求效益最大化为目标，以家庭成员为主要劳动力，使农业由保障功能向盈利功能转变，带动农民就业，克服了自给自足的小农经济弊端，能够有效地提高农民收入，缩小城乡贫富差距。

（二）家庭农场的发展机制构建

1. 内部拉动机制

家庭农场的内部拉动机制主要包括利益驱动机制和市场需求机制。利益驱动机制是来自内部，市场需求机制是来自于外部。

（1）利益驱动机制。家庭农场既实现了农业生产机械化，又保持了小规模经营的低生产成本优势，有利于提高农业生产效益。然而，由于农业生产自身的特点、市场的不确定性、农民素质偏低及合同不规范等原因，农业规模化经营面临较大的自然风险、市场风险、信用风险和技术风险。为此，政府可以鼓励有条件的地方率先建立家庭农场注册登记制度，明确家庭农场认定标准、登记办法，制定专门的财政、税收、用地、金融、保险等扶持政策，防范经营风险，实现利润最大化。同时加大对家庭农场的培育投入，提高农业整体集约化经营水平，吸引更多家庭农场的兴建。

（2）市场需求机制。随着工业化、城镇化的快速发展和城乡一体化进程的加快，越来越多的农村剩余劳动力选择外出创业或到城市工作，而另一部分留守乡村的农民将成为专门从事农业规模化生产经营的专业农民。专业化农民根据市场需求进行农业生产，优化和改善了农村的生产经营环境和资源配置，促进了家庭农场的发展。

2. 外部推动机制

家庭农场的外部推动机制主要包括政府导向机制、监督约束机制、技术支撑机制和公众参与机制。

（1）政府导向机制。政府的科学引导对家庭农场的建立和发展起着至关重要的作用。政府可以通过规划引导、政策激励、协调统筹、监督考核、宣传教育等手段，对家庭农场的发展方向进行把控，通过投资、价格、税收等经济杠杆，规范家庭农场的行为，将可持续发展、绿色发展的理念贯穿到家庭农场的规划建设中。我国 1982 年发出第一份关于"三农"问题的文件——《全国农村工作会议纪要》，1984 年强调要继续稳定和完善联产承包责任制，2008 年《关于切实加强农业基础建设，进一步促进农业发展农民增收的若干意见》明确提出，凡是有条件的地方都可以发展家庭农场，构建强化农业基础的长效机制，2013 年《关于加快发展现代农业　进一步增强农村发展活力的若干意见》鼓励和支持土地经营主体流转，完善了家庭农场发展的土地制度。中央及各级政府对家庭农场建设的高度重视，为我国农业经营转变、和谐发展、共同繁荣提供了制度保障。

（2）监督约束机制。建立健全监督约束机制是保证乡村振兴各项法规和政策得到执行的重要手段。严格有效的监督和约束机制是企业积极参与乡村振兴发展的"推动器"。家庭农场亟须建立一套科学的监督和约束机制，帮助家庭农场经营者树立可持续发展观念和意识，引导家庭农场绿色生产，确保乡村振兴发展的有序推进。同时，应对未能按照乡村振兴发展规划开展家庭农场活动的经营主体给予指导、帮助和惩罚，以规范家庭农场的发展模式和方向。

（3）技术支撑机制。技术创新是家庭农场高效运营和可持续发展的基础。建设家庭农场需要以先进的科学技术、管理技术为支撑，应从可持续发展视角探索家庭农场发展的长效机制，建立系列技术标准、技术创新规范和创新鼓励制度，加大对科学技术创新的投入和支持力度，并重视从国内外引进支持家庭农场发展的生态技术和循环发展技术，有效解决现代化家庭农场发展中遇到的技术难题。

（4）公众参与机制。公众的积极参与和有效监督是推进家庭农场健康发展的关键。要使资源节约和环境保护成为社会公众的共识意识，充分发挥民间组织、社会团体、媒体、中介组织、居民的作用，积极鼓励公众参与政府规划、方针、政策、措施的制定和实施。建立健全监督检举和奖惩制度，鼓励公众积极参与家庭农场建设。

第四节　微观层面乡村振兴的发展机制

乡村振兴在微观层面指的是参与乡村振兴发展实践的微观主体，主要包括政府、企业、农民和社会公众。政府既是乡村振兴发展制度的供给者，也是乡村振兴实践的主导者。企业主要包括涉农龙头企业和农村合作组织，与农民主体共同组成乡村振兴微观层面机制分析的主要研究对象。社会公众主要指消费者，社会公众参与是现代国家治理中非常重要的一种方式，也是微观治理的重要研究对象。在乡村振兴发展过程中，公众有权通过一定的程序或途径参与乡村振兴有关的活动，并享受乡村振兴带来的实惠。从根本上说，社会经济系统的宏观运行及其外在表现决定于微观层面上的人类行为及其相互作用。因此，探讨微观主体在乡村振兴发展实践中扮演的角色及相互作用的机理，对于宏观层面的政策制定具有重要的现实意义。

一、宏观调控机制

市场失灵及外部性是导致资源浪费、生态破坏、乡村发展停滞的重要原因，也彰显了政府在乡村振兴发展中宏观调控主导者角色的重要性。政府在推进乡村振兴发展中始终扮演着引导者和调控者的角色，即以制定奖惩制度、环境政策为主，辅之以必要的行政干预手段，引导乡村振兴发展的方向。在乡村振兴实施过程中，一方面，要充分发挥市场在农业资源配置中的作用，提高农业资源利用效率、开创农业现代化建设新局面；另一方面，要更好地发挥政府作用，统筹调动各方力量，充分激发市场潜力、活力。乡村振兴战略的实施关乎国家经济发展和社会稳定，要厘清农业资源市场化配置与政府宏观调控的合理边界，加强政府的市场监管，维护市场秩序，落实主体责任，弥补市场失灵短板，更好地发挥政府的科学宏观调控职能。

（一）政府调控行为与市场运行机制

公平与效率在一定程度上是相互矛盾的，如何在公平与效率之间找准平衡点，是推动经济社会可持续发展的关键。传统经济学将生态环境视为一种非短缺要素，认为它是经济系统的外部条件，经济发展不受其限制与约束，这导致了人们在追求其他要素使用效率的同时忽视了生态环境的有效性。随着工业化进程的加快和资源消耗的增长，环境质量日益成为人们追求经济效益的瓶颈，乡村经济、社会、生态环境全面发展越来越受到全社会的关注。乡村振兴作为一种先进的乡村发展模式，其发展过程同样分为萌芽、成长、成熟及变革四个阶段，不同阶段的发展规律及受到的制约条件各不相同，处于不同发展阶段的不同地区在乡村振兴实践中所采取的扶持和管制政策也不尽相同。市场失灵决定了乡村振兴发展需要政府的调控干预和政策推动，而政府失灵现象的存在又要求政府在乡村振兴发展的不同阶段遵循乡村振兴发展的客观规律，保障市场机制作用的有效发挥，通过建立与乡村振兴发展相适应的法律、监督和市场机制，规范政府行为，纠正政府调控中的错位、缺位或越位现象，建立起一种能促进和改善对方的适度选择机制。

目前，我国农村发展正处于重要的转型时期，微观领域仍存在市场失灵现象。市场不能有效地配置资源，乡村发展中的环境污染和资源短缺问题就难以从根本上得到解决。我国乡村建设离不开政府的间接调控，包括通过经济手段和法律手段，辅之以必要的行政手段对市场进行宏观调控，引导和影响乡村主体的生产、生活行为。在乡村振兴发展过程中，政府干预调控是为了使市场机制更具包容性，能够更加充分地激活乡村发展的潜力和活力。正是由于市场经济自身的自发性、盲目性和滞后性等导致的市场失灵问题的出现，决定了政府干预的必然性和必要性。政府调控的目的是建立更加完善的市场体系，即建立一个市场与法律相结合的乡村振兴发展制度安排，根据市场的调控需要及时调整政策目标、调控方式和治理的具体对象，最终实现由"政府引导型"到"政府服务型"的转变。

（二）政府调控路径优化

市场决定资源配置是市场经济的一般规律。用好市场这只"看不见的手"，能促进城乡各类生产要素的有效配置，激活乡村发展的内生动力。为此，一方面，应以市场需求为导向，创新体制机制，强化乡村振兴制度性供给，通过政府调控吸收社会资本，引导信息技术服务"三农"，推动农业规范化、标准化、产业化发展，促进农村繁荣、农业提质和农民增收，进而提升农业综合效益和竞争力。另一方面，应根据市场供需变化，深入研判市场供给侧和需求侧的最新态势，大力推进农业供给侧结构性改革，推进种植业、养殖业、服务业结构调整，将结构调优、调高、调精，更好地适应市场发展需求。应充分发挥社会主义市场经济制度的优越性，遵循市场经济规律，激活城乡发展要素，充分挖掘农村市场，使政府和市场"两只手"形成合力，共同推进乡村振兴战略的实施。

金融是实体经济的命脉，是服务于乡村振兴的重要力量。乡村振兴离不开产业发展、新型经营主体的培育、农村人居环境和乡村基础设施建设,这些都需要大量的资本和资金投入。推进乡村振兴,就必须坚持金融服务与农村改革相结合、金融服务与农业投资相结合、金融服务与金融创新相结合的举措,完善专项资金支持机制,按照一定资金使用标准和筹资方案,建立乡村振兴专项资金使用制度,对乡村振兴的重点领域、重点区域进行专项支持;完善经济调控手段支持机制。对乡村振兴项目的投资给予税收优惠,运用灵活的、倾斜性的税收政策,吸引市场资本进入乡村振兴领域;鼓励财政资金与金融资本合作,按照市场化原则,采取担保、贴息、奖补、风险补偿、设立基金等多种方式,形成投资风险利益共同体,进一步增强金融服务乡村振兴、投资农业农村的能力;引导互联网、大数据技术等新技术应用,创新信用贷款和农业保险新模式,通过金融服务让小农户更好地融入大社会、大市场。

二、基层创新机制

乡村振兴是一系列创新型生产方式的集合,基层组织是开展创新活动的行为主体,乡村振兴的深入推进必然离不开基层组织这一主要角色。以基层组织为微观基础和主线探索乡村振兴演化规律,有助于深化乡村振兴发展的理论研究,更好地指导乡村振兴发展实践。

(一)明确村民权力主体地位,创新基层利益保障机制

首先,村民委员会要担当起为村民服务的重任,以村民利益诉求为导向,组织就业培训机构,切实提高村民的专业技能和个人素质,发展壮大集体经济,考虑长远利益。对于留在村庄从事乡村建设的村民,村民委员会应分类指导,结对帮扶;对于外出工作的村民,村民委员会也要做好善后工作。其次,村民委员会应从根本上解决被征地农民的出路问题,规范土地流转收益分配,切实保障农民权益,维护社会稳定。村级组织应时刻关注民生问题,以乡村居民的生产、生活水平提高为己任,才能保证村民委员会的执行力。为此,在乡村组织振兴过程中,村民委员会要根据村庄发展的现实需要加强指导工作,坚持为农民服务的正确方向,致力于保护村庄、村民的长远经济利益,推行问责制,形成相应的评价体系。此外,还要不断提高村干部和村民素质,完善农村基层自治制度,提升治理水平,维护村民委员会的公信力和执行力。

(二)塑造农村基层公民文化,创新意识培育机制

农村基层自治组织在党和政府的领导下开展自治活动,直接反映农民利益需求,在社会主义农村建设中发挥着越来越重要的作用,乡村治理是

实现乡村振兴发展战略的基石，其中的乡村文化在乡村治理中发挥着基础性的作用。首先，在社会主义核心价值观的引领下，乡村公民文化有利于农村基层自治环境的稳定成长，使村民在自治过程中更加理性、有度，进而形成一定的公共秩序和良好的风俗习惯，为村民自治创造稳定的成长环境。其次，有利于村民享有更多更切实的民主权利，使农村基层自治越来越符合乡村发展的现实需求。乡村公民文化可以增强乡村居民对农村基层自治的认识，有助于化解农村社会矛盾，提高政府管理水平和农民素质。最后，乡村公民文化有利于约束村级干部的政治行为，自觉主动地为人民当家做主。村干部候选人以村民的公共利益和政治期望为中心，彰显了社会主义制度的本质，对村干部形成客观的约束作用。乡村公民文化还可以培养村民意识，使其认识到村民自治制度的政治权威性。

要塑造乡村基层自治文化，首先，应进一步完善农村基本经营制度，明确农民集体土地所有权的具体归属，培育乡村自治文化的物质基础；其次，要支持农村教育，加强思想道德建设，推进农村文明建设，复兴乡村教育，培育村民自治文化的知识保障；最后，要扩大主流社会主义意识形态的宣传，巩固农村思想文化阵地，践行社会主义核心价值观，确立社会主义政治意识形态，引领乡村公民文化的发展方向。要把新型农业经营主体的发展与新职业农民的培育结合起来，建立专业化农民的选拔机制、培训机制、识别机制和服务机制。

（三）加强农村基层组织建设，创新基层治理机制

基层群众自治是人民当家作主最有效、最广泛的途径，在国家治理体系中发挥着重要的基础性作用，为社会主义民主政治建设奠定了巩固的群众基础。实践证明，基层群众自治制度较好地解决了我国人民民主发展问题，使得亿万人民群众广泛参与的民主政治建设得以健康有序的发展，成为推动社会进步的巨大力量。农村基层组织是农村与上级政府之间沟通对话的桥梁，有效的乡村治理是实现农村农业现代化目标、落实新的发展思路、解放和发展农村生产力的保证。因此，必须建立健全完善的法治、德治和自治相结合的乡村治理体系，加强农村自主性，引导农民有序参与农村治理，不断提升农民自我管理和自我服务水平，着眼于预防和化解农村矛盾，用法治思维和法治方式解决农村发展与稳定过程中遇到的问题。

此外，还应不断创新乡村治理体制机制。首先，必须在党和国家的领导下完善农村治理体系，坚持正确的政治方向，为村民参与村务管理提供规范化渠道。其次，尊重人民的自治意愿，获得民众的信任。乡村是人类社会环境的基本细胞，是各种利益集团冲突的交汇点和场所。尤其在当前

经济社会的重要转型时期，各种矛盾不断涌现，如何协调各利益群体，构建平稳有效的基层群众利益诉求渠道，化解农村社会矛盾，维护群众利益，是维护基层社会稳定和推进"村庄善治"的关键。再次，村级权力监督要更加公开、规范、透明，优化监督要素配置，提升权力监督治理能力。最后，要培育具有现代治理精神的参与型农民，实现多元主体协同发展的系统化治理，让村民全面参与农村事务，有效发挥群众参与村务管理的积极性和创造性。

三、中介协调机制

"三农"问题是关系我国国计民生的根本性问题，实施乡村振兴战略，不仅需要政府的大力扶持，更需要农村居民和广大公众的积极参与。而有效协调三大主体关系，激活"三农"发展新动能，亟须中介组织发挥桥梁枢纽作用。中介组织是农村振兴发展的重要组成部分，发挥着信息传递和反馈的作用。健全的社会中介组织是克服乡村振兴发展障碍，促进乡村振兴法规贯彻落实的重要保障。

（一）乡村振兴拓展资源环境中介的发展空间

乡村振兴赋予了中介组织新的职能，拓展了资源环境中介的发展空间。具体来说，促进乡村振兴发展的中介组织包括咨询系统、社会服务系统、技术服务系统、信息系统以及培训和管理系统等。在农业现代化进程中，中介组织可以承接政府利润过低而不愿参与的公共服务项目和基础设施建设，以弥补这类公共产品供给不足的矛盾。当前我国乡村振兴发展进程中存在思想观念落后、信息不通畅、有效机制缺失、科技水平低及市场体系不健全等障碍。为此，中介组织现阶段的主要职责包括：（1）疏通农产品产销渠道，打破制约农村发展的瓶颈，扫除乡村振兴发展的障碍；（2）引导农村产业结构调整，培育环境市场；（3）传播农业科学技术，提供技术咨询服务，提高农业生产的科技含量；（4）补足政府缺失的服务功能，缓和农村社会与政府的矛盾，推动农村社会的发展；（5）组织农业合作生产，提供信息服务，保障信息和物流的畅通，走共同富裕之路。

（二）中介组织在乡村振兴发展中的协调机制

中介组织由于其独立性、客观性和技术性，在保障社会组织和企业的公平评价方面发挥着独特作用，是政府和企业无法替代的。中介组织可以为乡村群众提供农业政策、用工信息、决策咨询等中介服务，畅通农产品流通渠道；也可以承担部分来自政府的行政行为，特别是在政府职能转变后，中介组织可以承担诸如农村发展评估等监督管理的行政职能。积极发展农村各类中介与合作组织，培育完善的经济组织机构，引导农民在自愿的基础上，发展特色优势产业，发展新型合作组织和农民经纪人队伍，有利于促进农民增收，推动乡村振兴发展。

中介组织是自我管理、自我调节和自我监管的行业。自我调节是社会自治的一种重要形式，在调节市场行为和社会行为方面起着重要的作用。它不仅可以在一定程度上纠正"市场失灵"现象，而且可以作为政府监管和社会管理的补充，在坚持以农民为主体的乡村振兴战略下，持续推进社会主义新农村的建设目标，大力培育服务性、公益性、互助性农村社会组织，坚持农民主体地位，调动农民的积极性，满足农民个性化需求，切实保障农民的集体权益。为此，一方面，应尽快建立适合乡村发展的各类行业协会，完善协会规章制度，制定合理的奖惩措施；另一方面，政府主管部门可以委托行业协会制定行业准入标准，优化行业协会整体布局结构，规范农村经济行业监管方式，使人民群众享有更多更切实的权益。

四、公众参与机制

乡村治理是乡村振兴战略的重要内容，是国家治理体系和治理能力现代化的重要组成部分。2018 年，《关于实施乡村振兴战略的意见》中指出："乡村振兴，治理有效是基础。必须把夯实基层基础作为固本之策，建立健全党委领导、政府负责、社会协同、公众参与、法治保障的现代乡村社会治理体制，坚持自治、法治、德治相结合，确保乡村社会充满活力、和谐有序"。建立健全党组织领导下"三治"融合的现代乡村社会治理体制，必须充分调动公众参与社会治理的积极性。

（一）公众参与的意义

公众是乡村振兴发展的重要力量。公众作为乡村振兴的基本主体之一，享有全面参与乡村振兴的权利。同时，为了维护自身的合法权益，公众有权了解乡村振兴发展的政策法规，享有乡村建设的参与权、监督权和诉讼权。公众在行使自身合法权利的同时，也能够提高对乡村产业振兴、生态振兴、文明振兴、人才振兴和组织振兴的认识，进一步形成对乡村振兴发展理念的共识，更好地在乡村振兴发展过程中发挥自己的作用。由于公众参与体系的不健全，目前在公众参与乡村振兴过程中存在许多局限和不足，包括：（1）公众大多以政府主导的"自上而下"的形式参与，缺乏系统性和可持续性，而且参与程度和效果在很大程度上取决于主管部门的态度。因此，在不涉及根本利益的情况下，公众难以真正有效地监督政府决策和政策的有效执行。（2）公众参与乡村振兴的具体范围、程序、方法、期限及知情权和参与权的保障措施尚不完善。（3）参与过程主要着眼于末端，不利于及时有效地预防社会纠纷。（4）乡村振兴中公众的文化素养和法律意识普遍不高，参与意识不强、参与程度不高、参与效果不理想。

（二）公众参与机制

乡村振兴发展过程中的公众参与机制按照参与时机可以分为事前预案参与机制、事中过程参与机制和事后末端参与机制。

事前预案参与是指公众在乡村建设法律法规、政策、规划制定过程中和开发建设项目实施之前的参与行为，是一种高层次的参与。政府主要通过设立审议机构、健全听证会制度、展开民意调查等措施，使公众能够在法律法规、政策、计划等的制定过程中及重大建设行动开始之前发表自己的见解，并影响决策过程和决策结果。

事中过程参与是指公众在法律法规、政策、规划、计划及建设开发项目实施过程中的参与，是公众参与乡村振兴重要形式，是一种监督性的参与。在各项法律法规、政策、规划及建设项目、区域开发等重大决策的实施过程中，要随时听取公众意见、接受舆论监督。可采用投诉信箱、热线电话、新闻曝光等方式充分发挥公众的监督作用，并定期召开公开的信息发布会，一方面保证公众的知情权，另一方面使广大公众明白、理解、支持乡村振兴工作，让乡村建设的全过程符合人民群众的利益和意愿。

事后末端参与是公众参与乡村建设的重要保障，它与过程参与并无严格的区分，也属于一种监督性的参与，主要是从末端强化精细化管理，提升乡村发展质量。加强公众参与末端管理有助于避免乡村振兴发展中的监督死角，同时也是防范风险的一种重要途径。

政　策　篇

资源成本和环境代价等要素的引入，使乡村振兴发展突破了传统的经济发展模式，亟须政府通过政策手段予以支持和引导，通过法律法规予以规范和约束。本篇在上篇宏观系统、中观系统和微观系统乡村振兴发展机制研究的基础上，立足乡村振兴发展过程中的市场失灵和政府失灵现象，合理定位政府角色，全新认识政策功能，并从政府视角提出宏观系统、中观系统和微观系统层面推动乡村振兴发展的相关政策。其中，宏观系统主要涉及国家层面、区域层面和产业层面，中观系统包括产业园区、田园综合体、特色小镇和家庭农场，微观系统涵盖政府、企业、公众和中介组织等乡村振兴发展的参与主体。本篇以案例分析手段为主，具体研究政府主体开展乡村振兴发展的思路和政策设计。

第九章　乡村振兴发展政策的理论基础

发达国家在乡村发展的过程中，已经建立起较为完善的政策体系，各项政策在推进乡村发展方面起着至关重要的作用。本章在吸收国外发达国家乡村政策经验的基础上，全面阐释政府在推进乡村振兴发展中承担的角色及其在制定公共政策方面所起的作用，界定了乡村振兴发展政策的研究范畴，梳理了乡村振兴政策的历史演进、阶段性特点及政策效果，最后提出了乡村振兴发展政策研究的思路和框架。

第一节　乡村振兴政策的研究范畴

一、乡村振兴政策含义及特征

（一）乡村振兴政策的含义

乡村振兴政策涉及乡村社会发展的各个领域，是推进乡村政治、经济、社会、文化、生态全方位发展的重要保障。从政策制定的过程来说，可以分为制定、执行、评估及改善四个方面。从政策作用的范围来说，可以分为广义和狭义两大类。广义的乡村振兴政策是指组织机构为推动乡村繁荣而制定的与乡村发展相关的方针、策略、文件，广义政策的制定组织不仅包括国家权力机关、政党组织、政府机构，还包括企业、社会团体等。而狭义的乡村振兴政策是指国家和地方各级权力机关、政党组织、政府机构等为解决宏观系统、中观系统、微观系统乡村发展问题，促进经济发展和社会和谐而制定的法律法规、决策、对策、方案、意见、条例、计划、方针、指示纪要等，并以文件的形式进行颁布和宣传。学者们大多从狭义角度研究乡村振兴政策，本书也主要讨论狭义的乡村振兴政策。

（二）乡村振兴政策的特性

国家权力机关、政党组织、政府机构制定的乡村振兴政策具有强制性、层次性、公平性等特性。

1. 强制性

国家权力机关、政党组织、政府机构制定的乡村振兴政策以国家强制力为坚强后盾，具有较高的权威性，是在全国或某个区域强制执行的政策。这一方面要求政策对象严格遵守政策内容和要求，另一方面要求国家机关工作人员监督政策执行过程，依法惩处违反政策要求的组织和个人。

2. 层次性

按照政策的对象范围，可以将乡村振兴政策分为面向全国大众的国家政策，限于特定省市地区的地方政策和面向乡镇、农村的基层政策。而按照乡村振兴政策的内容结构可分为元政策、政策群、政策链和具体个别政策四个层次。元政策是制定乡村振兴所遵循的基础原则；政策群是指在较长时间内制定和实施的内容各异但理念同源、导向相近的政策集合体；政策链是指为解决乡村发展问题而先后制定的内容上具有一致性、形态和功能上具有差别的系列政策；具体个别政策是为解决特定乡村振兴问题而制定的政策。

3. 公平性

公平性是乡村振兴政策的根本特性。国家权力机关制定的乡村振兴政策以推动农村美、农业强、农民富为出发点和归宿点。乡村振兴政策的公平性要求政策制定者必须以乡村发展现实需求为出发点，以乡村社会全方位发展为目标导向，所制定的政策不能带有个人或团体的私人利益色彩和偏好。同时，要求政策执行者在执行政策的过程中按照政策要求执法，不越权，不滥用权力，不以权谋私。

4. 实践性

政策的制定要在科学理论指导的基础上，充分考虑其实用性。恩格斯晚年根据变化了的资本主义，明确提出："对每一个国家来说，能最快、最有把握地实现目标的策略，就是最好的策略"。政策的制定和实施是一个极为复杂的过程，政策的有效性和实用性主要体现在它们的研究、制定和执行上，在整个过程中不断得到重申，同时保持它们的稳定性、连续性和及时性。政策审查应根据其自身的优先事项，迅速适当地做出反应，发挥其激励或抑制作用。政策出台可采用多种表达形式，包括方案、措施和法规等，在实践中适用并易于普及，有助于将政策转化为具体行动。

5. 综合性

政策的制定和执行既受到基本原则的影响，也受到诸如主客观条件等复杂因素的影响，必须将政治、行政、社会、经济、管理、业务、预测、信息技术等学科专业知识和方法技术融合到专业政策的研究中。因此，政策科学是一个综合性的学科门类。同时，跨学科决策的科学化、民主化是政策科学的基础，政策制定的科学与否对政策的执行效果至关重要，只有进行综合研究，才能改善政策的科学性，才能使政策体系不断完善与发展。

6. 地缘文化性

政策是为了达到一定目标而制定的方案和措施。然而，政策的制定具有鲜明的文化特性，任何一个国家的政策体系都是由各领域、各层次的政策和文化构成的有机整体。譬如，根据不同的文化传统和思维模式，印度和中国制定的政策完全不同。我国的农村政策不仅包括政党和国家为农村地区制定的宏观经济政策，而且还包括农村地区的微观经济政策，其根本任务在于大力发展生产力。为了更好地推动我国经济社会发展，提高人民生活水平，我国的政策体系必须根植于中华民族的文化传统，中国的发展道路也不可能重复西方的模式路径，而应遵循中国特色的社会主义道路，提高自身政策的执行有效性。

二、乡村振兴政策的研究范畴

乡村政策是党和国家为了实现一定的政治、经济和社会目标，制定的面向农业、农村、农民发展的各种政策的总和。乡村政策既包括党和国家在农村的宏观政策，也包括一系列关于农业、农村、农民发展各个方面的专业化政策，包括经济政策、产业政策、环境政策、财政政策、土地政策、保险政策、金融政策、人才政策、社会政策等。

乡村发展程度较高的国家或地区已基本建立起乡村振兴的政策体系，这为我国制定相关政策提供了重要参考。近年来，随着我国乡村振兴实践的开展，学者们在我国乡村振兴政策领域取得了较为丰硕的研究成果，为进一步开展乡村政策研究奠定了理论基础。制定乡村振兴政策必须立足中国国情，面向产业振兴、人才振兴、文化振兴、生态振兴、组织振兴的全面振兴发展需求，以乡村振兴的产业兴旺、生态宜居、乡风文明、治理有效、生活富裕目标为导向，以目前颁布实施的相关政策为基础，从更高、更广、更深的角度提出有针对性的政策建议。基于此，本节从系统整体性角度出发，围绕国家、区域、产业三个层次研究宏观层面的乡村振兴政策，围绕农业产业联合体、特色小镇、田园综合体、家庭农场等典型乡村经济体发展模式，研究中观层面的乡村振兴政策，针对政府、农民及利益相关者、社会组织，研究微观层面的乡村振兴政策，力求从三个层面探索具有中国特色的乡村振兴政策体系。

第二节　政府角色与政策功能

市场失灵与政府失灵一直以来都是理论界争论和探讨的焦点问题。市场机制极大地促进了生产力的发展，提高了资源配置的效率。但市场并不是万能的，市场中存在的垄断和不完全竞争、外部性、信息不对称和不完全、公共物品和公共资源等导致市场失灵，无法有效地配置资源。而受政府体制、运行制度、工作人员素质等因素制约，政府活动也存在政策无效、工作低效、"寻租"等政府失灵的问题。在治理市场失灵和政府失灵时，采用市场化手段和政府干预方式各有利弊，必须将二者有机结合。我国在乡村振兴发展的过程中，同样存在市场失灵和政府失灵的问题。因此，必须坚持市场主导与政府引导的有机协同，明晰政府在乡村振兴发展中的角色定位，更好地发挥政府在乡村振兴发展中的重要作用。

一、乡村振兴发展中的"市场失灵"

（一）乡村发展运转不畅

当前，公众对乡村振兴的概念理解尚不清晰全面，乡村振兴可持续发展意识仍较薄弱，部分乡村的发展规划以分散的个人决策为基础，缺乏长远眼光，技术革新步伐缓慢。同时，乡村振兴发展参与主体的耦合程度较低，信息交互平台尚未完善，存在重复建设和资源浪费现象。从市场经济的短期收益来看，乡村振兴中的生态保护、环境治理等都可能降低短期经济收益，导致农民、乡村发展体及社会公众推动乡村振兴的动力不足，乡村振兴举步维艰。

（二）"信息不对称"引致的"信息怪圈"重重设阻

在乡村振兴战略实施过程中，政府、农民、公众之间不同程度地存在着"信息不对称"现象，由此导致"信息怪圈"的出现。政府与农民之间，虽然政府出台了不少规制性政策，但农民并不了解政府制定这些政策的意图，也往往不能充分利用相关政策，不能很好地发挥政策效用，一定程度上限制了农村经济的发展。农民与公众之间，公众缺乏对乡村特色的了解，难以充分体现特色生态农副产品的文化价值和生态价值，阻碍了乡村优势特色产品、绿色产品、生态产品市场的发展壮大。政府与公众之间，政府的乡村振兴理念不能被公众深入理解，公众对政府实施的乡村振兴战略重视程度不够，难以认识到自身在乡村振兴发展中的责任和义务。

（三）"乡村振兴热"偏离正常运行轨道

第一，从区域经济发展层面来看，在"乡村振兴热"影响下，部分地方政府出现盲目跟风的现象。譬如，一旦出台乡村振兴发展有关的激励政策或有补贴项目招标，某些地方政府不考虑当地资源环境特点和产业发展特色，一窝蜂涌上，造成资源、资金的浪费。第二，从技术和装备层面来看，乡村振兴发展的配套技术仍然比较落后，技术推广程序不科学、不规范，某些投机主义者以乡村振兴发展为借口，骗取国家政策和资金支持，导致乡村振兴发展中鱼龙混杂，严重干扰了乡村振兴政策体系的正常运转。

二、乡村振兴发展中的"政府失灵"

（一）政府调控缺位

第一，引领和支撑乡村振兴战略实施的相关政策、法规运作机制不够完善。虽然近年来我国为推动美丽乡村建设、乡村振兴发展制定了大量的法律法规，但法律法规的实施需要花费较长的时间和较大的精力，部分法律法规的应用范围和实际效果需要不断的实践才能确定和检验。法律体系和监督保障机制，包括权力机关、行政机关和司法机关的监督和保障机制还不够完备，仍需不断强化乡村振兴中的法律监督意识，不断提高监管效率。第二，规范乡村振兴主体行为的行政执法协调运转机制尚不健全。目前，我国农业农村部门对企业破坏乡村环境和浪费乡村资源的行为缺乏有效的监管措施和处罚手段，宏观调控部门管理乡村振兴基础设施建设的力度仍需加大，国家经济部门缺乏对乡村建设主体进行管理的科学管理体系，统计部门设置的乡村振兴发展统计指标体系还需进一步完善，科技部门还应加快制定科研成果转化为现实生产力的激励措施等。

（二）政府调控失灵

首先，政府宏观调控体系缺乏系统性，调控过程中难免出现"片面化""碎片化"等问题。乡村振兴战略实施过程中，由于缺少相关政策的精准细化，不能保证与金融政策、产业政策等的协调配合及配套措施的完整性，导致一些地方政府从自身利益和地方压力出发，"有选择"地追求对自身有利的政策目标（彭华安，2020），这种不良政绩观严重妨碍了相关政策的执行。同时，重发展、轻保护的执政观念依然多见，目前宏观经济核算体系和政府绩效考核对生态环境保护、自然资源节约等指标缺乏重视，以致部分政府工作人员为了追求眼前的经济效益和政绩而不惜破坏自然资源和生态环境，掠夺式的资源开发情况仍然时有发生。其次，投融资体制改革过程存在问题。有些地区虽有心积极参与乡村振兴发展项目，但地方政府财力不足，对项目资金的支持力度有限，造成项目落地困难的局面，无法按要求完善基础设施建设。同时，资金短缺造成乡村振兴主体激励机制缺乏，科技创新主体参与农业科技创新积极性不高，农民以及各类经济组织仍然采用粗放的发展方式，一定程度上阻碍了乡村经济的可持续发展。最后，政策对稀缺资源的调控能力失去效用。长期以来，生态资源价值实现机制的缺乏导致资源滥用、掠夺式开发的行为时有发生，自然资源的稀缺性对经济发展的制约效应日益显现（庄立等，2011），亟须完善农村生态资源的生态服务价值评估机制，有效提高资源利用效率。

（三）政府调控"雷声大、雨点小"

第一，涉农资金的大量投入增加了乡村振兴龙头企业的负担，政府面子工程的工作作风导致企业可持续发展积极性不高。一些企业在乡村建设中具有很深的影响、号召力，被称为"乡村振兴的龙头企业"。企业加大涉农资金的投入，相应地会增加企业生产成本。政府往往在这类典型示范工程的创建初期，投入较大的人力物力支持，却忽略项目实施中期的观察、监督工作和实施后期项目成果的评估工作，缺乏高水平的技术支持和足够的资金投入，导致企业推进乡村振兴的热情日渐消退。政府希望龙头企业发挥模范引领作用，却不能适时调整相关的政策、措施，很容易造成示范项目偏离预期目标。第二，缺乏有效的资金支持，新型农村经济组织面临先天不足、后天发育不良的困境。有些新型乡村经济组织由于自身的经济基础薄弱、先天资源优势不足，难以获取源源不断的创新活力和创新动力，而政府往往忽视了这类乡村经济组织的后期发展运作，缺乏完善的服务支持机构，没有打造完整的资金链条，难以保证资金的使用效率和效益（王忠森，2009），不能及时引导企业、农民之间的共赢意识，造成一些项目在通过审批后，由于诸多原因不能有效地实施完成，项目就此搁置或半途而废，进一步挫伤了参与主体的积极性。

（四）政府权力寻租

首先，政府失灵导致我国自然资源价格被严重低估。目前，我国政府工作人员在资源配置方面仍有较大的自主权，在自然资源的价值评估中存在肆意控制和干预的现象。以土地价格为例，长期以来，我国对土地价格实行政府指导价，而地方政府的首要目标往往是促进区域经济增长（林存友，2008），政府屡屡滥用职权，以低廉的价格出让土地资源，土地资源价格被扭曲，造成严重的恶性工业用地价格战，以致企业粗放利用土地的行为时有发生（刘笑团，2007）。其次，政府部门管理机制存在漏洞，引致腐败寻租行为不断。相关职能部门监管不力，监管责任存在不到位、缺位现象是寻租行为产生的根本原因。近几年来，随着法制建设的加强，我国对行政执法的内部监督不断完善，但权力寻租空间仍在扩大，官商勾结现象依然存在。

三、政府的角色定位

在乡村振兴战略实施过程中，政府扮演着弥补市场缺陷、稳定宏观秩序、提供政策支持和法律保障的角色。因此，必须强化政府宏观调控的职能。

（一）调控人

调控人负责在宏观层面对乡村振兴战略的实施进行调节和控制。一方面，政府可以通过经济政策、行政手段等加大对农业的调控力度，以提高资源配置效率；另一方面，政府在信息收集、组织等方面具有得天独厚的优势，利用这种优势，可以更好地制定乡村振兴产业发展规划和相关政策，突出乡村振兴的发展重点，引导农民主体的经济行为，以促进乡村振兴全方位发展。

（二）公益人

公益人负责实现并维护公共目标。在乡村振兴战略实施过程中，政府作为公益人主要承担以下职责：其一，建立归属清晰、权责明确、保护严格、流转顺畅的产权制度，健全生态保护补偿机制，提供乡村建设所需的公共物品。其二，制定法律法规，维护公平的市场秩序，防范垄断行为，保证各农户在市场上平等竞争的机会，坚持社会整体效益最优原则，维护社会公共利益。

（三）管制人

管制人负责对乡村基础经济组织（农业发展体或家庭农场等）的活动施加一定的限制和约束，主要从经济和社会两个方面，防止自然垄断、环境污染和自然资源的掠夺性开采等（郭小聪，2011）。政府应牢固树立公共管理意识，促进农村公共事业的优化管理，担负起制定乡村振兴战略实施制度与规则的历史使命，认真履行监督乡村振兴主体行为的职责。

（四）仲裁人

仲裁人的职责是负责协调、处理经济主体之间的利益冲突。乡村振兴发展过程中，各类经济主体为了追求自身利益，不可避免地会发生冲突。

政府应建立利益保护和冲突管理机制，完善利益诉求表达机制（曲福玲等，2013），加强沟通交流，使得真正为乡村振兴发展做出贡献的主体受益，对违反乡村振兴相关法律政策的主体加以惩罚，维护乡村振兴市场机制的正常运转。

（五）守夜人

守夜人负责防止和打击乡村振兴各领域的违法犯罪行为，维护乡村社会经济生活的正常秩序。政府应对肆意破坏农村生态环境和管理秩序，扰乱农民生产生活的行为严厉处罚，包括严格限制污染密集型产业准入、严惩滥用自然资源的行为等。

四、政策的功能解析

（一）引导功能

政府在乡村振兴发展中的引导作用主要体现在制定乡村振兴实施规划方案和相关法律法规、设立相关职能部门、完善相应的基础设施、引导乡村文化建设等多个方面（张静和沙洋，2018）。具体包括：（1）完善对家庭农场、农民合作社等经营主体的扶持政策，鼓励农民积极参与；（2）引导乡村振兴产业集聚，发展农业产业联合体，构建更高效率、更有效益的现代农业产业体系，推动农业产业集群发展，推动乡村振兴产业发展；（3）强化乡村振兴发展理念，扩大农业对外开放，凝聚各方力量，推动乡村振兴发展进程。

（二）规范功能

政府应在宏观、中观和微观各个层面上规范乡村振兴战略发展的具体实施。通过建立法律法规对符合规范的行为予以肯定，提高行为主体的积极性，对违反规范的做法给予惩罚或批评，保障乡村振兴发展的正确方向。同时，政府可以通过综合运用财政、土地、金融、税收等政策手段，以及构建乡村振兴战略实施的评价指标体系、技术标准等，规范各级职能部门、企业、村民和公众等各群体在乡村振兴战略实施过程中的行为。

（三）协调功能

实施乡村振兴战略，应坚持党管农村工作，坚持农业农村优先发展，坚持农民主体地位，坚持乡村全面振兴，坚持城乡融合发展，坚持人与自然和谐共生，坚持因地制宜、循序渐进，遵循价值规律，因此，政府必须有效发挥对乡村系统内外乡村振兴活动的协调功能，按照乡村振兴发展战略的总体目标与三个阶段目标，从乡村全方位、全领域、全系统振兴发展目标出发，制定实施乡村振兴发展的相关政策，发挥政府优势，集中人力、物力与财力，创新和完善政府的宏观调控功能，推动农业农村全面协调发展。

（四）激励功能

企业资本是推动乡村振兴的重要力量。由于资源的外部性及企业生产活动的环境负外部性，仅依靠市场机制，通常难以激励企业自觉主动地参与乡村振兴建设（项晓娟，2009）。因此，政府必须加强引导，通过推进财政涉农资金的统筹整合，补贴有关农业产业的项目，加大对企业资本投资农业项目的支持力度等政策手段，有效发挥激励功能，调动企业资本投资的积极性。此外，政府可以通过调节税收来调整资源税率，提高资源浪费、环境破坏等违法违规行为的成本。还可通过收取生态补偿费、产品费等手段，对破坏生态环境的行为予以处罚，以增强对生态环境保护的调控力度，激励企业树立乡村振兴发展的全局思想。

（五）服务功能

40 年来，我国服务型政府建设在改革开放中深入推进，政府治理不断创新，取得了突出成效，有力地推进了我国经济、社会的发展（刘影，2019）。在当前国家大力实施的乡村振兴战略中，完善农村社会福利体系和健全农村社会保障制度是政府推动乡村振兴发展的重要抓手。为广大乡村居民提供政务服务和公共服务，维护乡村社会稳定，着力提高乡村信息化水平，为建设现代化农业提供保障，为乡村振兴战略实施的高效运作服务，为乡村振兴的总体规划服务，都是服务型政府的主要职能。

第三节　乡村发展政策演进及特点

一、国外乡村发展的政策研究

每个国家乡村发展都面临不同的矛盾和问题，针对这些问题出台了形形色色的政策，形成了不同的乡村发展模式。政策的制定通常是在一定的背景下制定的，紧密结合当地乡村发展的情景，面向乡村发展规划或解决具体问题。

（一）英国乡村发展政策

18 世纪至 19 世纪，英国是欧洲农业最发达的国家，英国的乡村发展政策研究（Moseley，2003；Woods，2005，2008）在国际上也处于领先地位。农业革命是英国乡村发展的重要影响因素，是实现城乡整体发展的关键，也是英国农业现代化的基础和前提。英国乡村发展政策的演变主要分为三个阶段，其特点也体现在三个方面：

（1）政府制定政策由"自上而下"转向"自下而上"。20世纪40年代至50年代，英国农业发展停滞不前，出现农业现代化程度低、市场不稳定、价格不合理、农民收入不稳定、就业机会缺乏、乡村基础设施匮乏以及乡村环境遭到破坏等问题。对此，英国政府成立了一个特别调查委员会，调查问题的原因，并提出发展促进计划，于1947年颁布了第一部关于农业发展的法案，"自上而下"地制定了一整套乡村发展战略。然而，一直到20世纪70年代，英国"自上而下"的发展战略未能确保农业发展的稳定性，且没有达到实现农村经济稳定增长，提高农民收入的预期目标。随着全球竞争的愈演愈烈，农业农村发展面临重大机遇和挑战，此时的英国农村发展策略已经过时。20世纪80年代至90年代，英国乡村发展政策的制定转向"自下而上"，即从实际出发，强调市场稳定，重视乡村经济稳定增长，提高农民收入和生活水平，取得了实效（于立和那鲲鹏，2011）。

（2）注重乡村发展计划的长远性和可持续性。以英国为代表的发达国家在制定乡村发展战略时，为拓展农民的收入渠道，提高农村经济的发展水平，通常会把发展有利于保持农村经济活力的非农产业作为农村建设发展的重要抓手。为此，英国成立了专门的非农产业管理机构，全面统筹涉农政策，维护农民利益，为英国乡村发展赋予了更大的发展空间。

（3）重视运用法律和市场手段提高政策执行的控制力和效率。英国关于乡村发展方面制定的法案起源早，数量多，范围广（Rogers et al.，1985）。为保证农村发展政策的效力和效率，英国非常重视在农村建设和发展中使用市场和法律手段。例如1932年颁布的《城乡规划法》、1947年的《农业法》，以及1965年的政府白皮书等。在市场运用方面，英国制定了一系列符合市场规律的政策，优化市场资源配置，确保农村地区快速发展。

（二）美国乡村发展政策

美国乡村发展政策是配合市场导向的大农场倾斜型。美国独立战争后，农村发展进入了规模竞争时代，农场规模经济凸显，颁布了庞大的农业政策。1862年颁布的《住宅用地法》标志着美国农业用地私有化的开始，并由此产生了家庭农场。自第一次世界大战结束到1950年约30年间，美国的农村规模持续上升。对应在这个时期，美国通过了《农业调整法》等法律，限制农业补贴，扩大农业信贷。为解决当时的农业生产过剩问题，美国通过工业化、城市化和推广农业技术，对现有农场进行整顿，降低农场数量，增强农场质量，从而提高劳动生产率。同时，按照农场拥有的土地数量和产品数量来分配农业补贴，使农场主得到相应的资金支持，使其更快更好的发展（熊红芳和邓小红，2004）。正是由于美国市场经济中的自由竞争环境和支持大农场的农业政策，导致农场数量和规模发生了较大的变化。1950 年后，美国的农场数量缓慢减少并于 1970 年以后保持长期稳定。而这个时期政策的重点是加强区域合作，提高农业补贴，以及改善农村基础设施和公共服务，提高农业竞争力。

（三）日本乡村发展政策

日本乡村发展政策是以市町村合并为主体的农地制度改革与农协扶持型。1920 年以前，日本奉行以农哺工的政策，农村为工业化、城镇化的发展提供了大量的剩余劳动力和土地，第一次进行市町村合并。随着工业化和城市化的快速发展，对土地的需求不断增加，城乡矛盾也日益突出，日本开始关注乡村振兴问题。1938 年，日本在农业领域进行了自上而下的土地制度改革，通过了《农业调整法》，从根本上改变土地所有制为现代资本主义土地私有制，开始打击寄生地主、战时土地政策，扶植自耕农和保护佃农，建立农村社会保障制度。

从 1920 年到 1950 年，日本是分散的超小规模自耕农为主体的经营模式，农户大都是小规模经营，无组织化、社会化服务，机械化水平低，但是农户数量呈稳定上升趋势。从 1950 年到 1977 年，日本进入经济快速增长期，后工业化和城市化快速发展，日本市町村的数量在"昭和大合并"后急剧减少，而同一时期中小规模的城市数量却在迅速上升。日本在进行市町村合并的同时扩大了农户的经营规模，健全了农村社会保障制度，始终考虑农民利益，这为"以工哺农"提供了条件。

日本之所以要进行市町村合并是为了提升日本农村的城市化水平，改善城乡矛盾，缩小城乡差距，实现城乡协同发展。为了统筹各方发展，日本对农地管理制度、使用制度也进行了改革。首先，通过农业基础法，拓宽农民增收渠道，统筹各方需求，改善乡村环境，在财政上倾斜农村，缩小城乡差距。其次，通过调整《农地法》，鼓励土地流转，调整农业结构，发挥农业多功能性，从而提高农业生产的效益。自 1977 年至今，日本农业现代化规模经营形成了立法先行，明确中长期发展目标，专业化农户数量趋于稳定，耕地面积减少，规划配套，构建体制化运作模式的发展格局，农地制度不再是这个阶段农村发展的主要矛盾。除了国家颁布的农地制度改革政策外，日本政府还对农业合作团体进行了大力扶持和引导。这些组织不仅配市合町村合并，还对关于农场规模的政策做了调整，这不仅代表了农民的利益，在一定意义上还与政府政策形成合力，推进了农业现代化、农地规模化的发展。1970 年以后，日本出现了一批环保型农业企业，这些农协发挥了巨大的作用，尤其是在土地流转，产业化、脱农化发展，可持续化发展等方面，发挥了尤为重要的作用，帮助实现了农业多功能性，促进了环境友好型农业发展，增加了经营性收入，农民生活水平也从根本上得到了改善。

（四）法国乡村发展政策

法国乡村发展政策采用中型农场规模"自上而下"政府主导型。在法国经济快速发展、城市化迅速推进时，为促进城乡稳定协调发展，法国对农业农村政策作出了及时的调整。法国农村土地政策在土地改革中起着两个主要作用：一方面，成立的土地管理公司以低价从个人购买土地并将其卖给农民，通过土地管理限制政策，将小农场纳入中型农场。另一方面，以信贷政策支持创建最佳的中型家庭农场，同时防止这些农场随着土地使用的增加而无限期扩张，提高土地利用率。这些措施反映了法国从上层到下层的"中央"管理模式，有助于帮助农场主规避风险。

为了调整农场结构，更好地贯彻土地政策，法国建立了老年农民退出和青年农民培训机制，及时调整农场结构，进行农场人口的更新换代。同时，组织各种合作社，不断深化农业生产专业化水平，逐步形成各地区专业化分工格局，解决法国传统的小农经营项目多，商品化、专业化程度不高等问题（杨爽爽，2012）。从法国农业现代化的发展路径来看，第一次世界大战至 20 世纪 50 年代，法国主要集中在农业机械设备更新上，并通过提高农业生产率、组织农业市场等，推动乡村剩余劳动力向工业部门转移。

20 世纪 60 年代，法国把农业发展纳入整个经济与社会发展中，对农村规模、农户数量进行调整，建立土地与乡村整治公司，调整家庭农场规模结构，在提高土地利用率的同时进一步提高劳动生产率，保护农民收入和自然空间。60 年代中期到 70 年代中期，以消除隔离为目标优化基础设施建设，促进农业部门现代化，发展乡村特色产业，发展和优化乡村工业和服务业，实行生态空间保护政策，实现了农业生产的现代化（芦千文和姜长云，2018）。

二、我国乡村发展政策的演进

我国立足经济社会发展的实际情况，在不同历史时期制定了一系列的乡村发展政策，取得了一定的效果。

第一阶段，农业发展初始阶段。在这个阶段，我国乡村发展的重点是农业产业。新中国成立之后，政府主张依靠农业合作社来推动乡村发展。基于创造新生产力、动摇私有制的目的，党中央第一代领导集体推动合作化运动，因此当时主张的合作化政策具有鲜明的时代特征和意义。改革开放后，党中央第二代领导集体致力于摆脱农业发展的困境，解决当下中国农业徘徊不前的问题。在十一届三中全会上通过的《关于加快农业发展若干问题的决定（草案）》，允许农民经营自主，并初步总结了新中国成立以来农业发展过程中的经验教训，提出只有充分调动农民积极性才是制定农村经济政策的"首要出发点"的观点。1980年5月，邓小平发表谈话，肯定了"大包干"的做法，认为包产到户没有资本主义复辟的危险。1982年，中央发表关于农业问题的《全国农村工作会议纪要》文件，从理论上认定包产到户、包干到户是社会主义农业经济的组成成分，并不属于资本主义经济。党的农村政策的重大改革，是在结合实际、联系群众的基础上，把坚持社会主义方向与调动农民积极性结合起来，由此诞生了具有中国特色的发展社会主义农业发展道路。

第二阶段，在市场经济下探索农业发展的新机制和新办法。首先，坚持和完善家庭联产承包责任制，有效促进农业发展，把发展乡镇企业进一步深化为城镇化战略。其次，将农业、农村、农民三者紧密相连，通过农村税费改革、财政倾斜，确保农业生产物资供应，采用保护价收购农产品，减轻农民负担。农村税费改革从根本上保护和调动了农民积极性，是减轻农民负担的治本之策。最后，坚持农村经济制度创新，协调农村生产力与生产关系的矛盾，建立起适应市场经济要求的农村经济自我发展机制，从制度层面探索市场经济下促进农业发展的新机制和新办法，以达到消除家庭联产承包责任制历史局限性的目的。这一阶段的发展政策是对第一阶段发展政策的继承、发展和创新，其主要目的是消除社会主义市场经济条件下农户与市场的矛盾，更好地支持"三农"发展。这一阶段的农村政策创新特征明显，特别是农村税费改革、加大农业科技投入、农业产业化经营等政策显著提高了农民的生产积极性，农民收入稳定增长，突破了中国农村经济发展的桎梏。

第三阶段，重点是强化农业基础，促进粮食增产和农民增收。随着我国经济社会的全面发展，农业的多种功能和基础作用日益凸显。但是在资源环境制约和市场经济的双重作用下，农业发展面临着"农产品竞争日益加剧""社会化服务体系不完善""农产品结构不合理，单产水平低"等一系列问题。2004 年，中央恢复了关于农业发展战略的做法，并连续颁发了多个政策性指导文件，初步形成了"全面建设小康社会"新时期的农业发展新政策体系。在全面建设小康社会的总体目标指引下，党的十六大报告明确了统筹城乡发展，切实加大"三农"投入力度的新思路。党的十六大以后，又相继出台了"两减免、三补贴""两免一补"等支农、惠农政策，大幅增加了对农业、农村的投入力度。第三阶段的政策特点主要表现为由支农、惠农政策转到强农政策。支农、惠农政策完善了农业补贴制度，加大了对农民的直接补贴，有效地增加了农民收入，调动了农民生产积极性。强农政策加强了农业基础设施等硬件的投入与建设，改善了农业生产条件，提高了农业生产效率。可见，支农、惠农政策着眼于调动农民的生产积极性，强农政策着眼于夯实农业发展的物质基础设施，两者形成农业增效、农民增收的良性互动，切实加强了农业发展的基础，在粮食增产和农民增收方面取得了显著成效（侯俏俏，2008）。

第四阶段，推进社会主义新农村建设阶段。建设社会主义新农村是党的十六届五中全会提出的重大历史任务，是党在深刻分析国内外形势的基础上，结合我国实际，从国家发展全局出发做出的重大战略决策。党中央提出要以加快发展现代农业为重点，按照"生产发展、生活宽裕、乡风文明、村容整洁、管理民主"的具体要求，推动农村走上"产业兴旺、生态宜居、乡风文明、治理有效、生活富裕"的文明之路。2007 年党的十七大提出"立足社会主义初级阶段统筹城乡发展，推进社会主义新农村建设"，进一步明确了生态文明建设的新要求，树立尊重自然、顺应自然、保护自然的生态文明理念。2017 年，习近平在十九大报告中明确提出，实施乡村振兴战略，"三农"问题的解决对于建设一个更大更强的繁荣社会至关重要，必须是全党工作的最高优先事项。为此，应进一步加强农业基础建设，推进农业现代化，建立长效机制，促进农村农民问题的根本解决。

目前，我国农村和城市发展都处在一个快速转型的新时期（Long et al.，2009），如何统筹城乡发展是全党工作的重点。一方面，制定和研究乡村发展政策要紧跟时代发展，关注农民切身利益，尊重农民意愿，倾听农民诉求。另一方面，要确保乡村振兴发展政策执行到位，要保证让国家的支农资源、利农政策不被截留、不被扭曲，让人民群众充分享受到发展带来的成果。乡村振兴战略的成功实施必然会面临诸多困境与问题，亟须加强乡村振兴发展政策方面的研究。

三、乡村发展政策的最新研究

现代乡村发展政策研究更多的关注农业问题和农村问题。针对农业问题的政策研究大多从农业政策的影响效应视角展开。利昂尼思希诺霍萨等（Hinojosa et al.，2017）从协调环境和农业之间的关系角度讨论了地中海阿尔卑斯地区的农业政策，认为农业发展政策要充分考虑当地发展环境，不能顾此失彼。从农业补贴政策的角度，巴齐利·齐泽夫斯基等（Czyżewski et al.，2017）对波兰农业变革的实证研究发现，打破补贴与生产环节之间限制的改革，对单一支付方案制度下的农民需求几乎没有影响。赖忠辉等（Chung et al. 2017）研究了农业补贴政策对产业增长的影响，结果表明，如果技术增长率对土地生产力保护补贴政策的变化比消费增长率更为敏感，那么当平衡增长路径不确定时，政策将普遍增强长期增长；而当平衡增长路径不确定时，农业研发补贴将增强经济增长（Wenhao et al.，2018）。索尼娅·基罗加等（Sonia et al.，2017）认为，共同农业政策已经发展成为一种多功能工具，满足欧盟政策目标的多样化，包括自然保护，并塑造了一个高效的农业生产系统。

在农村问题研究方面，高凉凉等（Liang et al.，2017）从农村发展政策和投资的角度研究发现，2000 年以后，我国农村土地政策发生了重大变化，包括农村土地承包期限的延长、农村和村民群体土地分配的限制、农业税的取消、农村土地租赁市场的快速发展。这些变化使农民在集体控制的责任土地上获得了更安全的保障，并加强了农民责任土地的收入权利，激励他们增加对责任土地的投资。从农村可持续发展政策角度，穆伊斯特等（Mouysset et al.，2014）提出关于绿化和可持续性的新观点。从政策与知识创新角度，邦菲利奥等（Bonfiglio et al.，2017）认为，农村发展政策要注重引导知识的转移创新，并以欧洲乡村发展的实例进行佐证。田青等（2016）认为，提高粮食生产和增加农村家庭收入是我国农村发展的一大挑战，当前小规模的农业经营是制约农村发展的重要因素。政策与农民参与度角度，吴比等（2016）研究发现，扩大农户参与政策执行的协商范围，对农户的政策满意度有显著的正向影响。针对"政策悬浮"问题，龚宏龄（2017）提出，应该在发挥传统组织传播机制作用的同时，引导大众传媒积极施展农村政策传播功能，完善农村政策信息反馈机制，提升受众获取政策信息的能力和动力，以促进多方政策主体的信息流通与互动。

乡村政策的制定必须紧跟时代步伐，乡村政策的研究也必须植根于乡村建设的实践。中国乡村发展政策的已有研究大多针对中国乡村发展不同阶段中出现的具体问题，重视借鉴西方乡村发展的经验，却往往忽视了中国乡村发展迅速演变的事实。随着国内外经济社会的快速发展，当代农村也在发生着巨大的变化，农民在进步、农业在革新、农村在发展，乡村发展政策亟须与时俱进，需要有效融合乡村发展的最新理论、创新模式和不断完善的体制机制。在乡村振兴发展战略背景下，乡村振兴政策的构建应充分调动各方积极性，依托乡村建设主体的共同参与，制定完善符合乡村发展战略的政策体系，以扫清乡村振兴发展的体制机制障碍，有效推动政策的成功实施和政策效能的高效发挥。

第四节　乡村振兴政策体系构建

一、政策体系构建的总体要求

（一）指导思想

坚持以中国特色社会主义理论为指导，立足于我国乡村产业结构发展情况、人才发展情况、生态发展情况、组织发展状况、文化发展现状及现有政策结构，以全方位发展理念、融合发展理念、优先发展理念为引导，构建乡村振兴政策体系，充分借鉴国外乡村振兴发展经验，以乡村经济发展为核心，以乡村政治建设、经济建设、文化建设、社会建设、生态建设等为主要内容，以宏观、中观、微观多层次乡村振兴发展的系统性推进为突破口，以实现我国乡村的全面、协调与可持续发展为出发点和落脚点，构建全方位、多层次、宽领域、协调有序的中国特色乡村振兴发展政策体系。

（二）基本原则

1. 市场导向原则

我国实行社会主义市场经济体制，乡村振兴政策体系必须遵循市场规律，遵循市场竞争机制和价格机制，必须坚持市场导向的原则。政府在构建乡村振兴政策体系的过程中，政策内容应与市场规律相一致，尽量避免对市场运行规律的人为干预，重点弥补乡村振兴发展中市场缺位的环节，有效协同市场力量和政府力量，共同推进资源节约型和环境友好型乡村社会的建设。

2. 政策激励原则

目前我国乡村振兴还处在萌芽发起阶段，全社会还未形成对乡村振兴发展的共识，乡村振兴动力不足。因此，乡村振兴发展的政策体系应重视通过激励手段调动各类主体的积极参与，特别是农民主体的积极性和主动性，应加大对企业和社会公众参与乡村振兴的支持力度，强化政策策略，以点带面推动经济效益、社会效益和生态效益的有机统一。

3. 因地制宜原则

虽然国外发达国家如日本、德国以及国内某些区域在乡村振兴发展方面取得了骄人的成效，但不能完全照搬照抄先进地区的发展模式和路径。乡村振兴政策体系必须坚持因地制宜的原则，坚持有主有次，应根据当地的生态环境状况、资源状况、产业结构现状、乡村振兴活动情况以及公众参与乡村振兴意识等实际情况，在明确制约当地乡村振兴发展的关键因素的前提下，制定符合当地实际的乡村振兴政策体系。

4. 可操作性原则

可操作性是政府制定任何政策都必须遵循的基本原则，不具备可操作性的政策无法贯彻落实、监督管理，也难以取得实效，反而会造成人力、物力、财力等资源的巨大浪费。乡村振兴政策体系涉及宏观、中观、微观等不同层次和领域，囊括了产业兴旺、生态宜居、乡风文明、治理有效、生活富裕等多项内容，符合我国乡村发展的现实需求。在乡村振兴政策体系的设计中，一方面，政府应在指导性政策的指引下根据当地实际情况制定操作性更强的实施细则和规范标准，为农民、农村经济组织和社会提供丰富的乡村振兴策略；另一方面，政策内容应注重规范政府、农民及利益相关者、其他社会参与者等主体在乡村振兴过程中的权利、责任和义务，为政策的有效执行和监管提供可靠的现实依据。

（三）政策目标

1. 涵盖宏观、中观、微观的全方位政策体系

以"政府推动、市场引导、乡村实施、共同参与"为方针，以现有乡村振兴政策内容为依据，进一步建立健全法律法规、教育政策、经济政策、科技政策、产业政策、消费政策和配套政策等政策内容，面向宏观、中观、微观各个层次发展过程中的现实问题，构建覆盖宏观、中观、微观多层面的全方位政策体系。

2. 优化产业结构布局

乡村振兴政策体系应着眼于大力发展现代乡村农业、绿色乡村工业和乡村服务业，支持循环产业、绿色产业、生态产业、高新技术产业的发展，推进新旧动能转化和产业转型升级，增强乡村发展活力。还应合理规划乡村产业布局，推动资源综合利用、集约高效利用。重点解决农村地区、边远山区、西部地区等乡村振兴发展的关键性问题，以先进型地区带

动后进型地区的乡村振兴发展。

3. 服务现代化乡村建设

立足于我国乡村资源环境的特色、优势和主要问题，坚持城乡融合、产业融合以及乡村可持续发展的基本方向，以建立健全乡村振兴政策体系为手段，全面改善我国生态环境，提高资源利用效率，切实服务于乡村产业兴旺、生态宜居、乡风文明、治理有效、生活富裕的现代化乡村建设需求。

二、研究思路与基本框架

（一）研究思路

目前，我国乡村振兴发展过程中，市场失灵和政府失灵现象较为普遍，已成为制约乡村市场化、专业化、规模化发展的主要因素。市场机制的有效发挥与政策工具的科学干预有机结合，是解决市场失灵和政府失灵的必要途径。因此，有必要进一步明确政府所承担的角色以及政策功能的具体范畴。本书遵循上述研究思路，界定乡村振兴政策体系的研究范畴，明确乡村振兴发展的政策需求，立足于乡村振兴发展过程中的突出问题，分析我国乡村振兴政策的供需匹配情况，总结近年来我国乡村振兴政策的历史演进及其阶段性特点，在合理定位政府角色和系统认知政策功能的基础上，从政府角度提出宏观、中观和微观各层次推动乡村振兴发展的政策建议，构建推动乡村振兴发展的政策体系，为进一步完善乡村振兴政策提供参考。

（二）总体框架

基于乡村振兴发展政策的重要性和必要性，从宏观、中观和微观三个层面提出构建乡村振兴发展政策体系的结构维度。乡村振兴发展政策研究的基本框架如图9-1所示。

在宏观层面，将政策体系划分为基础性政策、关键性政策和辅助性政策，根据领先型、挑战型、追赶型、后进型区域的发展特色和发展重点，提出有针对性的乡村振兴政策，针对我国的产业布局和发展情况，分别探讨特色农业、休闲农业、旅游观光、乡土文化、农村电商等产业政策。在中观层面，面向农业产业联合体、田园综合体、特色小镇和家庭农场等经济组织的振兴发展需求，重点关注绿色发展体制、生态产业链条、技术人才支撑、信息网络服务平台等方面的政策需求。在微观层面，按照"政府引导、企业带动、农民主体、公众参与"基本思路，科学界定各微观主体的角色和职责，以充分调动政府、农民和公众等微观主体的积极性、主动性为目的，完善相应的政策安排。

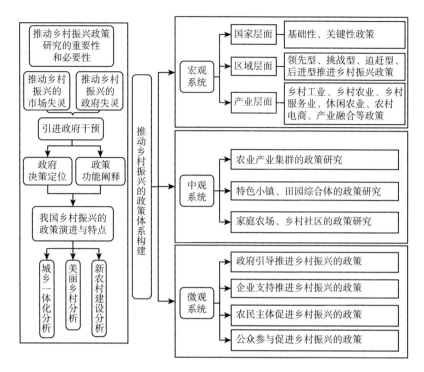

图 9-1 乡村振兴发展政策研究的基本框架

第十章　宏观层面乡村振兴
发展的政策研究

宏观层面乡村振兴的研究对象主要包括国家、区域和产业，三类研究对象的政策立足点和着力点有较大差异。国家层面的乡村振兴政策往往是起指导性作用的，主要功能是为地方政策的制定指明方向；区域层面的乡村振兴政策立足于某一区域的经济社会发展现状，从城乡融合发展的现实需求出发，提出具有本区域特色、符合区域发展趋势的乡村振兴政策；而产业层面的政策大多围绕解决产业发展与资源环境之间的矛盾问题，以调整产业结构、构建产业融合体系和推动乡村可持续发展为主要方向。本章从国家层面、区域层面和产业层面分别解析了宏观层面乡村振兴发展的政策设计思路并提出推动乡村产业振兴发展的系列政策建议。

第一节　国家层面乡村振兴发展的政策体系

按照政策的地位和作用，可将国家层面乡村振兴的政策分为基础性政策和关键性政策两大类。两类政策互为补充，主次分明，既满足了政策体系的整体性和系统性需求，又突出了重点领域，如图 10 – 1 所示。

一、基础性政策

基础性政策是促进乡村振兴发展的最根本、具有普遍适用性、反映乡村振兴方向的综合性政策。基础性政策紧紧围绕农业、农民和农村三大问题，着力构建乡村政治、经济、文化、社会、生态全面发展的政策架构。基础性政策体现了乡村产业融合、城乡融合等多元融合思想，从更高的角度对乡村振兴发展的指导思想、发展目标、主要任务和制度体制提出要求。

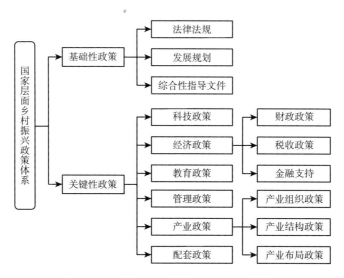

图 10 - 1　国家层面乡村振兴发展政策体系

（一）法律法规

建立法治社会，必须完善法律法规体系。科学的法律法规体系是进行行为规范约束的根本，有助于明确农村管理体制的基础，引导乡村主体的行为。完善的法律体系可以增加社会自主性，加强农村社会事务的管理能力。随着全面建设小康社会的不断推进，原有的农村法律体系越来越不适应社会发展的需求，法律体系中的空白地带为不法分子提供了可乘之机，监督机制的缺乏也严重影响了法律体系的执行效力。为此，需结合农村发展的新情况、新问题，完善法律空白和制度漏洞，严格法律执行和监督，提高法律效力。还应进一步完善已有的立法内容。要分别从基层组织立法、农民负担的立法、农村社会保障的立法、农村产权方面的立法、农村环境资源保护方面的立法、农村金融规范方面的立法、农村公共产品供给的立法等方面开展立法工作。应树立全民守法意识，在尊重市场规律的前提下，各类土体依法行事，营造良好的乡村振兴发展大环境。应完善立法程序，在法律法规制定的过程中，应保证立法程序的民主性、公开性和求实性，农村立法应体现法律的程序化和程序的法律化，真正使农民的利益得到切实的保障。

（二）发展规划

乡村振兴的实施是一个系统工程，不仅涉及政治、经济、社会、文化、生态的各个领域，还涉及许多技术、市场细节，必须制定科学、合理的长期发展规划，以规划统领乡村振兴实践。乡村振兴规划应着力解决乡村发展的目标、重点、路径选择、保障措施等问题，为制度、法规、政策的制定和实施提供依据。同时，乡村振兴规划必须与乡村经济、乡村社会发展规划的方向和主要任务相契合，并与其他专项规划相衔接。应充分运用乡村振兴理论指导乡村经济与社会发展规划、各类区域规划、乡村总体规划及其他专项规划的编制，使乡村振兴从规划阶段就纳入乡村全面发展的全过程，做到层层有规划有目标，期期按目标科学考核，使乡村振兴发展理念渗透到乡村振兴发展的各个层次、各个领域和各个环节，系统性、整体性推进乡村振兴发展进程。

（三）综合性指导文件

综合性指导文件从多个领域引导农民、企业、社会公众参与乡村振兴实践。综合性指导文件通常涉及资源综合利用、乡村可持续发展、乡村人才振兴等领域，大多以国务院或办公厅的名义发布，作为各级政府部门制定相关实施方案、细则的总体指导。综合性指导文件的内容必须与相关法律法规、乡村振兴发展专项规划等所确定的基本原则、发展目标、主要任务、管理制度相一致，符合乡村经济社会发展趋势以及乡村振兴发展的方向。综合性指导文件引导农民、企业及社会公众积极参与乡村发展规划、乡村体制机制创新以及乡村建设的全过程，提高全民乡村振兴意识，形成社会力量推进乡村振兴发展的良好局面。理清乡村振兴发展过程中存在的主要问题，突出抓好重点环节，集中优势力量突破关键领域的技术和管理问题，对全面推进乡村振兴发展具有重要意义。

二、关键性政策

关键性政策是指直接作用于乡村振兴发展的政策，政策的立足点、导向都基于乡村振兴发展的重大需求，主要包括产业政策、经济政策、科技政策、教育政策、管理政策、配套政策等。

（一）产业政策

产业政策与乡村产业振兴之间存在密切的关系，科学合理的产业政策能够极大地推动乡村产业转型发展。同时，乡村的产业振兴发展又会促进产业政策目标的实现，两者相互影响、相互作用、互为因果。乡村振兴中的产业政策主要包括产业组织政策、产业结构政策和产业布局政策。

1. 产业组织政策

产业组织政策是政府干预市场的重要工具，在调整市场结构和市场行为方面具有重要作用，其实质是政府通过协调竞争和规模经济的关系，重建市场秩序。乡村振兴的产业组织政策应引入生态环境和资源要素作为重要的参变量，积极鼓励和推动乡村振兴发展，增强农民、企业及相关组织的自主创新能力，激发企业参与乡村振兴的动力，并对高消耗、高污染产业进行直接管制。在产业组织政策的制定中，一方面，要加大对基层合作组织及中小型乡村企业的支持力度，因其受规模、资金、技术等因素制约，是乡村振兴发展中的薄弱环节，应通过政策扶持，帮助乡村基层合作组织及中小型乡村企业成功转型。另一方面，应制定反垄断和反不正当竞争政策，打破地区封锁和行业封锁，扩大乡村产业规模，从整体上提高乡村产业综合发展能力。

2. 产业结构政策

乡村振兴的产业结构政策是指政府以实现产业均衡、产业融合为目标采取的政策措施，是为了促进产业结构调整和优化、促进产业绿色化和生态化的可持续发展而制定的政策。我国乡村振兴的产业结构政策主要体现在对乡村主导产业、传统优势产业和战略性新兴产业的调整优化方面。在具体乡村主导产业、传统优势产业和战略性新兴产业的政策制定中，应根据不同的产业特色予以适当倾斜。乡村主导产业的振兴发展政策以打造生态产业链，推进产业一体化、融合化为核心，重在提高乡村产业的发展水平；传统优势产业的振兴发展政策立足于淘汰落后产能，同时制定优惠政策鼓励企业积极利用互联网、区块链、物联网等现代信息技术增强产业创新发展能力；战略性新兴产业的振兴发展政策以关键核心技术为先导，不断壮大新兴产业规模，通过技术研发和创新不断延伸产业链条，同时注重相关配套产业和服务设施的建设和完善。

3. 产业布局政策

乡村振兴的产业布局政策是指政府在制定和实施产业政策时，以生态环境影响最小化、资源利用效率最大化以及产业耦合程度最大化为导向，使产业在空间分布和组合上实现经济发展与环境保护协同的可持续发展状态。为此，乡村产业布局政策应按照产业集群和生态产业链的发展要求，合理布局产业形态和区位分布，完善区域内物质、能量、信息的流动与交换系统，将乡村区域内相关企业、行业链纳入一个循环发展的整体，进行统筹布局规划。在产业组合形态上，应根据乡村区域内资源环境发展状况，充分利用区域资源优势，推动乡村振兴发展。

（二）经济政策

我国乡村振兴发展的所有政策中，经济政策是最为普遍、最有效率的政策之一。科学运用财政、税收、价格、金融等经济政策，能够有效地激励和规范各类经济主体的经济活动，保障乡村振兴的有序发展。

1. 财政政策

财政政策在促进乡村振兴发展方面具有独特的作用，已经成为世界各国调控乡村振兴发展方向的主要手段之一。政府应立足我国乡村振兴发展现状，确定财政支持的领域和力度。在企业方面，财政支持应向资源节约技术、绿色生产技术等研发企业倾斜，以弥补企业在先进技术研发方面的投入不足，并采取有效的激励手段，促进相关科技研发成果的推广应用。在产业密集区域，应推进乡村产业规模化、生态化和多元融合发展网络的兴建，安排专项资金支持乡村产业园区规划以及园区内相关基础设施和配套设施的建设；对跨地区的乡村产业合作，应在每年的财政预算中给予一定的扶持，包括通过贷款贴息的方式鼓励跨地区生态产业链的建立；而对于落后地区的环境治理和资源保护工作，财政资金必须给予必要的扶持，防止地方政府盲目追求经济发展而忽视生态环境保护。

2. 税收政策

税收既是国家财政的主要来源，又是国家宏观经济管理的重要手段。政府应对积极开展技术创新、积极采用可持续发展模式的企业提供优惠的税收政策。因此，在乡村振兴税收政策制定中，应重点对从事推动科技创新、促进农民增收、推动乡村公益建设、推进乡村人才建设、促进环境改善等工作，能够产生带动辐射效应的企业或组织提供税收优惠政策。譬如，对开展乡村科学技术研发的企业给予所得税减免，对促成生态园区内外技术合作的重点企业给予减免增值税和所得税的优惠政策，对投资乡村基础设施建设的企业实施税收抵扣等。

3. 金融政策

在宏观上，金融投资政策要保持"四个结合"，即与乡村振兴发展的产业政策、货币信贷政策、地方政策和区域乡村振兴政策相结合，从而做到政策配套、措施协调。人民银行、银监会等宏观管理部门应加强支持乡村振兴发展的金融法律体系和监管制度体系建设，增强乡村信贷体系的监管力度，引导商业银行向乡村振兴项目倾斜，确保金融机构为乡村振兴项目提供资金支持。在具体金融政策上，首先，应进一步完善商业银行"乡村信贷"体系，使商业银行成为支持乡村振兴发展的金融主力军，加大对乡村振兴相关项目的贷款力度，同时创新金融资源，设计开发乡村振兴信贷产品和服务；其次，建立乡村振兴发展的政策性金融机构，成立各类政策性担保机构，为乡村振兴项目提供优质的金融服务；再次，积极引导社会资本投资，充分发挥外部资本直接投资的资本效应，引进乡村振兴所需的先进技术和装备设施，加快乡村振兴发展；最后，积极培育和发展资本市场，鼓励乡村企业上市融资，优先核准符合乡村振兴发展要求的企业和建设项目发行债券，建立乡村振兴创业板市场，拓宽乡村振兴项目的融资渠道。

（三）科技政策

充分重视科技政策在推动乡村振兴发展中的重要作用，完善乡村振兴科技政策，引导企业积极开展科技创新活动。制定乡村振兴科技政策，必须以推动先进技术研发和推广应用为核心，以科技研发政策、技术咨询服务政策和技术标准为主要内容。在科技研发政策上，要加大政府财政投入，设立产业发展专项资金、绿色发展专项资金以及乡村振兴技术开发资金等，支持先进技术的开发和应用。尤其应加大重点产业共性技术的研究和开发力度，全面提高乡村产业的技术水平。技术咨询服务能够加快先进技术的推广和应用，因此，应完善相关政策，支持乡村振兴技术服务机构的成立和发展，并建立相关信息系统和网络平台，完善乡村振兴技术咨询服务体系。

（四）教育政策

乡村振兴涉及乡村社会的各行各业和千家万户，需要政府、企业和社会的共同努力。因此，应借助于各级组织、宣传媒体、教育部门的力量，采用丰富多样的宣传教育形式，大力宣传乡村振兴发展的重要性和迫切性，加快转变思想观念，使乡村振兴发展成为全社会的共识。目前，乡村振兴宣传教育的广度和深度远远不够，应从维度出台提升全民乡村振兴意识的教育政策。首先，面向各级政府、公众和企业主体，制定乡村振兴培训政策，定期对政府工作人员、公众和企业员工开展培训活动，将乡村振兴理念贯穿到政府工作、公众行为、企业生产活动中，培育一批具有乡村振兴知识和技能的管理人才、技术人才和服务人员。其次，把乡村振兴教育纳入义务教育范畴，把资源循环利用、建设节约型社会等知识编入中小学教育、高等教育、职业教育和技术培训体系之中。最后，充分利用广播电视、报纸杂志、互联网等现代化宣传工具，普及乡村振兴知识，提高全民乡村振兴知识水平。

（五）管理政策

乡村资源环境"公共物品"的特殊属性，决定了乡村振兴工作的管理主体必定是政府。制定管理政策的目的是解决各级政府、政府各职能部门在管理乡村振兴工作中所出现的缺位、越位、不到位等问题。为此，应设立统一、权威的国家一级乡村振兴领导机构，统筹制定乡村振兴发展规划和工作计划，以保障各部门之间的沟通与合作，并对乡村振兴发展的各个环节进行综合性的规划、规范、协调、组织和监管。按照"权责一致"的原则，明确经贸、环保、国土、建设、统计、水利等职能部门在乡村振兴发展中的职责和权限，提高各类政府部门间的协调合作能力，形成强大的合力，推动乡村振兴发展。按照"谁决策、谁负责"的原则，建立健全决策责任追究制度，实现权责统一。加强对乡村振兴法律法规执行情况的监察监督，督促有关部门在乡村振兴项目建设审批中认真执行审批程序，严格把关。

（六）配套政策

乡村振兴的配套政策是指保障乡村振兴发展政策实施和执行的政策，主要包括评价指标、考核制度、项目申报流程等。现阶段，应重点完善乡村振兴考核评价政策，为乡村振兴工作的开展、实施及成效提供数字化的评价依据。在评价指标体系上，按照科学性和实用性相统一、可比性与可靠性相统一、可操作性与简明性相统一的原则，进一步完善乡村振兴评价指标体系，真正反映乡村振兴工作的开展情况、资源利用情况、生态环境状况以及取得的经济效益、社会效益、生态效益及其他效益。在考核制度上，将乡村振兴发展指标纳入地方政府考核体系，加大其在考核体系中的权重，以督促管理主体按时完成规定的乡村振兴目标任务。

第二节　区域层面乡村振兴发展的政策体系

我国区域经济差异明显，在乡村振兴方面，不同区域根据各自的经济发展现状和资源特点制定了不同的政策。整体来看，各地乡村振兴发展的进度虽有差异，但也呈现出一定的规律性。比如，各地的乡村振兴发展均结合了各自的优势资源，形成了优势产业，支持循环农业、乡村旅游、农业产业化、农村电子商务、农业示范区等发展，总体发展方向与国家乡村振兴导向一致。基于我国乡村振兴发展的区域间不平衡现状，将我国乡村振兴发展水平分为四大类，具体包括：领先型地区、挑战型地区、追赶型地区、后进型地区。不同类型地区乡村振兴发展的基础条件和发展重点各有不同，其乡村振兴政策规划也各不相同。本节针对不同类型地区的特点，研究其乡村振兴发展的推进策略和方案，并提出相应的乡村振兴政策建议。

一、领先型地区乡村振兴发展政策设计

政策支持与引导将为领先型地区乡村振兴发展创造更为有利的环境。作为乡村振兴发展的模范，领先型地区具备良好的发展基础，具备早日实现乡村振兴目标、实现乡村高质量发展的先天优势。结合领先型地区资源、人文环境优势，研究与探讨乡村振兴发展政策，有助于乡村振兴发展目标的顺利实现。

（一）激励与约束相结合的政策

政府应建立适当的乡村经济组织准入制度和监督处罚制度，对有意向参与乡村振兴发展的外部组织及外部投资设立准入门槛，并对违反乡村振兴规范的参与主体采取一定的惩罚性措施，督促各参与主体将生态环境保护放在经济发展的首位。同时，为企业及相关社会组织提供一定的市场优惠，如技术培训、新设备优惠、新旧设备更换和折扣等，采用约束性措施和鼓励性措施相结合的策略规范乡村发展，保证乡村振兴发展的可持续性。

（二）保障市场化机制运行的政策

乡村发展不能脱离市场机制，必须坚持供给侧结构性改革，以市场需求为导向发展乡村经济，并通过经济发展带动乡村全方位发展。因此，首先，必须运用经济手段和监管职能，规范乡村市场环境，为乡村管理提供法律和政策依据，建立第三方监管机构，完善乡村市场合同机制。其次，还应通过政策设计完善市场交易规则，发挥政府职能，建立和完善法律机制，建立科学的乡村发展评测机构，为乡村发展考评、定位及精准施策提供参考和依据。对乡村企业的发展行为进行监测，确保乡村企业发展权利的公正和合理。最后，还应以政府为主导建立公开透明的信息网络体系，保证交易市场的信息公开，保证各交易主体的市场平等。

（三）乡村振兴产业优化政策

优化产业结构，大力培育战略性新兴产业，是乡村产业振兴的基础。政府应加大力度对效率低下、耗能高、污染重的乡村企业进行兼并和重组，调整产业内部结构，推动产业升级转型，解决产能过剩、产业素质不高等问题。优化产业布局，应对乡村经济组织的空间布局进行深入分析和探讨，通过政策引导产业转移，推进产业集聚和产业融合，实现乡村产业的高效、协调发展。

（四）技术引进与自主研发相结合的政策

政府通过制定乡村振兴先进技术和设备的引进政策，同国内外乡村振兴发展较快的国家或地区签订协议，开展大宗技术和设备贸易，引进国际上先进的乡村发展设备、技术，并以成果交易会等为平台，大力开展与国外先进国家或地区的技术设备交流活动。同时，政府还应通过政策推动科研机构、企业、乡村经济组织的合作交流，积极搭建产学研合作平台，在对国际先进技术设备进行消化和吸收的同时，培养自主创新能力，加快研发具有自主知识产权的乡村振兴核心技术。

二、挑战型地区乡村振兴发展政策设计

挑战型地区一般在地域上较为集中，乡村工业化特征较强，对能源、资源的需求旺盛，生态环境面临较大压力，推动乡村经济转型升级和全面振兴发展显得尤为迫切。

（一）财政政策

挑战型地区具有明显的工业化特征，能源、资源消耗大，与领先型地区相比，乡村振兴面临更大的挑战。挑战型地区的乡村振兴以节能减排与资源综合利用为核心，资金与技术支持是必不可少的。政府应加大乡村振兴资金投入，并积极运用市场手段，采取多种形式，鼓励、引导社会资本投资乡村振兴项目。政府应积极协助乡村振兴参与主体争取银行贷款，研究和探索通过发行债券、设立开放式环境发展基金等方式吸收社会闲散资金，拓宽直接融资渠道。利用产业导向和优惠政策，鼓励外部资本投资乡村产业综合项目，设立乡村振兴研发机构，解决挑战型地区乡村振兴发展中的资金和技术缺口问题。

（二）税收政策

在国家税收政策内，根据挑战型地区乡村振兴发展的需要，进一步改革和完善税收政策。应允许乡村振兴示范企业参与乡村其他产业或领域的建设，对于在乡村振兴中坚持绿色循环发展的企业酌情减征所得税，对从事乡村技术开发、技术转让业务和与之相关的技术咨询、技术服务的企业所得免征营业税。同时，对资源型企业、污染排放大户提出资源化、减量化、再利用的具体指标和时间节点，并收取保证金；对行动迅速、效果明显的企业除退还保证金外，还给予相应的奖励；对行动不力、效果较差的乡村企业逐日扣除保证金，并给予相应的惩处。此外，经相关部门认定，给予对乡村振兴确有较大贡献的单位和企业实施财政补贴、免税或税收返还政策。在实际运用中，要将各种经济支持政策结合起来，灵活施策，降低政府的经济负担。

（三）产业政策

挑战型地区工业化特征显著，资源、环境承受的压力较大，因而应从多个方面入手，促进产业结构合理化与优化升级，缓解现有产业结构所面临的生态环境压力。首先，鼓励发展生态工业和绿色产业，限制污染产业，保证增量部分不再对环境造成新的危害；用生态工业学的观点改造现行工业系统，支持企业采用积极的方式和措施恢复生态环境，逐步弥补以前对环境的欠账。其次，实施电子废弃物及危险废弃物收集资质政策，提高企业的准入门槛。最后，大力发展第三产业，以旅游业和交通运输业为重点，加快发展现代物流经济、绿色交通、旅游业、商业等服务业，按乡村振兴理念进行生态化建设。在旅游业发展过程中，应重视生态破坏和环境污染问题，促进绿色旅游业的发展；在交通运输业发展中重点解决能源、资源运输过程中产生的污染问题。

三、追赶型地区乡村振兴发展政策设计

追赶型地区近年来发展较为迅速，但是由于基础较为薄弱，乡村振兴发展受到一定的限制。大力发掘追赶型地区的优势特色产业，通过政策促进追赶型地区的乡村振兴发展，是此类型地区乡村振兴发展的重要抓手。

（一）加强乡村振兴理念教育，增强乡村振兴发展意识

追赶型地区目前正处于发展较为快速的阶段，但政府和企业往往过度重视经济发展，而忽视了生态环境保护以及乡村的全面发展。加强乡村振兴理念教育，一方面可以强化各级干部和公众的全方位发展责任意识，另一方面也可以对各产业部门提出更加明确、更加具有强制性的资源和环境保护要求，进而营造良好的乡村振兴发展氛围。

（二）完善和落实投融资政策，加大资金扶持力度

由于追赶型地区乡村振兴发展基础薄弱，乡村基础产业投资有限，政府应继续加大资金投入，将乡村振兴发展作为政府投资的重点领域，通过直接投资或以资金补助、贷款贴息等方式支持乡村振兴建设。同时，应创新融资方式，拓宽融资渠道，通过调整财政、税收等政策，鼓励、引导民间投资，扩大社会投资渠道，充分利用国内外资本市场筹措资金。特别是重点支持乡村产业体系的建设，鼓励和带动乡村产业的发展。

（三）制定和完善激励政策，发展高新技术产业

制定政府奖励、税收优惠、政府优先采购、价格优惠等政策，鼓励相关企业及乡村组织加强自主研发和提升创新能力，重点推进乡村振兴

技术创新体系建设；结合产业政策调整，鼓励发展资源消耗低、附加值高的高新技术产业和服务业，采用高新技术改造传统产业，增强产业链耦合力度，打造一批规模较大、技术力量雄厚的高新技术企业。追赶型地区应着力提高本地区的高新技术水平，增强对乡村振兴的技术支撑力度。

（四）鼓励发挥区域优势，创新特色发展模式

乡村振兴的发展既要符合自然规律，又要符合经济规律；既要考虑资源环境的承载能力，又要考虑技术可行性。追赶型地区各具特色，应在充分发挥本地区优势的基础上，创新乡村振兴发展模式。为此，应加强分类指导，深入分析各地区资源环境现状和经济社会发展情况，在政策规划的制定过程中，尤其要注意不同地区选择不同的发展模式，突出地区特色优势，制定精准有效的政策支持和发展规划，通过特色产业发展，带动区域乡村振兴全面发展。

四、后进型地区乡村振兴发展政策设计

乡村振兴发展的后进型地区大多地处偏远，经济基础薄弱，生态环境脆弱，乡村振兴面临资金、技术、人才等要素资源投入的严重匮乏，此类地区的乡村振兴工作尤其亟须各类政策的大力支持与推动。

（一）强化宣传乡村振兴理念

要将乡村振兴的内涵要义纳入政府教育计划和培训计划，加强对后进型地区各级领导干部和企业管理人员的乡村振兴知识培训，使其全面认识乡村振兴的内涵和乡村振兴发展的必要性，树立全局观念，转变重经济发展、轻环境保护的传统观念。应通过宣传教育，提高领导干部协调经济发展和环境保护关系的能力，促进企业树立乡村振兴发展的责任意识。还应充分调动社会公众参与乡村振兴发展和环保事业建设的主动性和积极性。通过各类传媒手段，在全社会倡导和营造推动乡村振兴发展的氛围，引导公众树立乡村振兴发展的系统观。

（二）建立乡村技术支撑体系

科技手段是后进型地区乡村振兴发展的根本出路。后进型地区产业技术水平普遍较低，需要更多的科技研发、技术引进投资提高产业技术水平。尤其是在农村绿色经济、生态经济、循环经济的发展过程中，应加强对农村可再生资源的科学研究，将相关领域的新技术、新工艺和新模式引入传统产业改造和新兴产业发展。应积极研发新设备，加大先进适用技术的推广应用，提高产业发展的整体水平，增强产业发展基础和动力。同

时，考虑到落后地区乡村企业规模小、无法承担与可再生技术研究和开发有关的风险等现实困境，应进一步完善产学研合作机制和科技服务保障机制，促进企业与外部科研机构或企业之间的合作，补齐科技创新短板，提高企业的研发能力和创新积极性。

（三）建立和完善生态补偿机制

明确生态补偿对象，建立和完善科学的生态价值评估和生态补偿机制，做好生态效益补偿规划，健全补偿实施与管理办法，实行同步实时补偿机制。为此，首先应加快政策制定与立法，使生态补偿上升到法律层面，以法律的形式明确生态补偿和环境保护的重要性。其次应加强基础工作，搞好生态功能定位和分类，科学划分生态经济资源，确定资源的经济利用程度，建立生态补偿检测机制和评估机制，进行科学有效的制度设计。最后应重视大生态补偿机制的科学规划与实施，开展生态补偿试点，平衡乡村振兴发展的各方利益，为全面建立和实施大生态补偿机制提供方法和经验借鉴。

（四）充分利用国家相关政策

国家层面颁布并实施的乡村振兴法律法规、产业政策、财税政策、科技政策等对后进型地区乡村振兴的政策设计具有重要的启发作用，而国家为推动后进型地区乡村振兴而颁发的定向政策，一定程度上能够推动后进型地区乡村振兴工作的全面开展。后进型地区在乡村振兴政策制定中，应针对本地区乡村振兴发展中面临的突出问题，充分利用国家的相关优惠政策，科学制定本区域的乡村振兴发展规划，确定乡村振兴发展的重点领域、重点工程和重大项目；应充分利用国家支持乡村振兴发展的投融资政策，积极筹措资金，根据本地区产业特点，不断优化产业结构，创建乡村振兴示范主体，逐步建立并推广适合本地区的乡村振兴发展模式。

以农业产业项目的发展为例，不同区域各有其主导的优势农业产业项目，但也呈现出一定的规律性，在政策制定中可以相互参考与学习。譬如，在种植业方面，华北地区除了山西主要支持小杂粮外，其余省份多支持高筋小麦，华南地区多支持优质稻米。而其他农业产业中，全国大多数省份普遍关注土地流转、粮改饲相关产业以及循环农业等。

第三节　产业层面乡村振兴发展的政策体系

产业是乡村振兴的基础，改造传统产业、发展新兴产业，是实现乡村产业振兴发展的关键。本节围绕乡村农业、乡村工业和乡村服务业振兴发展实践，以精准农业、休闲农业、农村电商、产业融合等为典型模式，分析产业层面乡村振兴发展的现实问题，提出乡村产业振兴发展的系列政策建议。

一、乡村农业产业振兴的政策体系

乡村振兴发展的关键在产业振兴，而产业振兴发展的重心是农业振兴。大力推动乡村农业振兴，对缓解我国农业发展资源约束，保障农产品有效供给和农民收入的持续增长，推动现代农业发展和新农村建设具有极其重要的现实意义。政府应制定一系列有效的政策来引导和促进农民及相关主体参与乡村振兴发展战略，深入基层进行调查研究，落实税收、财政、奖惩和信贷制度等方面的激励政策，推动乡村农业振兴发展。具体包括以下几个方面。

（一）农业产业政策

实现乡村农业振兴发展，必须增加农业各产业之间的关联和互动，使物质、能量得到最大限度的循环利用。农业产业及农产品结构不合理是造成资源浪费大、能源消耗高、经济运行效率低、社会发展不可持续的重要原因，因此，加快农业产业结构调整是农业振兴发展的关键。国家财政、税务部门应当研究制定向绿色生产企业或组织倾斜的税收和贷款优惠政策，鼓励企业使用循环再生资源，从投资引导转向税收激励，充分利用市场机制，实现农业产业发展的优胜劣汰。

（二）土地承包政策

地权的稳定性对农户长期投资有着显著的推动作用。地权的不稳定性必然导致长期投资的减少，使土地质量下降，不利于农业的可持续发展。因此，应从法律层面明确农村土地承包制度下农民土地承包经营权的长期性，依法保障农村土地承包关系的长期稳定，保护农民对承包土地的使用权，消除农民对土地长期投资收益不确定性的担忧，避免农民对土地进行掠夺性经营，有利于乡村农业振兴模式的普及推广。

（三）财政税收政策

建立健全农业农村优先保障的财政税收政策。实施乡村振兴战略，全面深化农村改革，缩小城乡差距，让广大农民充分地分享到改革开放带来的红利，必须在财政上优先向农业农村倾斜，补齐农业发展短板。财政涉农资金要立足三个方面：一是做到"两优先一高于"，即中央预算内投资优先向农业农村倾斜，中央财政支出优先保障农业农村，地方各级财政优先保障农业农村，对农业投入高于经常性收入增幅，并通过加快完善立法予以明确，通过政策规范政府统筹使用涉农资金。二是按照"取之于地、用之于地"的原则，把土地税收的大部分投入农业农村的发展。三是通过发行政府债券筹集资金，引入社会金融资本投入农业农村发展，促进农村多种产业融合发展。加大对新型农业经营主体发展的支持力度，针对乡村振兴发展的不同参与主体，综合采用直接补贴、保费补贴、风险补偿、以奖代补等方式，保障农民可持续收入，增强补贴政策的针对性和实效性。国家对从事农业生产的农机作业服务组织给予一定补贴，政策向新型农业经营主体倾斜。建立健全支持新型农业经营主体发展的政策体系，实现农村一二三产业融合发展，提高农村产业的整体规模效益。

（四）基础设施建设政策

农村基础设施是农业农村发展的物质基础和重要支撑。各级政府应充分发挥新型农业经营主体的作用，完善政府和社会资本的合作模式，鼓励新型农业经营主体与农村集体经济组织共建基础设施。同时，应加大对新型农业经营主体的投入，促进新型农业经营主体的发展。在生产物资方面，支持龙头企业建立与加工能力相配套的原料基地；在营销方面，支持新型农业经营主体入驻电子商务平台；在物流方面，统筹规划物流网络，推动农村物流健康发展，强化农业现代化的物流基础。鼓励农民依法流转土地经营权，提高土地经营规模。支持新兴产业发展，允许新型农业经营主体对农村现有的集体用地进行建设，提高整体规模效益。对符合条件的新型农业经营主体给予一定的优惠政策，加快新型农业经营主体提质增量的步伐，推动农业产业适度规模经营，带动农民就业增收，实现互利共赢。

（五）金融支农政策

建立健全激励约束并重的金融支农政策，发展农村普惠金融。强化金融支农激励约束机制，扭转农村资金外流趋势，促使金融资源更多地流向农村地区，为农业领域提供综合性金融服务，实现金融资本与农村发展的有效对接。商业性金融机构一般承担农村扶贫、农业开发等金融业务，通常采用涉农贷款增量奖励机制，将一定比例的信贷资金运用于"三农"，鼓励农民多贷款，稳定涉农业务，放宽涉农不良贷款容忍度，完善经营管理体制，推行涉农贷款尽职免责等措施，为"三农"发展提供充足的资金服务。通过农村政策性金融机构弥补金融市场失灵问题，明确信贷资金主要用于支持乡村振兴发展，加大支农力度。政府应适当放宽村镇银行准入条件，推动金融机构强化支农惠农保障机制，积极发展农村合作金融，不断完善金融政策服务体系，支持农村金融创新，满足乡村多样化的金融需求。同时，结合相关政策的执行效果，建立健全"三农"信贷担保体系，以土地承包经营权流转为基础，探索土地收益保证贷款，开展订单、应收账款质押，合理规避风险，确保贷款用于农村发展。综合运用税收优惠、贴息、奖励补贴等手段，不断完善金融政策体系，鼓励金融机构创新产品和服务，改善金融信贷服务，加大对新型农业经营主体、农村产业融合发展的信贷支持，满足乡村振兴发展的需要，让金融政策更好地聚焦"三农"，使农村金融真正为农民服务。

（六）保险支持政策

农业是自然风险最大最集中的行业，因此，涉农保险是支农体系的重要组成部分，是现代农业发展的稳定器和助推器，在助力乡村振兴、提升农业风险保障水平、提高农民耕种动力、吸引涉农投资等方面发挥着重要作用。应加快构建多层次的农业保险体系，进一步建立健全功能互补、保障有力的农业保险政策，扩大保险支持范围。从发达农业国家的成功实践来看，随着农业产业化的发展，农业的保险需求日益增长。农业保险政策不仅是重大的经济政策，也是重要的政治政策，农业保险政策的制定和完善对于农业产业发展具有重要意义。

为此，应建立农业保险机构数据共享机制，建立健全农业保险监督管理机制，以政策性保险为基础，互助性和商业性保险为补充，建立持续稳定、功能互补、保障有力、人民安心的农业保险政策体系。其中，政策性保险立足于保成本，提高保险覆盖面和理赔标准，保证粮食等重要农产品的风险保障需求。开展适度规模经营农户的大灾保险试点，加快建立再保险机制，为农业提供持续稳定的再保险保障，鼓励有条件、有能力的地方积极探索建立符合当地特色的农产品保险制度。互助性保险立足于防灾难。以渔业船舶、农机具为重点，积极开展天气指数保险、农田水利设施保险、互助保险，调整部分财政救灾资金予以支持。商业性保险立足于保收益。探索推进农业商业保险，建立专业化的农业保险机构，满足农业保险多元化的需求，提高保险机构为农服务水平。通过提供保费补贴、利息补贴和风险补偿，保障和改善民生，支持推广"政银保"等保险增信模式，实现政府、银行、保险机构风险共担。进一步"提标、扩面、增品"，创新农业保险产品，扩大收入保险试点范围，积极探索开展稻谷、小麦、玉米三大粮食作物完全成本保险和收入保险试点，加快建立多层次的农业保险体系，构建完善的农村保险保障网络，稳步扩大"保险＋期货"试点，探索"订单农业＋保险＋期货（权）"试点，最大限度地为乡村振兴发展保驾护航。

二、乡村工业产业振兴的政策体系

将农业全产业链融入乡村振兴发展战略，构建新型乡村工业体系，是推进乡村振兴发展的迫切需要。传统乡村工业经济可以聚集起大量财富，却无法满足乡村全面振兴发展的需求。加速推进农村现代化，政策体系必须着眼于改变乡村工业经济模式，明确乡村新型工业产业的发展方向。

（一）制定激励性经济政策，推动乡村工业模式转变

制定促进乡村工业转型升级的投资政策、税收政策、价格政策，充分利用市场作用引导工业经营主体的生产行为。完善经济政策，对支持乡村振兴的工业经营主体给予财政补贴和优惠贷款，实行减税、退税政策。通过以政策为主的制度创新，构建乡村产业联合盈利模式，使工业经济主体在市场条件下发现乡村振兴发展的机遇，由此形成促进乡村振兴全面发展的自发机制，内生性地将乡村振兴理念纳入乡村产品开发、技术改造实践，推动乡村工业模式转变。

（二）促进乡村产业融合，增强乡村工业聚合力

支持农业产业化龙头企业发展，培育多元融合集体，促进产业深度交叉融合。开展农民合作社规范提升行动，鼓励发展农业产业化龙头企业带动、农民合作社和家庭农场跟进、小农户参与的农业产业联合体。发展创意农业，支持发展区域范围内产业关联度高、辐射带动力强、多种主体参与的融合模式，立足区域资源，突出主导产业，实现优势互补、风险共担、利益共享，增强乡村工业产业发展的凝聚力。

（三）加快科技创新，提升乡村工业振兴的引领能力

大力培育乡村产业创新主体，重视技术在产业发展中的引领作用，建设国家农业高新技术产业示范区和国家农业科技产业园区，将农业全产业链发展融入乡村振兴战略，通过产业化龙头企业带动，形成农作物种植、农产品加工和农产品销售的全产业链体系，促进农业产业提档升级，为乡村发展增添动力，推动乡村产业高质量发展。为此，应建立产学研用协同创新机制，协调发挥高校、科研院所的科技实力，联合研发乡村主导产业领域的关键技术。强化产学研合作，培育一批竞争力强的大型农业企业集团，建设一批农产品加工集成基地，创新公益性农技推广服务方式，提高乡村产业的全要素生产率。实施乡村就业创业促进行动，加强创新创业主体培训，加大吸引海内外高层次创新人才的力度，从根本上提高乡村产业

的生态质量，提高乡村主体的幸福指数，不断增强我国乡村工业经济的创新力和竞争力。

（四）以产业政策为引导，推进产业集群化、生态化发展

大力推进乡村生态工业园区建设，以实现集约化生产经营目标。制定严格的乡村工业发展综合评估标准，鼓励绿色技术创新，推动乡村工业产业向低碳化、绿色化、循环经济方向发展。应确保乡村地区现代工业企业的综合布局和科学规划，制定促进乡村工业可持续发展的优惠政策，高度重视传统产业的绿色改造升级，着眼于打造绿色产业生态系统，培育绿色需求，提高资源利用效率，强化工业资源综合循环利用，最大限度地降低乡村工业发展对生态环境造成的负面影响。

（五）加强政策创新，营造良好的政策环境

根据乡村振兴发展的目标和政策要求，进一步创新价格、税收、金融等政策，完善资源环境政策、风险共担政策、政府优先购买政策，有效推动乡村工业振兴发展。加强对不同地区的政策协调，政府搭建平台，促使不同地区间先进技术和经验的沟通交流。加快完善绿色 GDP 指标体系，加强对资源利用水平指标的考核，彻底改变地方政府的政绩考核标准，打造良好的支持乡村振兴发展的政策环境。

三、乡村第三产业振兴的政策体系

我国正处在由传统农业向现代农业转变的关键时期，第三产业对发展现代农业的引领和支撑作用日益凸显。第三产业主要包括流通和服务两大部门，随着农业经营规模的逐步扩大，流通职能从农户中分离出来，形成供、运、销等专门的流通服务组织，而在农业产业化发展的推动下，农产品生产、加工、销售一体化也促进了为产前、产中、产后服务的农村第三产业的发展。乡村第三产业贯穿于乡村振兴发展的全产业流程。在乡村振兴发展受到传统思想观念束缚、国家支农体系相对薄弱的情况下，将循环发展、绿色发展、可持续发展观念贯彻到第三产业服务主体、服务对象和服务途径的全过程，在推动乡村第三产业可持续发展的同时，能够有效地引领乡村产业的全面振兴发展。

（一）法规支撑体系

由于第三产业涉及行业繁杂，各行业既有共同点，又有各自的独特性，因此，在制定乡村第三产业振兴发展的法律政策时，应做到既涵盖全面又突出重点。为此，各地区在具体政策制定中，除遵循乡村振兴基本法律法规外，应根据具体情况完善相关法规政策，使乡村第三产业发展有章

可循、有法可依、有法保障、有法引导和有法督导。此外，应建立一个完善的推进乡村第三产业振兴发展的法规体系，包括宏观层面的乡村第三产业振兴促进法、中观层面的乡村第三产业间资源循环条例以及微观层面的企业资源利用与污染治理的具体规定，明确政府、第三产业企业和社会公众在乡村振兴发展中的权利和义务，制定各类技术和工艺的规范及标准，规范相关企业和监督管理部门的行为。

（二）经济激励政策

在财政政策方面，可以对开展乡村振兴活动的旅游企业、金融服务企业等予以适当的补贴，通过物价补贴、企业亏损补贴、税前还贷等方式，提高服务型企业参与乡村振兴发展的积极性。在投融资政策方面，拓宽乡村振兴发展的融资渠道，鼓励各类经营主体、社会投资主体及民间资本参与乡村振兴实践，鼓励相关企业上市，优先发行乡村振兴板块的股票和彩票，为乡村振兴发展提供良好的投资软环境。同时，应加强对乡村振兴重点项目的资金统筹协调，集中专项资金，支持乡村振兴重点工程的建设。

（三）规划管理政策

现代意义上的第三产业已不再局限于传统的餐饮、零售领域，可以说，它已经成为一个覆盖范围最广的产业，并随着社会经济的发展呈现出快速发展的趋势。乡村第三产业分布和涉及面广，对环境的影响往往是潜在的、长远的，其环境影响往往被人们所忽视。因此，必须根据乡村振兴发展的要求，科学规划重点领域中的物流业、餐饮娱乐业、旅游业、信息服务业等行业，并在规划中注重环境友好型、生态友好型第三产业的发展，力图通过第三产业引导第一产业、第二产业乃至整个乡村产业的振兴发展。

（四）科技支撑政策

一是研究制定乡村第三产业不同层面、不同级次、不同行业发展的技术政策、技术导向目录，加强自主技术创新，推动对先进技术的引进、消化、吸收，加快技术成果转化；二是扶持具备条件的科研院所或企事业单位，成立乡村第三产业振兴发展中心，加强乡村第三产业发展共性技术和关键技术的研发，加快建立完整的乡村第三产业振兴发展技术体系；三是推动乡村第三产业的国际交流和合作，积极组织、协调、促进国内外先进科学技术的合作研究与交流，追踪并学习先进理念和科技，引进国外成熟的新技术、新设备、新方法和新模式，组织力量消化、吸收和创新。

（五）评价考核体系

乡村第三产业发展的评价指标体系应以乡村振兴和绿色经济理论为基础，采用综合统计模型和计量方法对各级发展水平和趋势做出全面系统的综合评价。乡村第三产业发展评估制度应以融合和一体化发展原则为基础，以科学性和可行性为重点，遵循市场规律，实时反映第三产业的发展动态与趋势，以打造一二三产业融合协调发展的新格局。具体评价指标可包括经济增长指数、科技进步指数、废弃物排放指数和资源利用率指数等。

第十一章　中观层面乡村振兴发展的政策研究

乡村振兴发展的中观层面主要包括现代农业产业联合体、田园综合体、特色小镇、家庭农场等实体，是多个微观主体为获取经济效益或实现长久居住目标，将人力、物力、财力集中在某一地域范围内形成的农业发展体。中观层面的乡村振兴发展组织介于宏观与微观层面之间，不仅是乡村振兴发展实现宏观目标的有力保障，更为乡村振兴微观主体提供了良好的发展平台和优质的外部环境，是微观主体实现发展目标的重要载体，对于实现乡村振兴战略目标具有十分重要的意义。本章主要从中观系统研究乡村振兴政策体系，分别以农业产业联合体、田园综合体、特色小镇和家庭农场四类典型的乡村经营组织为例，分析各类经营主体的发展现状和政策需求，提出推动乡村振兴发展的政策建议。

第一节　农业产业联合体振兴发展政策

现代农业产业联合体是以"农业企业为龙头、家庭农场为基础、农民合作社为纽带"的一体化现代农业经营组织形式，是农业产业化的必由之路，是乡村振兴发展的有效解决途径。

一、现代农业产业联合体发展困境

农业产业联合体可以破解农业生产中存在的农业与其他产业之间、生产力与生产关系之间、各种生产要素之间的衔接问题，对于优化调整农业产业结构、破解农村产业融合瓶颈、实现主体合作共赢具有积极的作用。但是，在建设现代农业产业联合体的过程中，仍然存在不少难点与问题。

（一）农业产业结构不合理，主导产业不明确，缺乏龙头企业

目前，我国农业仍然以种植业为主，且种植业仍然是传统的粮经二元

结构，不利于发展养殖业和其他农业产业。农业基本仍处于自给或半自给的传统农业经济模式，承受市场风险的能力有限。农业科技含量不高，能够进入市场交换的农副产品大多是原料或粗加工产品，经济效益较低。二三产业发展滞后，导致农业产业化发展缓慢。没有真正的主导产业，往往按照惯性思维选择常规且带有共性的产业，产业发展模式以模仿为主，选择的主导产业地位不明显，作用不够突出。此外，缺乏本地龙头企业，且引进外地龙头企业的能力不足，少了"龙头"的引领，势必难以推动现代农业产业联合体的建设。

（二）农业基础经营组织相对松散，农民思想观念陈旧

我国农业产业化是在家庭联产承包责任制基础上产生的，家庭联产承包责任制的最大特点就是分散性，如何在坚持家庭承包经营土地制度下，实现具有一定规模的土地流转，是实现土地集约经营的核心问题和现实困境。随着现代农业产业化跨地区、跨部门的发展，客观上要求实现土地流转，这是关系到发挥经营规模效应，推进现代农业产业化发展的必要条件。近年来，虽然农村土地流转方面的制度改革如火如荼，但大多数流转大户和家庭农场依然以农民自主经营为主体，而农民的整体素质仍然不高，思想观念比较陈旧，对现代农业产业联合体认识不足，风险意识和创新意识不强，缺乏现代农业产业联合体建设的动力和能力，进一步阻碍了农业产业联合体的发展。

（三）农业服务体系不健全，缺乏有力引导

目前，农业服务体系仍以政府为主体，政府负责提供指导农业产业发展相关的公共服务和培训服务，采用的方式通常是单向服务，形式相对单一，效果不够明显。现代农业产业化的基本要求是要求农业按照市场需求组织农产品生产，缺乏为农业生产提供服务的中介组织（专业合作社），农户（专业大户和家庭农场）就难以按照市场需求生产适销对路的农副产品，而且农户（专业大户和家庭农场）与企业间极易产生信息不对称问题。就目前情况来看，专业合作社数量过少，服务能力有限，不足以发挥现代农业产业联合体中间纽带的作用，也难以有效引导农户（专业大户和家庭农场）开展现代农业产业联合体建设。

（四）资金短缺，缺乏吸引投资的农业大环境

投资是现代经济增长的第一动力，也是推进现代农业产业化发展的关键因素。目前，现代农业产业化的资金来源主要有国家投资和社会投资两方面，国家对农业的投资是有限的，而对于社会投资者来说，由于乡村振兴发展的长期性、不确定性，以及农业产业化投资的高风险性，从短期经

济效益来看，现代农业产业化的预期前景难以对投资者形成较大的吸引力。因此，改善吸引投资的农业大环境也是亟须解决的一大难题。

二、现代农业产业联合体发展对策

现代农业产业联合体的政策设计以发展现代农业为方向，以创新农业经营体制机制为动力，以帮助农民提高生产经营能力，实现共同富裕为目标，积极培育一批带农作用突出、综合竞争力强、可持续稳定发展的农业产业联合体，使其成为引领我国农村一二三产业融合发展的重要力量，为现代农业建设和农业农村发展注入新动能。

（一）调整农业产业结构，积极培植主导产业，大力发展龙头企业

1. 调整农业产业结构

在确保粮食生产稳步增长的前提下，将过去的粮经二元种植结构调整为粮食、经作、养殖的三元结构，发展优质高产高效农业。兴办以农副产品为原料的加工企业，使种植业、养殖业、加工业精密结合，相互促进，形成种养加（种植业、养殖业、农产品加工业）、产加销一体化经营，提高农副产品附加值，提升农业经济效益。

2. 积极培植主导产业

主导产业是农村经济发展的核心动力，主导产业的选择要从实际情况出发，以市场需要为导向，立足本地优势，创新传统产业，发展具有本地特色和竞争力的优势产业和产品，形成规模化、系列化的生产经营方式，带动其他产业的发展，形成产业错位协同发展的局面。

3. 大力发展龙头企业

龙头企业是现代农业产业联合体的中坚力量。立足当地产业特色，重点发展和引进实力雄厚、辐射面广、带动力强的龙头企业，围绕龙头企业创办基地，为农业产业结构调整开拓新途径。应充分发挥当地的特色优势，因地制宜、扬长避短，着力发展特色产业和龙头企业，完善扶持政策，强化知识服务，增强龙头企业辐射带动作用，推进农业产业链建设，加快农业产业化经营步伐。

（二）稳定农村基本政策，优化政策配套，完善土地流转机制

1. 稳定农村基本政策

现代农业产业化是承包制完善发展的产物，必须坚持和完善农村基本经营制度，也就是要稳定以承包制为主体的农村基本政策。现代农业产业联合体是现代农业产业化的组织形式，必须在家庭承包制基础上，积极探索土地使用权的合理流动，允许土地经营权在更大范围内流转。探索专业

大户和家庭农场租赁、承包、股份合作制等土地经营权流转模式，培育健康的土地市场，发展适度规模经营，顺应现代农业产业化发展的需求。应在农村土地承包经营权确权登记颁证的基础上，做好土地流转服务工作，鼓励农户（专业大户和家庭农场）进行土地流转和规模化经营。

2. 优化政策配套

落实中央各项支农政策，培育壮大新型农业经营主体。地方政府应通过支持龙头企业、农业合作社、家庭农场和农村部门的综合发展，推进农村一二三产业融合发展，使农业综合开发等相关项目资金尽可能地向新型农业经营主体倾斜。建立以龙头企业为引领、以家庭农场为基础、以农民合作社为纽带的乡村振兴发展模式，形成长期稳定的合作关系，促进多元要素的相互融通，实现全产业链增值增效，最大限度地实现共赢发展。

3. 完善土地流转机制

通过完善土地流转机制，落实用地保障，支持现代农业，推动乡村振兴。政府应着力指导开展农村土地利用规划编制，支持各地通过土地流转推进规模经营，为新型农业经营主体提供农业配套辅助设施，运用市场化手段推进生产要素流向新型农业经营主体。应适度增加年度新增建设用地指标，在行政上减少土地审批制约，落实用地保障，支持新型农业经营主体尽快开展生产经营。同时，积极开展土地综合整治工作，严防"农地非农化"。

（三）转变政府职能，强化保障措施，完善农业服务体系建设

1. 转变政府职能

科学界定政府职能是做好政府职能转变的前提。地方政府应将主要职能定位于社会管理和公共服务，着力完善农业服务体系建设。首先要抓好农林牧渔业的技术服务工作，健全服务网络体系，搞好农业科技推广工作。其次要鼓励和指导发展专业合作社，在保证自我生产经营的同时，充分发挥中介职能，实现农民自我服务和提高自我保护能力，减少农户（专业大户和家庭农场）直接参与市场竞争的风险，促使经济效益更大化。

2. 强化保障措施

强化乡村建设基本保障是推动产业化联合体发展的关键内容之一。具体体现为三个方面：一是加强统筹协调，加强组织领导。乡村建设要落实上级工作要求，把乡村建设、乡村振兴作为重要任务，并做好相关指导，相关部门要注意化解乡村建设中出现的各种矛盾。同时完善农业产业化联席会议制度，为从事乡村产业的各类经营主体提供高效便捷服务，推动落实扶持农业产业化发展的相关政策措施，打造良好的产业融合发展氛围。

二是开展示范项目创建与推广。相关部门要宣传推广乡村产业发展的鲜活经验，组织开展示范项目创建活动，推广一批农民合作社、家庭农场和农村创新创业典型案例，完善乡村产业监测体系，完善配套制度，促进经营管理水平的整体提升，高效率开发利用农业农村资源，同时给予相应的政策扶持。三是加强市场信息互通。增强龙头企业的带动能力，支持龙头企业应用新理念，建立农业产业化联合体信息库，开拓农业产业化联合体农产品销售渠道。鼓励龙头企业强化信息化管理，形成紧密型农业经营组织，实行一体化发展，示范引导农民合作社和家庭农场从事标准化生产。

（四）开拓资金来源渠道，加大金融支持，健全农业投资体系

1. 开拓资金来源渠道

政府应加大资金投入力度，加强基础设施建设，发挥政府资源、信息、政策优势，开拓资金来源渠道，实现投入主体多元化，有效调动农民、企业、社会参与现代农业产业化联合体建设的积极性。农户（专业大户和家庭农场）既是产业化经营的主体，也是产业化投入的主体，应充分重视农民产业化投入的潜力。农业专业合作社也是一个重要的资金来源渠道，应通过政策激励，提高其资金投入动力。此外，金融机构要适度集中资金支持现代农业产业化联合体建设，特别要支持带动能力强、以农副产品加工为主的龙头企业和经济效益好、科技含量高的规模农业发展。

2. 加大金融支持

建立健全激励约束并重的金融支农政策，发展农村普惠金融，努力解决新型农业经营主体的融资难题。强化金融支农激励约束机制，为农业领域提供综合性金融服务，实现金融资本与农村的有效对接。积极发展产业链金融，投入引导性扶持资金，放大银行贷款倍数，促使金融资源更多地流向农村地区。确保金融机构信贷资金支持乡村振兴发展，加大支持新型农业经营主体的力度，降低农业产业化联合体成员风险。通过金融创新支持新型农业经营主体高质量发展，满足新型农业经营主体多样化的金融需求，同时也要满足多元主体的利益诉求，协调各方投资资金的比重。推动金融机构强化支农惠农，积极稳妥地发展农村合作金融，不断完善金融政策服务体系，切实推进乡村振兴。

第二节　田园综合体振兴发展政策

党的十九大报告中"坚持人与自然和谐共生""实施乡村振兴战略"

等论述为农村未来发展指明了大方向。而新时期乡村发展的两大重点无疑是"田园综合体"和"特色小镇"。田园综合体是集现代农业、休闲旅游、田园社区为一体的乡村综合发展模式。

一、田园综合体模式的提出

2005 年，党的十六届五中全会提出建设社会主义新农村，国家"十一五规划"纲要明确了要把坚持发展农业生产力作为建设社会主义新农村的首要任务，扎实推进新农村建设。2007 年，党的十七大提出"统筹城乡发展，推进社会主义新农村建设"，进一步提出"建设生态文明、增强可持续发展能力"的新要求。2012 年，党的十八大提出，要大力建设生态文明，建设美丽中国，形成人与自然和谐相处的新格局。2013 年，《中共中央、国务院关于加快发展现代农业，进一步增强农村发展活力的若干意见》提出，加强农村生态建设，开展"美丽乡村"创建活动。美丽乡村建设是升级版的新农村建设。2014 年，农业部发布"美丽乡村"十大创建模式，要建设各具特色的美丽乡村。2015 年，国家出台《美丽乡村建设指南》用于指导以村为单位的美丽乡村建设，为美丽乡村的建设提出总体要求。2016 年，制定《2016 年美丽乡村建设激励政策意见》，推动建设美丽乡村的各项工作进一步落实。

2017 年，源于阳山的"田园综合体"作为乡村新型产业发展的亮点措施被写进《中共中央、国务院关于深入推进农业供给侧结构性改革加快培育农业农村发展新动能的若干意见》，同时，财政部下发了《关于开展田园综合体建设试点工作的通知》，支持有条件的乡村建设以农民合作社为主要载体、让农民充分参与和受益，集循环农业、创意农业、农事体验于一体的田园综合体，通过农业综合开发、农村综合改革转移支付等渠道开展试点示范。

二、田园综合体发展的对策

中央政策对田园综合体开发的要求可归结为：整合土地、资金、科技，坚持可持续发展，加强基础设施建设，坚持统筹兼顾。

（一）创新土地开发模式，推动产业融合发展

2017 年，《中共中央、国务院关于深入推进农业供给侧结构性改革加快培育农业农村发展新动能的若干意见》强调指出，要完善新增建设用地的保障机制，采取入股、出租、合作等方式指导农村土地流转，完善土地经营权和宅基地使用权的流转机制，以农村现有产业为基础，进行产业优

化升级，促使农村农业与新兴产业的发展与融合，形成一种紧密结合、相互促进的长效机制。应深入理解田园综合体建设理念，开发具有多功能性的乡村特色产业，重点支持乡村休闲旅游、养老等产业与乡村三产的融合发展，既要保障农业生产，又要确保农民增收。

（二）积极创新，探索多种形式的融资模式

国家财政对田园综合体试点投入引导性扶持资金，采用直接补助、保险、风险补偿、以奖代补、贷款贴息等政策，扭转农村资金外流趋势，促使金融资源更多地流向农村地区。建设田园综合体，需要多方资金的支持，同时也要满足多主体利益诉求。应充分发挥财政资金、社会资本和金融资本的支持作用，在建设时应注意三类资本的投资比例。政府建立专项资金，发展农村普惠金融。社会企业设立农业投资公司，从事农业项目的开发，对从事农业生产经营的企业进行资金投入。银行采用涉农贷款增量奖励政策，放宽涉农不良贷款容忍度，引入 PPP 融资模式，加大支农力度。应打破田园综合体融资模式存在的短板，充分利用多方融资渠道，通过整合资本推动田园综合体建设，确保资金全部应用于农村项目投资、建设和运营，共同打造田园综合体。

（三）整合科技资源，大力强化科技支撑

2018 年 5 月 28 日，习近平在中国科学院第十九次院士大会、中国工程院第十四次院士大会上提到，中国要强盛、要复兴，就一定要大力发展科学技术，努力成为世界主要科学中心和创新高地。科学技术是第一生产力，科技进步是乡村振兴发展的基本支撑，科学技术发展对建设田园综合体、促进农村经济发展具有重要意义。

为降低资源和环境压力，构建农居循环社区，应全面深化科技体制改革，搭建创新平台，将科技成果转化为农村生产力，采用先进技术和科技手段建设田园综合体。同时，应加快构建以企业为主体，以市场为导向，产学研相结合的技术创新体系。在 21 世纪的今天，科技已成为现代农业生产的关键要素，是现代农业生产力提升的助力剂。生产自动化、动力电气化、物联网技术的运用，在降低生产成本、提高效率的同时，也促进了农业发展的现代化，使田园综合体建设更加贴近农业现代化发展趋势。

（四）推动绿色发展，构建乡村生态体系屏障

绿色、生态、可持续发展是田园综合体发展的落脚点。田园综合体旨在将农业生产与休闲生活相结合，体现了绿色、环保的理念。随着我国经济发展进入新常态，工业化和城市化进程不断加快，农村发展受到了严重的资源和环境制约，农村产业发展面临瓶颈，亟须搭建创新平台，迎合市

场需求，满足人民日益增长的美好生活需要。田园综合体发展模式是对农业农村生产生活方式和发展模式的全面变革，可以解决农村经济发展面临的下行压力，为农村现代化和城乡一体化发展提供有力支撑，能够更好地满足农村发展的需要，为农业产业综合开发和转型升级打开了突破口。

（五）完善服务功能，补齐公共服务体系短板

农村基础设施建设是田园综合体发展的重要支撑。完善公共服务体系，就是要满足人民群众的基本公共需求，坚持"姓农为农"的宗旨，构建以人为本、覆盖城乡、分布合理、功能完备、运转高效的公共服务体系，以完善农村基础设施为核心，推进田园综合体建设。具体来讲，要推进乡村义务教育体系，促进教育公平；推进乡村公共医疗卫生体系建设，优化医疗环境，为乡村居民提供基本的医疗服务；推进乡村公共文化服务体系建设，保障农民的基本文化权益，为农民提供良好的文化服务；推进乡村社会保障体系建设，完善农村养老保险体系，加快建立多层次的农村、农业、农民保险体系，充分发挥保险在田园综合体建设中的作用；推进乡村公共安全体系建设，最大限度地保障公共安全，提高对田园综合体的动态管理和控制能力；推进就业服务体系建设，实施积极的就业政策，增加再就业的机会，为田园综合体建设提供人才支撑。

（六）坚持统筹兼顾，促进产业协调发展

田园综合体建设应坚持全面协调发展的原则，以乡村振兴为目标，将乡村建成生产、加工、休闲、居住于一体的整体。田园综合体不应单纯重视农业生产或者加工产业，在建设初期应突出优势，科学规划，把握重点，合理布局，注重农业生产的多功能性。根据木桶理论，补齐发展短板，应充分把握田园综合体中的"综合"理念，妥善处理农村各产业的关系，促进各产业协调发展，优势互补，形成建设合力。具体建设中，应以农业产业为基础，将旅游休闲、文化创新、工业产业升级、优化居住环境等多目标、多需求统筹兼顾，立足地方特色产业、效益农业，全面改善农村生产生活条件，促进农村经济社会发展，实现环境优美、农民增收、功能齐全等目标，使田园综合体建设契合现代农业发展趋势。

第三节　特色小镇振兴发展政策

特色小（城）镇包括特色小镇、小城镇两种形态。特色小镇不同于行政建制镇和产业园区的创新创业平台，主要聚焦于特色产业和新兴产业，

集聚于推动要素发展。特色小城镇是指以传统行政区划为单元，特色产业鲜明，具有一定人口和经济规模的建制镇。特色小镇是新时期、新阶段乡村发展模式的创新性探索和实践。

一、特色小镇的发展历程

2014 年 10 月，时任浙江省省长李强首次提出特色小镇的概念，并认为，特色小镇建设与驱动新经济的七大产业发展同样重要。此后，全国迎来了特色小镇建设的高峰期。2016 年 7 月，住房城乡建设部、国家发展改革委、财政部联合下发了《关于开展特色小镇培育工作的通知》，这是支持"特色小镇建设"的首个国家层面的政策。2017 年的政府工作报告中明确提出，"扎实推进新型城镇化，支持中小城市和特色小城镇发展"。党的十九大报告提出，要形成"以城市群为主体、构建大中小城市和小城镇协调发展"的城镇格局。截至 2018 年，住建部已先后公布两批共 394 个中国特色小镇名单，各地特色小镇数量如表 11 - 1 所示。

表 11 - 1 　　　　　　　截至 2018 年中国特色小镇统计数据

地区	第一批	第二批	合计	地区	第一批	第二批	合计
北京	3	4	7	湖北	5	11	16
天津	2	3	5	湖南	5	11	16
河北	4	8	12	广东	6	14	20
山西	3	9	12	广西	4	10	14
内蒙古	3	9	12	海南	2	5	7
辽宁	4	9	13	重庆	4	9	13
吉林	3	6	9	四川	5	13	18
黑龙江	3	8	11	贵州	3	10	13
上海	3	6	9	云南	2	10	12
江苏	7	15	22	西藏	2	5	7
浙江	8	15	23	陕西	5	9	14
安徽	5	10	15	甘肃	3	5	8
福建	5	9	14	青海	2	4	6
江西	4	8	12	宁夏	2	5	7
山东	7	15	22	新疆	3	7	10
河南	4	11	15	合计	121	273	394

注：根据住建部公布的第一批（2016）和第二批（2017）中国特色小镇名单整理。

二、特色小镇的实现路径

随着我国城镇化的发展，2016年，住建部、发改委联合发布关于开展特色小镇培育工作的通知，对农村原有的发展模式进行创新。地方政府基于自身发展需求，纷纷开展特色小镇建设工作。特色小镇建设是推进乡村振兴发展的重要抓手，已成为地方经济结构和产业升级的重要载体，对于促进经济转型升级，推动新型城镇化、转移农村剩余劳动力和新农村建设具有重要意义。

（一）做好顶层设计，突出特色小镇战略定位

建设特色小镇，首先要做好顶层设计。政府是特色小镇建设的推动者和指导者，对特色小镇的运营方式、产业定位、投资总量、空间形态、政策扶持等进行系统指引和管控。为形成"百镇不同面，镇镇有特色"的发展格局，科学合理的规划设计是基础。此外，应建立健全体制机制，保障特色小镇的可持续发展，让特色小镇成为经济转型升级的新引擎。

在统筹规划特色小镇建设时，必须突出战略性。特色小镇是实施乡村振兴战略的重要载体，是加快产业转型升级的重要路径选择，也是拉动有效投资，促进经济高质量发展的新引擎，是推动乡村振兴的重要抓手。从城乡发展格局来看，特色小镇有效地促进了城乡协调发展；从先进地区经验及实践看，特色小镇有助于优化人口结构，加速了农民就地城镇化进程。特色小镇综合、集约开发特色资源，带动乡村振兴战略的发展，有助于形成特色产业集群，产生经济增长新动能。做好特色小镇建设顶层设计，必须站在战略高度，对特色小镇发展精准定位，发挥优化城镇结构、有效连接城乡、促进城镇化发展的功能。

（二）植根于地方特色，创新产业形态

特色小镇建设的核心在于充分利用地方资源，植根于特色产业。以浙江省为例，浙江省利用自身经济较为发达的优势，以突出产业特色为重点，建设"产、城、人、文"于一体的特色小镇。特色小镇建设必须抓住产业特色这一核心要素，以富有特色和潜力的产业作为谋划发展的基石和起点，增加有效供给，对接市场需求，加快产业集聚，培育新经济、新业态、新产业，做到"以产立镇、以产兴镇"，打造独特的产业形态。

乡土文化是特色小镇的灵魂。我国地域辽阔，小镇大多保持了农村生活的特点，通过挖掘每个特色小镇的人文底蕴，结合自身特色，将文化基因植入当地产业发展全过程，彰显区域特色，传承历史文化，承载现实需求，推进文化与产业的有机融合，能够形成独特的文化标识。因此，特色

小镇的关键在于找准特色，不能照抄照搬国内外固有模式，更不能"千镇一面"，而应使其成为具有独特气质、产业与文化融合的乡村经济载体，突出特色、放大特色，根据特色小镇的产业定位，推动差异化发展，实现特色产业与历史文化的相互融合、相得益彰。

（三）提升聚合效应，突出形态上的"小而美"

特色小镇非镇非区，既不是行政概念，也不是工业区概念，更不是行政区划上的简单镇，而是基于五大发展理念，融合信息、产业、文化创新发展平台建立的乡村振兴发展新业态。因此，特色小镇建设应以创新驱动特色经营，科学规划产业布局，在提升聚合效应上下功夫。特色小镇要突出"小而美""特而精"的形态特征，避免"大而全"造成的产业雷同。"小"指的是规划面积一般控制在 3 平方公里左右，建设面积一般控制在 1 平方公里左右；"美"是指特色小镇必须保持环境美、产业美、文化美、民风美；"特"是指人无我有，人有我优，人优我精，结合本地特色，防止千镇一面；"精"是指立足资源优势和自身优势，做强产业，做大经济。譬如，杭州市下辖乡村在建设特色小镇时，要求低级景区要按照 5A 级景区标准建设，打造颜值高、品质佳的景区。

（四）坚持"宽进严定"，注重质量优先

在特色小镇项目规划中，特色小镇的设立不宜采用审批制，而应遵循"宽进严定"的原则。所谓"宽进"指对于符合乡村振兴发展趋势，产业特色明显、规划清晰，有条件、有能力完成考核的小镇，允许其申报，也可适当放宽准入条件。对于那些无法完成预期目标的申报不予通过，否则势必造成资源的浪费。而"严定"是指坚持分行业确定名单，遵循后奖励原则，成熟一个公布一个。在充分考虑历史传统产业特殊性的前提下，不搞地域平均分配，根据实地调研，严格确定入围名单，避免出现滥竽充数的现象。特色是小镇的核心元素，产业特色是重中之重。因此，必须立足当地特色资源和自然禀赋，这是特色小镇建设的关键所在，也是乡村振兴发展尊重自然规律的必然要求。特色的本质在于竞争力和生命力，各地的特色小镇建设要紧扣自身的优势产业和历史传统产业，增强新兴产业和传统产业的融合发展，勇于创新发展模式，充分挖掘小镇的自然、文化、产业特色，使小镇更具吸引力。

（五）理清政府、市场和企业的关系，突出政策创新

一方面，政府应强化公共服务职能，引导、扶持和服务特色小镇建设；另一方面，要充分发挥市场在资源配置中的决定性作用，提高特色小镇的发展效率和效益。政府的职责重在"引导、扶持和服务"，不能大包

大揽。基于特色小镇的特殊作用，在支持政策上要敢于突破，勇于创新，加快建设服务型政府，建立健全法律法规体系，强化市场监管，并在土地优惠、项目优惠、科技服务创新、创业环境方面发挥政府强有力的扶持作用。另外，要预防政府越位、错位行为的发生，引入市场竞争主体，充分发挥市场体制机制的调节作用，激发市场活力和主体动力，提升市场的主导地位，深化供给侧结构性改革，避免利益集团和旧体制的干扰，建立利益共享、风险共担的共同体关系。

三、特色小镇的政策导向

特色小镇振兴发展的政策导向主要突出贯彻落实新发展理念，坚持以人民为中心，因地制宜，坚持创新探索，提倡形态多样化，充分发挥市场主体作用和政府的引导作用，推动多元主体共建共享，创新建设理念，转变发展方式，准确把握特色小镇的内涵，遵循城镇化发展规律，探索小镇建设"特色鲜明、产城融合、惠及群众"之路，有效推进三产融合，推动乡村振兴建设。

（一）提升内生发展动力，推动特色产业集群化发展

各地区在推进特色小镇建设时，要立足实际条件，以特色产业为核心，坚持创新探索、以人为本、市场主导的原则，大力发展产业特色鲜明、资源集约、生活宜居、富有吸引力的特色小镇。要明确特色小镇的产业定位，充分利用"互联网＋""人工智能"等新兴手段，激发产业链活力，推动产业链向高水平、高质量发展。推动特色产业集群化发展，创造良好的产业发展环境，通过产业发展，就近解决农村剩余劳动力问题，带动农村发展效果明显，很大程度上避免了城市吞并农村，真正实现了产城融合。

推进产业升级和业态创新，注重内外兼修，拓宽小镇发展的现实路径。特色小镇振兴发展是一项长期而又艰巨的工作，要着眼于需求导向和产业价值链提升，依托现有产业基础、特色资源、区位条件，学会自我造血，提高建设实效，努力实现传统乡村向特色小镇转化。要打好基础、精准识别，针对短板寻找产业升级突破口，转变经济发展方式，孕育内在动力机制，激发内生动力。

（二）完善基础设施服务，打造和谐宜居环境

以完善小镇基础设施为重心推进特色小镇建设，构建以人为本、覆盖城乡、分布合理、功能完备、运转高效的公共服务体系，建设以人为本的宜居家园。推进义务教育体系，促进教育公平；推动公共医疗卫生体系建

设，优化医疗环境，为小镇居民提供基本的医疗服务；推进公共文化服务体系建设，保障其基本文化权益，提供良好的文化服务，让教育、医疗、文化、商业等服务覆盖农村地区。同时把"绿水青山就是金山银山"的理念放在首位，坚持生态优先，注重保护环境，坚持绿色循环低碳发展，保护特色景观资源，严守生态保护红线，确保特色小镇的"高颜值"。

（三）彰显传统文化特色，强化地域品牌建设

充分挖掘小镇优秀文化传统，重塑文化符号凝聚力。以文化要素引领产业发展，强化自主品牌的培育力度，以品牌建设推动特色小镇高质量发展，以品牌和信誉为核心塑造新形象，提升地域品牌竞争力，加快向产业价值链高端攀升。要综合考虑当地基础条件，以"特"字为招牌，结合优秀传统文化特色，提升品牌的文化内涵，构建品牌核心价值体系，为品牌注入文化内涵，注重品牌文化价值的发掘和提升，讲好品牌故事，提高公众品牌认知，努力形成独特的文化标识与产业融合发展的特色小镇成长道路。

（四）加强体制机制创新，塑造核心竞争力

为了产业"特而强"、功能"聚而合"、形态"小而美"，深化管理体制改革，创新审批和执行机制，提供政策保障，明确小镇的特色定位，依托特色小镇的建设运营，塑造小镇核心竞争力，激发小镇发展潜力。要整合产业资源，探索多元化的建设模式。在日益激烈的竞争环境下，应摒弃传统发展思路，立足长远进行创新性尝试，立足产业优势、资源优势和市场需求，明确特色产业发展方向，适应经济发展新常态，通过特色产业延伸，推进产业融合发展。应加强技术创新，增强特色小镇市场竞争力。开展质量创新，着力提高小镇的产品质量与服务水平，提高产品的竞争力。开展多元化经营，保持和发展核心业务，开拓未来市场，为小镇注入生命力和活力。

第四节　家庭农场振兴发展政策

家庭农场作为一种新型的现代农业经营主体，以其生产经营的集约化、规模化以及商品化的特征，为现代农业发展注入了新的活力。乡村可持续发展的基本载体是农村社区，因而，实现以家庭农场为代表的农村社区的可持续发展，是实现乡村振兴发展的基础。

一、家庭农场振兴发展的现实意义

据相关部门统计，当前，我国各类家庭农场承包的经营耕地面积占全国承包耕地总面积的13.4%，高达1.76亿亩。各类家庭农场总数量超过87万家，其中，有超过34万家家庭农场经过相关农业部门认定，平均经营规模约为125亩。家庭农场的适度规模化经营、集约化经营以及商品化经营的方式，代表了我国农业发展的先进生产力，顺应了新时期我国现代农业的发展趋势，肩负着我国农业现代化建设的历史使命。①

（一）家庭农场是新型农村经营模式的创新

自改革开放以来，我国确立了以家庭承包经营为基础、统分结合的双层经营体制。在改革开放初期，这种双层经营体制与我国国情紧密结合，对于调动我国农村劳动力的劳动积极性、解放农村生产力、促进我国农业的发展起到了十分重要的作用。但是随着我国经济的快速发展，城镇化、工业化进程不断加快，这种双层经营体制的不足开始逐步显现，土地利用率较低、农产品的市场竞争力不强、生产效益低下等原因导致农场劳动力大量流失。我国农村人口数量众多，但耕地面积数量有限，如何结合我国国情解决农业问题与农民问题显得尤为重要。家庭农场这种新型的农村经营模式是家庭承包经营的升级版，一方面，保留了传统的家庭承包经营的内核，具备农业家庭生产的优势；另一方面，通过土地流转的方式将分散的耕地进行有效集中，使家庭农场的经营主体可以实行机械化、专业化、规模化的生产经营。家庭农场基于我国的基本国情与农村经济发展的实际情况，结合农业生产的主要特性，坚持了双层经营体制在我国农业发展中的基础性地位，既延续了家庭承包经营，又对双层经营体制进行了契合我国经济发展的改进，是对我国农村基本经营制度的完善与延续。

（二）发展家庭农场是实现农业现代化的必由之路

纵观世界农业的发展进程，自19世纪中期以来，家庭农场就逐步作为现代农业生产的基本单位而存在，20世纪以来，家庭农场在美国、法国、英国、日本等发达国家成为最为普遍的现代农业经营形式。借鉴发达国家的农业发展经验，要想实现我国农业的现代化，发展家庭农场是必经之路。家庭农场相对于传统的家庭承包经营，具有集约化、规模化、商品化的特点，生产经营形式也趋向于机械化、专业化。家庭农场通过不断完

---

① 陶怀颖，赵鲲，王衍，等. 关于健全家庭农场政策扶持体系的认识与思考 [J]. 农村工作通讯，2016 (10)：45－48.

善基础设施建设、提升农产品质量、打造农产品品牌效应等生产经营方式，必然会提升资源利用效率，带来土地产出率、劳动生产率的提高，从而提升当地村民的农业收入。家庭农场这种新型的农业经营模式通过对生产设备、生产技术、营销模式等方面的创新，有利于突破传统家庭承包经营的发展瓶颈，是发展新型农业、现代农业的重要承载力量，有利于实现我国的农业现代化。

（三）家庭农场破解乡村振兴发展的劳动力瓶颈

农业作为我国的第一产业，由于其生产资料投入及产品产出的特殊性，受自然环境、自然灾害等不可抗力的影响较大，导致农业的生产能力较为不稳定，农业生产效益较低，农村劳动力的务农收入较低。随着经济的快速发展，我国的城镇化、工业化进程不断加快，大量农村劳动力向城镇转移，从农业转向收入更高的第二产业、第三产业，农村的优质劳动力大量流失，农业呈现兼业化倾向。在这种非均衡的农村劳动力资源大量流失的态势下，未来的农业生产由谁来从事，成为一个急需解决的重要难题。家庭农场实行规模化经营，经营面积与传统的家庭承包经营相比大幅增加，生产经营趋于机械化、专业化，产出的农产品也趋于商品化，必然会带来生产能力的提升和生产效益的提高，提升当地村民的务农收入，从而吸引一部分农村劳动力返乡从事家庭农场的经营；此外，家庭农场经营需要懂农业技术、善于经营管理的专业化人才，这就要求政府等相关部门通过教育培训等方式培育新型职业农民，利用优惠的政策条件吸引相关专业的优秀人才从事家庭农场，也就同时为乡村振兴储备了更多的专业人才。因此，发展家庭农场对于破解农村的劳动力难题，实现农业可持续发展具有重要的意义。

（四）家庭农场是农业供给侧结构性改革的有效载体

家庭农场作为具有集约化、规模化、商品化生产特征的新型农业经营主体，是现代化农业的重要有生力量，是提升我国农业生产效率、经济效益以及产品竞争力的重要举措，是推动农业供给侧结构性改革的重要有效载体。以家庭农场和农民合作社为抓手推动农业适度规模化经营，完善和延续了农村基本经营制度，既坚持了家庭经营在农业生产中的基础性地位，使农业生产要素得以统一配置，符合农业生产特点，又避免了农业资源的浪费，对于保障农产品有效供给和促进农民增收具有重要作用。此外，相较于传统的家庭承包经营，家庭农场在生产经营过程中更加关注市场需求，以市场需求为导向，通过对生产资料供应、农业技术服务、农产品质量标准、农产品营销等的统一运作，实现对家庭农场生产经营过程的监管，促进家庭农场的标准化发展以及品牌化建设，为市场提供更加优质安全的农产品。

二、家庭农场发展瓶颈与政策需求

与国外的家庭农场相比，我国家庭农场处于发展的初级阶段，即由家庭承包经营向家庭农场转型的升级阶段。在乡村振兴发展的大背景下，我国家庭农场的发展面临着前所未有的发展机遇，具备了较为有利的发展条件。但是，目前阶段，家庭农场发展过程中也面临着基础设施不完善、融资困难、社会化服务滞后以及人才短缺等诸多困难，亟须政府相关部门以及社会各界的关注与支持。

（一）农业基础设施发展滞后，阻碍了家庭农场发展的现代化进程

家庭农场具有较为稳定的土地流转关系，其经营模式呈现明显的集约化、规模化特征，产出的农产品具有典型的商品化特性，因此，在家庭农场的经营过程中，有必要对原有的农田基础设施进行改进、购置相关的机械设备来满足规模化经营的需求，也需要建立专业化的冷链储藏设施，建立完善的商品物流体系。传统的家庭承包经营，多为一家一户的小规模经营，农户缺乏相应的人力、物力进行农业基础设施建设，这种传统的农业基础设施难以满足家庭农场发展的需求，已严重阻碍了家庭农场发展的现代化进程，亟须政府相关部门加大农业基础设施建设，搭建农业信息化平台，完善农产品产、供、销一体化体系。

（二）信贷保险服务缺失，家庭农场发展缺乏有效保障

家庭农场的集约化、规模化运营加大了资金需求力度。在家庭农场的经营过程中，土地租赁、已购置的农业设备等作为固定投资也占用较大数额的资金，而购买化肥等农业生产资料、雇用工人、购置新的农业设备等都需要一定数量的流动资金，家庭农场对资金的需求强烈。但是，由于家庭农场缺乏金融机构所需的有效抵押物，融资较为困难，而民间借贷等贷款方式不仅"贵"且存在资金安全隐患。"贷款难""贷款贵"使家庭农场的资金周转得不到保障，长此以往必然会阻碍家庭农场的发展速度，需要政府相关部门以及相关金融机构提供相应的信贷扶持。

此外，家庭农场面临较多的外部风险。冰雹等自然灾害、化肥等农业生产资料价格的大幅波动、农产品质量及价格的大幅波动，都会对家庭农场造成或轻或重甚至是毁灭性的打击。因此，家庭农场亟须各类保险服务的保障，使经营者在遭遇灾祸时尽可能地降低损失。

（三）社会服务体系不完善，家庭农场发展缺乏专业化支持

家庭农场在规模化经营发展的过程中，逐渐趋于精细化和专业化，这种趋势使得家庭农场在生产经营的各个环节亟须专业化服务。例如，在农业科技、市场沟通、农产品流通等各个环节，要求相关的农业科技、市场信息分析、产品销售等相关领域专业从业人员提供的社会化服务。然而，我国农业的社会化服务水平相较于农业的发展水平而言较为滞后，所能够提供的社会化服务水平较低，公益性的社会服务体系不完善，严重影响了家庭农场的发展进程，尚需要社会各界为家庭农场发展提供相应的配套服务支持。

（四）专业化人才短缺，严重影响了家庭农场的发展质量

优秀的专业化人才，是推动家庭农场高质量发展的核心力量。国外发达国家的家庭农场经营模式较为成熟，一方面得益于国家的政治经济水平，另一方面得益于专业的经营者。国外家庭农场的经营者一般接受过大学教育并取得相应的农业大学学历，或者接受过政府等相关部门组织的专业化培训，经营者的整体素质较高。与发达国家相比，我国家庭农场的经营者多为传统家庭承包的经营者，即当地农户，其受教育水平普遍较低，缺乏专业的农业相关科学知识与先进的经营管理方法，而相关的专业化培训体系尚未形成，懂技术、会管理、会经营的专业化优秀人才匮乏，严重制约着我国家庭农场的健康快速发展。

三、家庭农场振兴发展的政策导向

2008年，党的十七届三中全会报告首次提出，将家庭农场作为农业规模经营主体之一。2013年，《中共中央、国务院关于加快发展现代农业进一步增强农村发展活力的若干意见》再次提出，要鼓励和支持承包土地向家庭农场流转。2014年2月，农业部在顺应农业发展趋势的基础上，贯彻落实党的十八届三中全会对农业发展的要求，制定了《关于促进家庭农场发展的指导意见》，首次明确了家庭农场在构建新型农业经营体系中的重要作用，界定了家庭农场的基本特征，并提出了扶持家庭农场发展的相关政策措施以及工作要求。2014年11月，国务院印发的《关于引导农村土地经营权有序流转发展农业适度规模经营的意见》中坚持以改革为动力，鼓励创新农业经营体制机制，引导土地经营权有序流转，坚持家庭经营的基础性地位，让农民成为土地流转和规模经营的积极参与者和真正受益者。2016年10月，《国民经济和社会发展第十三个五年规划纲要》进一步强调，要以发展多种形式适度规模经营为引领，创新农业经营组织方

式，培育新型农业经营主体，培育壮大农业产业化龙头企业，从而构建现代农业经营体系，创新农业社会化服务机制，提高农业综合效益。扶持家庭农场等新型农业经营主体，从而构建现代农业经营体系，提高农业经济发展的综合效益。目前，全国多个省份已经将家庭农场作为促进农业经济发展的优先项或重点发展领域，已经有23个省份陆续下发了扶持家庭农场发展的专门意见及相关政策。建立健全家庭农场发展的政策体系，应当紧密结合乡村振兴、农村改革等任务要求，关注家庭农场发展的瓶颈与需求，整合利用家庭农场发展的内外部资源，促进家庭农场的健康、快速发展。

（一）加快基础设施建设，优化财政补贴结构，提升家庭农场生产能力

加快家庭农场基础设施建设，是提升农场生产能力的基本前提。财政部门在制定相关优惠政策以及综合规划农业开发、高标准农田建设、农田水利基础设施建设等农业项目时，应当适时向家庭农场倾斜，使其生产条件尽快满足家庭农场机械化、规模化、专业化的经营需求，从而尽快提升家庭农场的生产效率及经济效益。在必要且符合条件的前提下，可以将家庭农场作为国家相关农业基础设施建设项目的实施主体，加快农田水利基础设施建设，为提高家庭农场生产能力奠定基础。

优化财政补贴结构，是提升家庭农场生产能力的重要保障。2015年，财政部与农业部联合提出"三项补贴"改革，并集中230亿元左右的资金用来扶持以家庭农场为重点支持对象的新型经营主体和适度规模经营。各省市应当优化财政补贴的结构，将更为优惠的补贴政策向家庭农场倾斜，例如，对家庭农场经营所租用的土地给予土地流转费用补贴、农产品种植补贴、农产品价格补贴，甚至对家庭农场农产品冷藏、物流等相关设施设备的补贴等。通过特惠型的财政补贴政策，降低家庭农场的生产成本，进而刺激家庭农场生产能力的提升。

（二）创新信贷保险产品服务，保障家庭农场发展

早在2014年3月，中国人民银行就出台了《关于做好家庭农场等新型农业经营主体金融服务的指导意见》，提出切实加大对家庭农场等新型农业经营主体的信贷支持力度等13条意见。2015年，财政出资开建全国性的农业信贷担保体系，以期为适度规模经营的家庭农场等新型农业经营主体提供信贷服务。2016年3月，中国人民银行、中国银监会、中国保监会、财政部以及农业部联合制定《农村承包土地的经营权抵押贷款试点暂行办法》，以232个县为试点，旨在规范推进家庭农场等新型农业经营主体承包土地的经营权抵押贷款，解决农业领域"融资难""融资贵"的难题；与此同时，保监会要求相关保险公司加快完善农业保险种类以及覆盖

范围，为家庭农场等新型农业经营主体开发定制专属的保险产品，并对其采取单独承保、定损以及理赔的政策。

目前，中国人民银行、中国邮政储蓄银行、农商银行、中国农业银行以及安信农业保险等金融机构，已经积极为家庭农场量身定制了专门的信贷业务与保险业务，为了更好地助力家庭农场发展，银行等金融机构应当围绕家庭农场的信贷业务与保险业务持续创新，加大信贷与保险的扶持力度。在信贷担保方面，一方面，可以积极推进全国农业信贷担保体系的实质性运营，为家庭农场提供信贷担保；另一方面，应积极推进家庭农场承包土地经营权抵押贷款试点，与相关银行等金融机构合作，开发更加贴合家庭农场信贷需求的相关产品，从而拓宽家庭农场的融资贷款渠道，解决家庭农场"贷款难""贷款贵"的难题。在农业保险方面，与相关的银行机构、保险机构合作，开发多层次的更加贴合家庭农场保险需求的专属产品，使农业保险对自然灾害、家庭农场地租、农业生产资料、农产品等实现全方位覆盖，从而为家庭农场提供完善的一体化保障。

（三）建立信息直报系统，为家庭农场发展提供精准化服务支撑

借鉴美国、荷兰等发达国家在家庭农场发展中的经验，我国应当尽快建立家庭农场生产经营信息直报系统，为家庭农场的精准化扶持提供条件。生产经营信息直报系统利用信息化手段，对我国乡村现有的家庭农场进行精准化定位并将其全部相关信息录入系统，并向政府、银行、保险等相关机构提供信息服务，使各个相关主体直连、服务直通、信息共享共用。政府管理端通过实施动态监管，可以精确地掌握相关政策的落实情况以及家庭农场的生产经营状况，为家庭农场提供点对点的精准化农业补贴及政策服务；银行、保险等金融机构可以通过信息直报系统了解当前家庭农场的金融保险需求，从而提供定制化的专属产品；家庭农场经营主体也可以通过信息直报系统，获取教育培训、生产作业、产品营销等相关的社会化服务。

与此同时，要加快建立健全经营性与公益性服务相结合的家庭农场社会化服务体系。一方面，政府可以通过定向委托、招标投标、补贴或奖励等优厚的政策优惠，吸引社会经营性组织参与家庭农场的生产经营活动，为家庭农场提供农业技术推广、农业机械设备作业、农业生产资料配送、农产品营销等公益性社会服务；另一方面，政府可以积极引导家庭农场之间、家庭农场与其他新型现代农业经营主体之间开展合作，通过示范效应以及集约化经营方式，为家庭农场在优良选种、植保、农产品加工、销售等生产经营过程中提供一体化的社会服务。

（四）加大人才培养和引进力度，为家庭农场发展提供专业化人才支撑

优秀的专业化人才是推动家庭农场高质量发展的关键。为了培育懂专业技术、善于经营管理的家庭农场专业化经营人才，应当从人才培养和人才引进两个方面同时开展人才工程建设。在人才培养方面，政府相关部门应当在乡村振兴目标指导下，以新时期现代农业发展需求为导向，积极建立并不断完善面向家庭农场的专业化、多层次的教育培训体系，围绕家庭农场生产经营各环节的全过程开展农业科技知识、生产技能、农产品营销、农产品储存等相关知识、技能的培训；鼓励当地职业院校开设农业相关专业，积极引导家庭农场经营者学习家庭农场经营管理、市场营销等专业化知识，培养家庭农场专业化经营人才。与此同时，在人才引进方面，政府等相关部门应当建立健全人才引进机制，通过优惠的就业政策吸引大学生、职专生、返乡的农民技术工等掌握相关专业知识或相关农业技术的人才从事家庭农场相关工作，促进家庭农场的健康稳定发展。

第十二章　微观层面乡村振兴发展的政策研究

微观层面的乡村发展参与主体是推进乡村振兴发展的主要力量和最基本单元，在构建农业农村现代化进程中起着至关重要的作用。本章以乡村振兴发展微观层面的政府、农民及利益相关者、公众三类主体为核心，按照"政府推动、企业带动、农民主体、公众参与"的原则，以充分激发政府、企业、农民和公众参与乡村振兴发展的积极性为中心，提出推动乡村振兴发展的政策建议。

第一节　微观层面乡村振兴发展的主体分析

乡村振兴发展在微观层面聚焦于主体构成及其行为要素。一方面，乡村振兴必须以农民为主体，走自觉自愿的振兴发展之路。可以借鉴日本的"内生式发展"的经验，以调动农民主体积极性为根本，动员社会各个层面的力量，共同推动乡村振兴；另一方面，乡村振兴既有经济振兴，也有治理振兴，其本质是乡村社会的综合振兴。因此，乡村振兴要发挥乡村的自主性力量，强化乡村基层治理，建立乡村自主、独立的治理体系。

一、乡村振兴微观主体行为特征

乡村振兴发展的微观主体分为政府、企业、农民和公众四类。

（一）政府

政府是乡村振兴发展的主导者。乡村经济落后、资金短缺、开发机会少，在这种情况下，完全依靠市场难以推动当地乡村经济的发展。政府必须承担组织、注入先期启动资金、出台相应支持政策、发动社会力量、启动乡村振兴发展工作的重任。在乡村振兴发展过程中，政府还要承担管理、协调的责任，负责乡村振兴发展相关政策、制度、规则的制定，以确保农民能够在乡村振兴发展中获得发展和收益。因此，政府是乡村振兴发展的启动者，提供恒久的支持力和乡村振兴发展的公正力。

（二）企业

龙头企业/农村新型合作组织是乡村振兴发展的中坚力量，拥有农村的稀缺资源、资金、技术、信息、经验和能力，在乡村振兴发展开发和经营管理中扮演领头羊的角色。因此，龙头企业/农村新型合作组织是乡村振兴发展中最活跃的利益主体，是乡村振兴活动的核心。龙头企业/农村新型合作组织通过自身的资金、技术等优势，促进农业发展，在乡村振兴中发挥着示范作用，并通过发展新技术、新产业、新业态、新模式，形成加快推进农业农村现代化的新动能。同时，龙头企业/农村新型合作组织还在乡村振兴中发挥着积极带动作用，通过实施专业化、标准化、集约化生产，组建农业产业化联合体，引领小农户共享发展成果。

（三）农民

农民是乡村振兴发展的主体，也是乡村振兴发展最大的受益者。农民是乡村振兴发展的对象，能够为发展当地经济提供资源和劳动力。农民在乡村振兴发展中的权益包括：（1）带动当地产业发展，增加农民收入；（2）增加就业和为本地经营者提供获利的机会；（3）改善和提高当地生活水平；（4）获得更多的知识和技能。乡村振兴发展正是以农民的利益为核心，农民积极参与乡村振兴发展的实践，共同承担着乡村振兴发展的责任和风险，也能够获得乡村发展带来的福利。因此，农民是乡村振兴发展过程中必须依靠的核心力量。

（四）公众

公众和消费者是乡村振兴发展必不可少的重要社会力量，是乡村振兴发展的参与方和需求方。没有消费者的参与，乡村振兴发展就失去了市场需求，也就失去了发展的目标和振兴发展的必要性。社会公众的支持与参与为乡村振兴发展注入了新鲜血液，消费者需求为产业创新发展提供了不竭的动力源泉，促使龙头企业和新型合作组织以消费者需求为导向实施产品研发，开展产业融合。从这个意义上来讲，公众和消费者是推动乡村振兴发展的重要力量。

二、微观主体乡村振兴发展思路

乡村振兴发展除了考虑经济、资源、生态环境等主要维度外，还需注重社会进步、民生福利等多个角度的统筹规划。一是从社会维度来考虑，乡村问题首先是社会层面的问题，然后是结构层面的问题，最后才是经济层面的问题。二是从福利角度来考虑，乡村问题与市场公正、发展机会均等、公共财政分配制度和劳动力素质、农民能力素质等有极大关系，乡村振兴发展决不应该被简单地理解为经济发展。

（一）政府引导是基础

由于历史原因，乡村发展条件和发展能力差，也很难完全通过市场机制配置资源。在乡村振兴发展过程中，政府不仅是管理者，还是公共利益的代言人。同时，政府对公共设施建设、基础设施建设等负有不可推卸的责任，需要有计划、长期地投入。由此可见，没有政府主导，乡村振兴发展难以启动，也难以保证乡村振兴发展的正确方向，更难以保证乡村振兴发展的可持续性。在乡村振兴发展中，政府起到重要的引导作用，绝不可缺位。

（二）市场主导是关键

市场在资源配置中具有决定性作用，构建市场机制有效、微观主体有活力、宏观调控有度的乡村振兴市场机制，提升农民进入市场的能力，激发各类市场主体活力，可以充分发挥乡村资源优势，并通过政府引导、市场推动、民间自主创新，形成有效的社会化机制，从而广泛吸纳市场要素，激活市场活力，实现乡村振兴。

（三）主体参与是根本

虽然政府、企业、农民和公众都是乡村振兴发展的参与者，但农民才是乡村振兴发展的主体，也是乡村振兴发展的内生力量，必须全方位、深层次地保障农民参与乡村振兴的积极性。为此，应从制度机制的设计上确立农民参与乡村振兴的权力和利益，提高农民参与乡村振兴发展的主体意识，并通过相应的教育培训及资金、政策扶持，提高农民参与乡村振兴的能力。

（四）利益分配是核心

公平合理的利益分配为乡村振兴稳定发展提供动力。根据利益相关者理论，为保证乡村振兴的相关利益方主动参与乡村振兴发展，必须建立合理的乡村振兴发展收入分配机制，有效协调多元利益相关者的矛盾和冲突，保障利益分配的公平公正，为实现乡村振兴的可持续发展奠定基础。

（五）制度建设是保障

完善的制度保障是乡村振兴稳定发展的基础。为此，应完善乡村振兴考核机制，将其纳入法制化的轨道，使其制度化、法制化，依法依规促进乡村振兴发展。全面建立参与式乡村振兴发展制度，实现乡村振兴发展有章可循，有法可依，避免乡村振兴发展规划、决策的随意性，避免乡村振兴发展利益分配的随意性和乡村振兴发展相关政策的随意性，谨防政策不稳定损害乡村振兴发展的根基。

第二节　政府主导推动乡村振兴发展的政策

在乡村振兴发展进程中，政府主要扮演推动者的角色。通过完善管理制度、制定鼓励性和规范性政策来推动企业、农民、公众等行为主体积极参与乡村振兴发展实践。

一、乡村振兴发展中的政府角色与职能

政府是推动乡村振兴发展的重要外部力量，在乡村振兴发展中起着重要的主导作用。从乡村社会的发展过程和发展特征来看，传统的乡村社会是一个自治、封闭的稳定系统。传统村落与外界接触少，信息闭塞，资源匮乏，自给自足的封闭模式下，传统村落发展缓慢且发展水平低下。几千年来，农村社会结构、生产力水平、生产方式和村民生活方式基本保持不变。新中国成立以来，特别是改革开放四十年来，中国农村的发展已经取得了巨大的成就，其中一个重要原因是政府权力的干预和外部资源的注入。它打破了传统农村的发展模式，促进了城乡要素的流动，带来了农村发展所需的资源，使农村发展融入了外部发展的大环境。特别是党的十六大以来，党和政府把"三农"问题作为最重要的工作任务，把它放在更加突出的位置，坚持"以工促农，以城带乡"政策，积极推进农业产业化、农村城镇化、农民市民化，不断增加"三农"投入，促进城乡基本公共服务均等化，为农村发展提供了源源不断的政策支持，极大地促进了农村地区的发展。中国特色社会主义进入新时代后，乡村振兴同样离不开政府力量的支持和政府主导作用的发挥。

政府在乡村振兴发展中的主要职能体现在以下几个方面：一是政策制定。基于党的十九大提出的乡村振兴发展战略，政府制定了有利于乡村振兴发展的一揽子政策，包括资金、项目扶持政策、土地政策、乡村产业发展政策、乡村人才培养政策等。二是宣传动员。发挥政府优势，利用各种渠道积极宣传乡村振兴和强农惠农富农的各项政策，为乡村振兴创造良好的舆论氛围，动员社会力量支持乡村振兴。三是规划和指导。各级政府结合本地资源禀赋，制定地方乡村振兴规划，确保乡村振兴沿着正确的轨道

运行。四是监督检查。监督乡村振兴战略的实施过程、取得的成效、乡村振兴中农民的参与程度和受益情况等。

二、政府主导推动乡村振兴发展的政策

（一）坚持党管农村工作，做好乡村振兴的主导、推动与保障

乡村振兴作为一项国家战略，必须坚持党对农业、农村和农民工作的领导地位，加强乡村振兴发展的投入保障，重视乡村振兴的规划设计，营造良好的乡村振兴发展氛围。

1. 坚持和完善党对"三农"工作的领导

各级党委、政府要贯彻落实"三农"方针，优先安排干部配置、要素配置、资金投入保障和公共服务。完善党委领导下的政府领导体制，完善党委领导下农村工作部门全面协调的农村领导体制。建立和实施农村振兴战略领导责任制，实行县乡工作机制，党政领导是第一责任人。各部门要密切合作，形成乡村振兴发展的联合力量。加强党委农村工作部门建设，充分发挥决策者的作用，统筹规划，引导政策，促进实施，监督检查。各级政府应定期报告实施乡村振兴战略的进程。完善"三农"综合评价体系，按照了解农业、热爱农村、热爱农民的基本要求，加强"三农"工作队伍建设，全面提高自身能力和水平。

2. 强化乡村振兴投入保障

完善农业和农村财政支出的优先保护机制和稳定增长机制，确保财政投入与乡村振兴的目标和任务相适应。优化金融供给结构，提升金融服务质量，促进产业内资金融通，协调城乡关系，提高市、县政府自主性。支持市、县政府协调地方政府债券资金的使用，支持乡村振兴、扶贫攻坚领域的公益性项目。充分发挥财政支农资金的导向作用，撬动金融和社会资本，大力投资农村，形成以财政、银行、农民等为主体的多形式、多渠道的农业投资新格局。探索财政支农的市场化运作方式，实行滚动支付有偿使用，调动社会资本投入积极性。调整和完善土地利用收入的范围，进一步增加农业和农村的投入比例。完善耕地占补平衡管理方法，利用高标准农田建设等新增耕地指标和城乡建设用地增减挂钩政策，将所得收益全部用于巩固扶贫成果，支持实施乡村振兴战略。完善多元化的农业信用担保体系，改善农业发展的金融生态环境，探索建立政府、银行和担保公司三方共同参与的合作模式。推进省级农业投融资平台建设。加大金融支农力度，引导和鼓励各类金融机构扩大农村业务，向农村经济社会发展的重点领域和薄弱环节配置更多的金融资源。搭建农户信用信息服务网，完善农

村信用体系，加快农村信用信息平台建设。鼓励和引导县、市政府根据实际情况发展特色农业保险业务，积极推进农业巨灾保险试点，探索构建政府引导，市场为主体，社会广泛参与，多层次、多主体的农业巨灾风险转移分散体系，为农业生产多构筑一张安全网。

3. 强调乡村振兴规划引领

各地、各部门要制定乡村振兴发展的地方规划和专项规划，坚持规划先行。根据当地发展现状和需要，结合自身的区位条件、资源禀赋等，按照集聚提升、融入城镇、特色保护、搬迁撤并的思路，分类有序推进乡村振兴，推进有条件的地区建设乡村振兴示范区、城市郊区乡村振兴先行区和扶贫片区乡村振兴试验区，形成城乡融合、区域一体、多规合一的规划体系，建立健全城乡融合的体制机制和政策体系，探索具有中国特色的乡村振兴之路。

4. 营造乡村振兴发展氛围

充分发挥农民的主体地位，激发基层干部的热情，加强乡村振兴宣传和报道，大力营造乡村振兴的良好氛围，凝聚全社会力量形成乡村振兴的强大合力。各级地方政府应当根据当地情况，制定地方性法规和地方政府规章制度，以促进乡村振兴为导向统筹地方资源。要搞好乡村振兴档案工作，鼓励地方创新，尊重基层单位的大胆尝试工作，总结形成可复制可推广的新经验、新模式，发挥典型示范作用，努力营造广大干部群众积极参与的乡村振兴发展良好氛围。

（二）强化基层政府服务功能，创新乡村振兴服务体系

加强基层政府的公共服务职能，优化服务资源配置，改善服务供给方式，提高基础服务功能，从功能设计、资源配置和供给方式等方面提高基层政府服务能力，健全乡村振兴服务保障体系建设。

1. 强化基层政府服务功能

加强基层政府的公共服务职能，做好义务教育、职业培训、社会保障、医疗卫生、公共文化体育等服务内容，加强农业和农村经济发展、农民基本权益保障、扶贫开发和救济等方面的公共服务，真正实现城乡居民教育、学习、社会保障、医疗服务等公共服务的均等和公平。

2. 创新基层公共服务供给方式

明确基层政府与村委会、农村经济组织的权力和责任界限，以服务乡村振兴为宗旨，完善农村治理体系，建立基层公共服务的多元供给机制，引导农村集体经济组织、农民专业合作组织承担政府采购和服务项目。同时，畅通村民基本公共服务的需求表达和反馈渠道，有效利用网站建设、

微博开通、手机客户端应用等手段，实现基层政府服务供给与村民服务需求的契合。

第三节　企业带动推进乡村振兴发展的政策

党的十九大报告明确提出实施乡村振兴发展战略，并将巩固和完善农村基本经营制度，建立现代农业产业体系、生产体系和经营体制等作为重要内容。新型农业经营主体具有多种组织形式，包括家庭农场、农民合作社以及农业产业化龙头企业（下文中简称龙头企业）等。这些新型农业经营主体积极参与农业现代化建设，在构建农业产业体系、农业生产体系、农业经营体系的过程中，不断积累实践经验，创新发展模式，促进了我国现代农业的产业化和规模化发展，也在健全农业社会化服务体系中发挥了重要的引领作用。根据我国农业农村部 2018 年发布的《全国新型职业农民发展报告》，截至 2017 年底，我国新型职业农民的数量已经超过 1500 万人，家庭农场、农民专业合作社以及龙头企业等新型农业经营主体的总体数量已经超过 280 万家，新型农业经营主体已然成为我国农业现代化建设的中坚力量。

一、乡村振兴发展中的企业形态与功能

家庭农场、农民合作社以及龙头企业往往各具优劣势，其所展现的功能也不尽相同，针对不同组织形态的新型农业经营主体实施多元化的振兴发展策略，对于高效完成乡村振兴发展中的农业供给侧结构性改革具有十分重要的现实意义（姜长云，2018）。实施多元化的新型农业经营主体振兴发展策略，一方面有利于各类新型农业经营主体发挥各自优势，在竞争与合作中实现优势互补，更好地促进各类新型农业经营主体的健康发展；另一方面有利于更好地发挥家庭农场的基础作用、农民合作社的纽带作用以及龙头企业的引领带动作用，形成以家庭经营为基础、农业合作联合为纽带、社会化服务为支撑的三元复合式现代农业经营体系。

（一）家庭农场在乡村振兴中的作用

自 20 世纪 70 年代末 80 年代初开始，我国就已经开展了农村改革，并逐步确立了以家庭承包经营为基础、统分结合的双层经营体制。自此，我国农业发展模式呈现出"小而全""小而散"的特征。随着我国经济的不断发展，"小而全""小而散"家庭承包经营的局限性逐步显现，越来

越不能适应新时期现代农业发展的需求。家庭农场一方面继承了传统家庭承包经营的内核,延续了家庭承包生产经营的优势,另一方面有利于克服家庭承包经营所呈现的"小而全""小而散"的局限性。家庭农场生产经营的集约化、规模化与商业化的特征,要求其经营者既具有农业生产技术,又具备经营管理能力,有利于培育新型职业农民,使其成为现代农业发展的骨干劳动力量。家庭农场是家庭承包经营的延续和完善,有利于推动乡村可持续发展,是实现乡村振兴的重要途径,受到了各级政府和广大农业从业人员的大力支持。

(二)农民合作社在乡村振兴中的作用

农民合作社由广大农民群众和家庭农场作为骨干力量,为我国农业发展提供生产服务。各地农业生产的实践表明,农民合作社的发展具有其独有的经济及社会合理性,发展农民合作社有利于促进我国小农户家庭经营与现代农业发展的紧密结合。农民合作社作为一种新型农业经营主体,其优势不断显现,受到了各级政府的重视,各级政府为了进一步促进农民合作社的发展,采取更加详细、更加务实的政策对其进行扶持。截至 2016 年底,我国流转到农民合作社的家庭承包耕地高达 1.03 亿亩,占全国该类型土地总面积的 21.6%;全国的土地股份制农民合作社共有 10.3 万家,入股农民合作社的土地总面积高达 2900 万亩左右。截至 2017 年 7 月底,全国加入农民专业合作社的农户数量已经超过 1 亿户,占全国农民家庭总数量的 47% 左右,且已有 193 万家左右的合作社已经在我国工商部门登记注册,与 2007 年的农民专业合作社总数相比,增加了 73 倍,大约以年均 60% 的趋势保持增长。在农业专业合作社成员中,普通农户的比例高达 82.2%,合作社专业大户以及家庭农场大约有 198 万个,农业企业和社会团体的数量也达到了 54 万家。[①] 与此同时,全国已组建 7200 万家左右的农民专业合作社联合社,这些合作社联合社共同投入资产、共同创建品牌、共同享受收益。规范的农民专业合作社联合社可以解决单家农户在生产经营中遇到的难以解决的问题,既克服了传统家庭承包经营的局限性,又保留了农业家庭承包经营的生产优势,是推动家庭经营进入市场的重要助推力,对实现乡村振兴具有重要意义。

(三)龙头企业在乡村振兴中的作用

在现代农业的发展过程中,家庭农场、农民合作社以及龙头企业各具

---

① 中国合作经济学会. 2019 年农民专业合作社发展研究报告 [EB/OL]. https://www.webns. cn/hygc/31197. html.

优势，三者优势互补，共同促进农业现代化的发展。在农业产业化联合体的产生与发展过程中，龙头企业往往比家庭农场和农民合作社更具灵活性和开拓性。龙头企业以其雄厚的资金、信息、更具影响力的品牌、农业关键技术以及高端服务等各个方面的优势，对农业产业化联合体的创新能力、产业竞争力、产业协调度以及产业链价值实现具有决定作用。举例来说，如果龙头企业的品牌效应较大，家庭农场产出的农产品就可以通过龙头企业的品牌效应提升其影响力，从而寻找到更为增值的市场；如果龙头企业具有较强的市场开发能力，则可以为产出的农产品寻找更加广阔、更具吸引性的市场。龙头企业在农业产业化联合体的发展中起着不可或缺的作用。

龙头企业的产业化特性决定了其在推动农村一二三产业融合发展中的重要作用。龙头企业是促进我国农业产业化、农业现代化发展的关键，也是新型农业经营主体中活力最旺盛、创新能力最强的农业经营主体。作为新型农业经营主体的重要组成部分，龙头企业与家庭农场、农民合作社各具优劣势，而龙头企业的优势弥补了家庭农场与农民合作社的劣势。近年来，龙头企业在发展现代农业的过程中，以其特有的优势促进了我国农业发展方式的转变，促进了农产品质量的提高，在农业组织化程度提高方面也做出了突出贡献，极大地提高了农民的收入水平。为了进一步发挥龙头企业在我国现代农业发展中的引领和带动作用，积极培育"龙头企业＋农民合作社＋农户"的三元复合式现代农业经营模式，更好地促进我国农业现代化的进程，各级政府部门有必要将振兴龙头企业发展的制度和政策扶持作为重要方向。2018 年，我国农业部对农业产业化龙头企业进行第八次监测，并对合格的国家级、省级以及地（市）级龙头企业予以公布，其中有 1095 个合格的国家重点龙头企业，按区域分布情况如表 12 - 1 所示。

龙头企业在参与现代农业产业体系、农业生产体系以及农业经营体系的构建过程中，起了不可或缺的引领作用，也做出了重要贡献，是现代农业发展中重要的参与者、贡献者以及引领者。如果政府等相关部门予以正确的引导，龙头企业在现代农业发展中所扮演的参与者、贡献者以及引领者的作用将会更加突出，其作为重要组织角色的作用也会日益显现，甚至会担任主动探索的角色，探索如何才能使农业产业化中的利益联结机制更加完善，如何引导生产导向型的农业发展向消费导向型的农业发展转变。龙头企业是促进农业现代化发展的关键，也是实现乡村振兴的关键。

表 12 − 1　　　　　　　　　　**国家重点龙头企业分区域统计表**

区域	龙头企业		区域	龙头企业	
	数量	比例（%）		数量	比例（%）
东部	**477**	**43.56**	山西	23	2.10
北京	35	3.20	安徽	43	3.93
上海	17	1.55	湖北	42	3.84
天津	15	1.37	湖南	40	3.65
河北	43	3.93	内蒙古	35	3.20
山东	85	7.76	**西部**	**266**	**24.29**
辽宁	45	4.11	重庆	31	2.83
浙江	49	4.47	甘肃	25	2.28
广东	50	4.57	青海	17	1.55
福建	46	4.20	陕西	35	3.20
海南	14	1.28	云南	23	2.10
江苏	51	4.66	四川	49	4.47
广西	27	2.47	贵州	24	2.19
中部	**352**	**32.15**	西藏	7	0.64
黑龙江	37	3.38	新疆	38	3.47
吉林	44	4.02	宁夏	17	1.55
河南	52	4.75			
江西	36	3.29	**全国**	**1095**	**100**

注：根据《农业部关于公布第八次监测合格农业产业化国家重点龙头企业名单的通知》整理。

二、龙头企业带动推进乡村振兴发展的政策

近年来，龙头企业在现代农业发展中的贡献者、引领者以及组织者的作用越来越突出，尤其是随着农业产业化联盟以及农业生产托管经营模式的不断发展，为龙头企业提供了更为广阔的舞台，同时也开拓了小农户与现代农业发展有机衔接的渠道，对于推动农业产业化转型升级、深化农业供给侧结构性改革具有重要的现实意义。

（一）加强龙头企业与农民合作社、家庭农场的协同发展

要想实现乡村振兴，必须将"产业兴旺"置于现代农业发展的首要位置。为了实现这个目的，应当切实发挥好新型农业经营主体的先锋作用，发挥家庭农场、农民合作社以及龙头企业各自的优势，不断增强现代农业的创新驱动能力，尤其是应当重视龙头企业在现代农业发展中的中坚作

用，推动龙头企业、农民合作社、家庭农场三者优势互补，协同发展。

1. 增强龙头企业带动能力，推动产业融合发展

与家庭农场、农民合作社相比，龙头企业具有显著的跨产业链特征，资金实力更为雄厚，具有更为先进的农业发展理念，生产经营规模更大，与外界联系也更为方便。农业产业链在发展的过程中存在较多的"断链"与"短板"，例如农产品的市场销售渠道不通畅、农产品及其加工产品的品牌知名度较低等，龙头企业的优势可以弥补这些"断链"与"短板"，在农业产业链的发展中起领袖作用。龙头企业的比较优势显示出鲜活的生命力与较强的创新能力，而其明显的产业化优势决定了其在推动农村一二三产业融合发展中的重要作用。龙头企业的发展优势有利于弥补家庭农场、农民合作社的劣势，并以其雄厚的资金、更具影响力的品牌及其跨产业链等特性对家庭农场、农民合作社发展起到带动作用。发挥龙头企业对家庭农场、农民合作社的带动作用及其在农业产业链中的领袖作用，对于完善我国现代农业经营体系、实现农业产业现代化具有重要意义，对实现乡村振兴具有极大的推动作用。

2. 鼓励龙头企业与农民合作社、家庭农场加强联合合作

家庭农场、农民合作社以及龙头企业同为新型农业经营主体，在现代农业的发展过程中各具优势，都在一定程度上推动了现代农业的发展。但是，随着我国经济以及现代农业的发展，家庭农场、农民合作社以及龙头企业发展的局限性逐渐凸显，如整体规模较小、生产经营过于分散、功能较弱但同质性较强等问题。为了解决上述问题，政府等相关部门应当引导家庭农场、农民合作社以及龙头企业内部及相互间加强合作，发挥其各自的优势，实现经营主体之间的优势互补，协同发展，从而实现我国新型农业经营体系整体效能的最大化，更好地促进我国现代农业的发展。与此同时，应当加强家庭农场、农民合作社、龙头企业等新型农业经营主体与普通小农户之间的联系与合作，实现小农户与现代农业发展的有机衔接，增强小农户与新型农业经营主体之间的乘数效应。加强家庭农场、农民合作社、龙头企业以及普通小农户内部及相互间的合作，对于提升我国现代农业发展的生产效率与生产能力具有重要意义。

（二）加大政策扶持力度，建立龙头企业发展保障机制

积极鼓励地方政府出台相关的管理办法与政策法规，为龙头企业发展提供相应的保障机制。鼓励银行资本、外商资本、民间资本等各类资本支持农业龙头企业，解决农业龙头企业贷款难、贷款贵的问题。对新认定的农业龙头企业，应当予以更多的政策倾斜与资金补贴，对成长型的农业龙

头企业，应当予以更多的信贷支持，切实为成长型的龙头企业提供资金解决办法，解决其面临的资金周转不灵等问题。

（三）加快科技创新，增强龙头企业核心竞争力

品牌效应与科技创新是农业龙头企业可持续发展的基本保障，对提升企业的综合竞争力至关重要。为了增强农业龙头企业的核心竞争能力，一方面，应当在政策、宣传等方面加大农业企业农产品的推广和扶持力度，将乡村振兴理念融入农业企业发展战略，提升农业企业及其产品的知名度，使农业企业的品牌内涵更加丰富，提高农业企业在申报、认定各级农业龙头企业中的优势地位，不断提升其综合竞争力。另一方面，政府等相关部门可以通过资金补贴、政策支持等方式引导农业龙头企业在科技研发方面增加投入，鼓励农业龙头企业与科研院所建立合作关系，建立健全科技人才教育培训机制，深化政府、企业、院校以及科研单位之间的合作，通过科技创新提升农业龙头企业的核心竞争能力。

（四）完善内部组织制度，探索农业产业联合体治理体制

农业产业联合体应当强化管理，不断完善内部组织制度。首先，可以设计农业产业联合体的统一标识，对所有成员予以发放，从而增强农业产业联合体成员的归属感与责任感；其次，鼓励建立农业产业联合体办公室、会议室、培训室等固定的办公场所，确保在制订生产计划、商讨生产经营等重大事项的过程中，农业产业联合体成员具有知情权和话语权；最后，在农业产业联合体成员进行充分讨论协商的基础上，制定相应的规章制度，明确不同成员的权利与义务，提高农业产业联合体的经营管理效率。不断探索多元主体参与的协同治理机制，完善内部组织管理制度，是促进农业产业联合体健康发展的制度保障。

第四节　农民主体推进乡村振兴发展的政策

农民是乡村振兴微观层面的核心力量，是推动乡村振兴发展的主体。只有农民参与和主导的乡村振兴才是真正的乡村振兴，离开了农民的参与，即使将乡村建设成花园，那也不是乡村振兴，只是增加了一个旅游景点。

一、乡村振兴中农民的角色与主体地位

农民是乡村振兴的主体，是乡村振兴最重要的内部驱动力量。农民主体性是指农民的自主性、主观能动性和创造性。这包括两层含义：第一层

含义，农民，尤其是综合素质高的农民，是乡村振兴的重要参与者和主要建设者。乡村振兴是一个综合性的概念，涉及乡村的全面振兴发展，包括经济、社会、生态、政治和文化等方方面面，其总体目标要求是"产业兴旺、生态宜居、乡风文明、治理有效、生活富裕"。要实现这一目标，仅仅依靠政府的力量是无法实现的，这就必须调动农民的积极性，发挥农民的主体作用。从农民与农村的关系来看，农民是农村的主要居民，也是农村发展的亲身经历者，更是乡村振兴的重要参与者，乡村振兴发展离不开农民的大力支持。

第二层含义，农民是乡村振兴的主要受益者。实施乡村振兴的目的，不仅是发展乡村、振兴乡村，让乡村拥有与城市均等的公共服务和基础设施，实现城乡融合发展，还要遵循以人民为中心的思想，使农民在乡村振兴发展中共享乡村发展的成果，从乡村振兴发展中受益，切实提高农民的生活水平。按照共享发展的理念，"共建"与"共享"二者是统一的、不可分割的。农民是乡村振兴建设者，自然也应该成为乡村振兴的受益者。因此，在乡村振兴发展的过程中，要不断增加农民收入，维护农民的利益，实现农民的生活富裕。

二、农民主体推动乡村振兴的政策建议

坚持农民的主体地位，首先就是要尊重农民的各项权利，完善农民增收政策体系，把增进农民福祉作为农村一切工作的出发点和落脚点。2016年4月，习近平在安徽凤阳县小岗村主持召开的农村改革座谈会上明确指出，最大的政策，就是必须坚持和完善农村基本经营制度，维护广大农民的根本利益，坚持农村土地集体所有，坚持家庭经营的基础性地位，充分尊重广大农民意愿，坚持农民的主体地位。党的十九大报告明确提出坚持农业农村优先发展，坚持家庭经营在农业中的基础性地位，衔接落实好农民经营承包到期再延长30年，平等保护土地经营权，因地制宜构建乡村振兴新格局。[①]

（一）充分尊重农民在乡村振兴发展中的主导地位

2017年，中央农村工作会议首次提出走中国特色社会主义乡村振兴道路。乡村兴则国家兴，乡村衰则国家衰，同时，因为乡村振兴的主体是农民，只有农民参与和主导的乡村振兴才是党和国家倡导振兴的乡村，正

① 习近平. 决胜全面建成小康社会 夺取新时代中国特色社会主义伟大胜利——在中国共产党第十九次全国代表大会上的报告 [M]. 北京：人民出版社，2018.

如习近平一再强调的：农村的发展需要靠亿万农民。

农村土地制度是乡村振兴发展的根本制度。破除城乡二元结构，保护农民的基本土地权利，有助于推动农业发展，实现社会主义新农村的建设目标。坚持以农民为主体的乡村振兴战略，必须保护农民的土地权利，不能让资本自由下乡。应严格贯彻落实"切实保护耕地"的基本国策，防止农民失去土地，给农民留下农业生产的机会。因此，在土地流转过程中，明确农民集体土地所有权的具体归属，完善土地承包经营权的法律法规，依法保障农民对承包土地的占有、使用、收益等权利，建立健全土地承包经营权流转市场。

在现代农业项目规划选择和推进中，基层政府应征求农民意见，维护农民的知情权、参与权、监督权，充分尊重农民意见，保护农民应有的利益，让农民成为农村改革和发展的主要受益者，而不是仅仅将农民转移到城市，把农村变成企业家的投资区和城市的后院。乡村振兴的目标是实现全体人民共同富裕，解决新时代我国社会主要矛盾，实现中华民族伟大复兴的中国梦，而目标达成的前提条件是坚持农业农村优先发展，坚持农民主体地位，坚持乡村全面振兴，充分调动农民的积极性。

（二）充分尊重农民在乡村治理中的主体地位

2019 年，习近平强调乡村治理是实现乡村振兴发展战略的基石，是推进国家治理体系和治理能力现代化的关键。《中共中央、国务院关于坚持农业农村优先发展　做好"三农"工作若干意见》明确提出，要加强农村基层工作，健全自治、法治、德治相结合的乡村治理体系，着力打造充满活力的善治农村。

村民自治是村民直接参与乡村治理的重要平台，也是乡村振兴发展的内生动力源泉。坚持"事情办不办，村民说了算"的原则，发挥村民参与治理的主体作用，充分重视农民的话语权。乡村自治不能过度依赖政府的干预，要提高村民自我管理、自我发展的能力，秉承农民是乡村自治体系价值主体的工作思路。同时，乡村振兴发展离不开党和政府的统一领导和规划，要完善村级党组织领导乡村治理的体制机制，提高村级党组织的治理能力，始终坚持为农民服务的思想。为此，基层管理者应重视转变思想观念，赋予村民自主决策权力，积极畅通村民表达利益诉求的渠道，在乡村治理中由主导者向导向者和服务者角色转变，引导村民树立主人翁意识，提高农民政治参与的自觉性，充分调动广大农民参与乡村自治的积极性。

只有让农民真正参与到乡村规划和乡村建设的实践中，使其意识到自己才是乡村建设的主人，才能激发广大农民参与乡村振兴发展的积极性和主动性，提高农民对乡村自治管理的热情和能力。正如2018年7月，习近平对实施乡村振兴战略作出重要指示，要坚持农民的主体地位，充分了解民意，尊重民意，培养农民的主体意识，引导农民主动参与乡村振兴，通过制度化、规范性的自治参与机制，让农民真正成为乡村建设的主人，必定能够走出一条中国特色的社会主义乡村振兴之路。

（三）充分尊重农民在乡村文化建设中的自主地位

文化兴则国运兴，文化强则民族强，乡村文化建设具有重大意义。习近平指出，乡村振兴要重视农村文化的振兴，要传承发扬中华优秀传统文化，以社会主义核心价值观为引领，加强农村思想道德建设和公共文化建设，持续推进农村精神文明建设，不断提高乡村社会文明程度，推动乡村文化的发展，培育文明乡风、良好家风、淳朴民风的文明农村。可见，乡村文化建设必须加强农民的主体地位，充分挖掘乡村文化，培育乡村文化自觉和文化自信，让优秀文化真正"活"起来，根据时代要求继承创新。乡村文化反映了农民的生活方式和生产方式，展现了乡村整体形象，是农民的精神之源。因此，应尊重和理解农民的文化观，挖掘农耕文化的优秀思想观念，将传统文化与现代文明有机结合，重塑乡村文化生态。

乡村文化振兴的根本目的是为了满足广大农民的文化需求，加强思想道德建设，推进乡村文明建设，复兴乡村教育，营造能够支撑现代教育的文化环境。因此，要建立保护农民在乡村文化建设中主体地位的长效机制，从农民实际出发，让农民更多地参与到文化建设中，给予农民更多的话语权和表达权，以更好地满足农民的文化需求，树立正确的文化导向，切实增强农民的精神获得感，真正推动农村文化的大发展、大繁荣。乡村文化振兴对于巩固农村思想文化阵地，践行社会主义核心价值观，培养农民健康积极的思维方式和生活方式具有重要意义。

（四）完善民主决策制度，协同推进乡村振兴

1. 发挥基层组织作用

充分发挥基层党组织的核心作用，坚持为农民服务的思想，增强党员意识和标杆意识，引导广大党员自觉用习近平新时代中国特色社会主义思想武装头脑，引导农民转变观念，增强科学意识，树立传统美德，倡导移风易俗和健康的生活方式。完善村民自治机制，充分利用"一事一议"的民主决策机制，做到小事不出村、大事不出乡，建立健全乡村人居环境整治工程公示制度，整治农村人居环境，引导村民改变旧习陋习，养成良好卫生习惯。鼓励农村集体经济组织通过多种渠道筹集资金，改善农村人居

环境，全力推进农村垃圾治理工作和污水处理工作，提高村民对人居环境的满意程度，营造清洁有序、健康宜居的生产生活环境。

2. 建立完善村规民约

以社会主义核心价值观为引导，将农村环境卫生、古树名木保护和村镇规划的主要内容纳入村规民约。通过农民自我评价、建立村民议事会等方式褒扬乡村新风，结合乡村发展实际情况，建立农村环保合作社，构架社区性的文化组织，深化农民自我教育、自我管理、自我监督、自我服务。明确农民维护公共环境的责任，着力健全乡村人居环境管护长效机制，激发农民建设美丽家园的自觉性、主动性，做到干净漂亮、整洁有序；同时加强组织领导和验收督查，完善管护措施，鼓励农民和村级集体经济组织参与农村环境规划、建设、运行和管理的全过程。

3. 提高农村文明健康意识

培育和践行社会主义核心价值观，培养科学、文明、健康的生活方式，提高村民的道德素质和思想文化素质，倡导文明新风，提高农村的公共文化服务能力，服务农民群众日益增长的精神文化需求。充分认识提高村民文明意识的必要性和重要性，利用村委会广播、电话、微信群及入户宣传等方式，鼓励村民注意个人卫生和公共卫生，引导村民转变观念，消除不良习惯，摒弃乱倒生活垃圾、乱排生活污水、乱堆乱放杂物等不文明行为，培养文明卫生的生活方式，创造和谐文明的社会新风尚，营造安定有序、和睦相处、稳定和谐的文明环境。

第五节　社会公众参与促进乡村振兴发展的政策

一、社会公众参与乡村振兴发展的形式

社会公众是推进乡村振兴发展的重要力量。为了保障乡村振兴战略的顺利实施，必须强化公众参与乡村振兴发展的权利和义务，最大限度地调动公众参与乡村振兴发展的积极性、主动性和创造性。

（一）观念参与

树立乡村振兴发展理念是社会公众参与乡村振兴实践的先决条件。乡村振兴不同于传统的乡村发展方式，更多地要求公众了解目前我国乡村振兴的背景、目标和愿景，明确乡村振兴发展的紧迫性和重要性，理解乡村振兴对经济社会整体发展的重要作用，切实将乡村振兴发展与自身利益联

系起来，不断提高公众参与乡村振兴的观念和意识，从根本上树立发展乡村经济，保护乡村文化、生态和环境的思想观念。

（二）实践参与

加强对乡村振兴相关法律法规、政策技术等的学习，不断在生产、生活、消费的细节中体会乡村振兴对人们传统习惯的影响，从有利于乡村振兴发展的视角出发，逐步提高公众参与乡村振兴的实践能力。凝聚乡村振兴的强大合力，营造人人有责、人人参与的氛围，引导广大群众在观念上重视、行动上参与，将公众对美好生活的向往转化为乡村振兴发展的新动力，让追求新生活方式的村民成为乡村建设的新主体。针对乡村振兴需要的技术、资金和人才缺口，身体力行，为乡村振兴发展贡献自己的力量。

（三）决策参与

参与乡村振兴相关法律法规、政策决议的制定，是公众行使参与权的主要表现形式。目前，公众决策参与大多停留在形式上，部分法律法规和政府决策不能体现民情、民意。国家立法部门、政府管理部门在制定乡村振兴相关法律法规和政策决议时，要广泛听取社会公众的意见和建议，并将有建设性意义的意见纳入决策内容。公众的广泛参与有利于提升法律法规和政策规定的权威性和科学性，也为后期的执行扫除了障碍。

（四）监管参与

加强公众的监督管理是推进我国政治民主进程的重要环节。乡村振兴过程中的公众监管主要包括对政府的监管和对乡村非政府组织的监管。对政府的监管，包括公众参与监管政府相关部门在执行法律法规和政策制定过程中是否有缺位、不作为等行为。对乡村非政府组织的监管，主要涉及其在开展乡村振兴发展过程中是否存在对传统文化、生态和环境等的破坏行为。

二、社会公众参与乡村振兴的路径选择

拓宽公众参与的可选择路径是提高公众参与积极性的前提条件，也是确保政府政策体现民意的有效保障。借鉴国外发达国家经验，公众参与乡村振兴发展的可行路径主要包括以下几个方面：一是公众直接向政府有关部门提出利益诉求。乡村振兴发展是国家社会经济发展的重要组成部分，其根本目的是为了满足人民日益增长的物质文化生活需求，有关部门事关公共利益的重大事项，应通过举行社会听证会的形式，广泛听取人民群众的意见和建议。二是运用网络媒体。随着现代信息技术的快速发展，网络媒体已成为公众获取信息、传播信息的有效渠道。一方面，公众可以通过

网络媒体学习乡村振兴的理念和相关知识，了解乡村振兴发展的先进经验，提升乡村振兴发展的实践能力和素养；另一方面，当公众的利益诉求得不到政府有效快速的回应时，充分利用网络媒体的优势将问题曝光，也是一种有效的途径。

三、公众参与促进乡村振兴发展的政策

（一）完善相关法律法规，实施政府信息公开制度

发达国家大多有严格的法律规定，保障公众参与乡村事务的权利和义务。针对当前我国公众参与方面法律法规不健全的问题，一方面，要提高公众参与、监督乡村振兴发展的法律层次，把现行的规章制度和政策升级为法律，加强公众参与乡村振兴发展的合法性；另一方面，政府应出台《公众参与政策制定的管理办法》，明确公众参与的重要性，并对公众参与的人数比例、选拔条件、人选确定过程、权利责任等做出明确规定。同时，进一步完善《政府信息公开条例》，主动公开乡村振兴相关政策制定的依据、形成过程、主要目标、预期效果、阻碍因素等，让公众充分了解乡村振兴政策制定的全过程以及政策内容，便于公众明确目前乡村振兴发展的形势和困境，增强保护环境的紧迫感，也迫使政府制定政策时更多地吸取公众的意见，使政府政策能够真正地反映民众意愿。

（二）提高公众参与意识，发挥意见领袖的带头作用

通过营造良好的社会舆论氛围，提高公众参与乡村振兴发展的意愿。一方面，可以通过加强家庭教育、学校教育和社会教育，使公众树立乡村振兴发展的责任感和参与意识；另一方面，应通过电视、广播、互联网等媒体和图片展、宣传栏、宣传标语等形式，大力开展宣传发动工作。同时，充分考虑意见领袖在乡村振兴发展中的示范带头作用，有意识地培植能人、乡贤等意见领袖，使之成为乡村振兴发展的带头人，带领更多民众自觉参与乡村振兴发展的实践。

（三）转变政府管理理念，创新基层治理手段

"坚持走农民为主体，社会参与，政府引导的道路。"政府要逐渐放权，由农民自己来安排自己的事情，由农民建设自己的管理委员会。党的十八大以来，习近平在一系列讲话中阐述了严格依法行政的重要性，指出"坚决克服政府职能错位、越位、缺位现象"。因此，政府应在乡村振兴发展过程中发挥正确引导作用，推动公众参与的有序进行。应推进乡村网格化社会管理，配备专职网格员，严格落实管理责任制，做到有问题及时发现、有需求及时服务，实现乡村社会管理人性化、精细化、信息化。同

时，要充分利用互联网，了解民情，体贴民意，加强对政务论坛、政务博客、政务微博等网络参政议政渠道的管理，发挥其平台作用，防止流于形式。

（四）帮助完善村规民约，提高乡村自治能力

作为乡土社会中的一种契约关系，村规民约在乡村振兴战略中可以发挥积极而独特的作用。村规民约是由乡村社会特定组织和群体根据传统文化习惯，共同讨论、商议而订立的行为规范。在我国传统乡村社会，村规民约在维护乡村的基本秩序方面扮演着重要的角色。加强农村基层基础工作，必须健全自治、法治、德治相结合的乡村治理体系，实现乡村社会的"善治"。

（五）鼓励社会各界投身乡村建设

建立有效的激励机制，吸引企业家、党政干部、专家学者、技术人员等社会各界人士积极参与到乡村振兴发展事业中来。创新国家公职人员管理办法，鼓励符合条件的人员回乡任职，提高乡村基层社会的治理能力；吸引广大技术人员投身现代农业，培养新型农民，提高乡村振兴发展科技水平；加快制定鼓励和引导工商资本参与乡村振兴的指导意见，落实和完善融资贷款、配套设施建设、税费减免、土地利用等扶持政策等，明确政策边界，保护农民利益；充分发挥工会、共青团、妇联、科协、残疾人协会等的优势和力量，充分发挥民主党派、工商联、党外人士的作用，关心和支持乡村产业发展、生态环境保护、乡村文明建设、乡村弱势群体发展等。

参 考 文 献

[1] 保国钰. 乡村振兴战略视角下的村镇规划问题研究 [D]. 武汉: 湖北工业大学硕士学位论文, 2018.

[2] 波洛克, 张小平. 比较法学的历史 [J]. 比较法研究, 2011 (5): 146 - 160.

[3] 蔡运龙, 霍雅勤. 中国耕地价值重建方法与案例研究 [J]. 地理学报, 2006, 61 (10): 1084 - 1092.

[4] 陈宝平. 基于主成分分析和灰色聚类对我国居民收入差距分析 [J]. 数学的实践与认识, 2018, 48 (24): 136 - 145.

[5] 陈斌开, 林毅夫. 发展战略、城市化与中国城乡收入差距 [J]. 中国社会科学, 2013 (4): 81 - 102.

[6] 陈放. 乡村振兴进程中农村金融体制改革面临的问题与制度构建 [J]. 探索, 2018, No.201 (3): 165 - 171.

[7] 陈南潼. 我国实施乡村振兴战略的背景、内涵和路径研究 [J]. 环渤海经济瞭望, 2018, 291 (12): 94 - 96.

[8] 陈秩分, 黄修杰, 王丽娟. 多功能理论视角下的中国乡村振兴与评估 [J]. 中国农业资源与区划, 2018, 39 (6): 201 - 209.

[9] 陈银娥, 高思. 中国绿色经济发展的制度构建 [J]. 综合竞争力, 2010 (6): 81 - 87.

[10] 成思危. 复杂科学与系统工程 [J]. 管理科学学报, 1999 (2): 1 - 7.

[11] 程正治. 深入贯彻党的十九大精神走好乡村振兴道路实现农业农村现代化 [J]. 环渤海经济瞭望, 2018, No.282 (3): 84.

[12] 邓大才. 农村税费改革与乡村财政危机 [J]. 科技导报, 2003, 21 (0307): 59 - 61.

[13] 邓静中. 全国农业现状区划的初步探讨 [J]. 地理学报, 1963, 29 (4): 265 - 280.

[14] 邓静中. 全国综合农业区划的若干问题 [J]. 地理研究, 1982, 1 (1): 9–18.

[15] 董锁成. 经济地域运动规律——区域经济发展的时空规律研究 [M]. 北京: 科学出版社, 1994: 56.

[16] 杜建国, 解涛, 姜宇华. 长三角城乡区域收入不平衡及演化——基于基尼系数分解方法 [J]. 数理统计与管理, 2013, 32 (6): 951–962.

[17] 杜娇. 美丽乡村建设的制约因素与提升路径 [J]. 山东行政学院学报, 2017 (1): 98–102.

[18] 方志权. 日本发展多功能性农业的启示与思考 [J]. 上海农村经济, 2016 (5): 39–42.

[19] 房艳刚, 刘继生. 基于多功能理论的中国乡村发展多元化探讨——超越 "现代化" 发展范式 [J]. 地理学报, 2015, 70 (2): 257–270.

[20] 葛丹东. 中国村庄规划的体系与模式: 当今新农村建设的战略与技术 [M]. 南京: 东南大学出版社, 2010: 46–54.

[21] 龚宏龄. 农村政策纵向扩散中的 "悬浮" 问题 [J]. 西北农林科技大学学报 (社会科学版), 2017, 17 (2): 51–57.

[22] 顾利民. 以 "五大发展理念" 引领特色小镇的培育建设 [J]. 城市发展研究, 2017 (6): 24–28.

[23] 郭熙保. 西方农业发展理论的两种观点述评 [J]. 经济学动态, 1995 (4): 69–73.

[24] 郭小聪. 政府经济学 [M]. 北京: 中国人民大学出版社, 2011.

[25] 郭晓君. 中国农村文化建设论 [M]. 河北: 河北科学技术出版社, 2001.

[26] 郭晓鸣, 廖祖君, 张鸣鸣. 现代农业循环经济发展的基本态势及对策建议 [J]. 农业经济问题, 2011 (12): 10–14.

[27] 郝欣, 秦书生. 复合生态系统的复杂性与可持续发展 [J]. 系统辩证学学报, 2003, 11 (4): 23–26.

[28] 何慧丽. 当代中国乡村复兴之路 [J]. 人民论坛, 2012 (31): 52–53.

[29] 何磊. 韩国乡村转型发展的背景、路径及其经验 [J]. 农业经济, 2014 (12): 28–30.

［30］贺雪峰，罗兴佐．论农村公共物品供给中的均衡［J］．经济学家，2006（1）：62－69．

［31］侯俏俏．中共中央 国务院关于切实加强农业基础建设进一步促进农业发展农民增收的若干意见（节选）［J］．中国社会保障，2008（3）：73－74．

［32］胡志华，秦晨．"循环农业"研究综述［J］．科技传播，2010（23）：16－18．

［33］淮建峰．国外城乡统筹发展理论研究综述［J］．科技咨询导报，2007（14）：2．

［34］黄衫，武前波，潘聪林．国外乡村发展经验与浙江省"美丽乡村"建设探析［J］．华中建筑，2013（5）：144－149．

［35］黄涌．现代化进程中的农村文化建设［J］．科学社会主义，2003．

［36］黄祖辉，徐旭初，蒋文华．中国"三农"问题：分析框架、现实研判和解决思路［J］．中国农村经济，2009（7）：4－11．

［37］机制设计理论［J］．农村金融研究，2008（3）：78．

［38］姜长云．乡村振兴离不开龙头企业的带动［N］．经济参考报，2018－02－28．

［39］蒋永甫，应优优．试论农民发展的理论、实践与对策——以农民组织的分析为维度［J］．云南大学学报（社会科学版），2014（6）：45－52．

［40］金其铭，董新，张小林．乡村地理学［M］．南京：江苏教育出版社，1990．

［41］金其铭．农村聚落地理［M］．北京：科学出版社，1988．

［42］金其铭．我国农村聚落地理研究历史及近今趋向［J］．地理学报，1988，43（4）：311－317．

［43］拉努尔夫·德·格兰维尔．论英格兰王国的法律和习惯［M］．北京：中国政法大学出版社，2015．

［44］郎秀云．现代农业：美国模式与中国道路［J］．中国乡村发现，2008（2）：67－72．

［45］黎德扬，孙兆刚．论文化生态系统的演化［J］．武汉理工大学学报（社会科学版），2003，16（2）：97－101．

［46］李承嘉，廖丽敏，陈怡婷，等．多功能农业体制下的农地功能与使用方案选择［J］．台湾土地研究，2009，12（2）：135－162．

[47] 李传健. 农业多功能性与我国新农村建设 [J]. 经济问题探索, 2007（4）: 19 – 22.

[48] 李迁, 杜建国等. 不同集聚层次上我国居民收入差异的演化分析 [J]. 经济问题探索, 2006（12）: 15 – 20.

[49] 李倩. 美丽乡村标准体系构建: 基于政策、实践与理论的视角 [J]. 中国标准化, 2017（9）: 112 – 117.

[50] 李仁贵. 西方区域发展理论的主要流派及其演进 [J]. 经济评论, 2005（6）: 57 – 62.

[51] 李善同, 侯永志, 孙志燕, 冯杰. 全面建设小康社会的16项指标 [J]. 科学咨询, 2004（4S）.

[52] 李绍刚, 张娜, 曲娜. 黑龙江省乡村旅游可持续发展路径研究——基于三重底线理论 [J]. 边疆经济与文化, 2014（10）: 1 – 3.

[53] 李维岳. 过疏化与贫困乡村活力问题调查分析——以辽西北S村为例 [J]. 沈阳工程学院学报（社会科学版）, 2011, 7（4）: 485 – 488, 520.

[54] 李秀东, 李清源. 生态文明新理念之思 [J]. 环境经济, 2014（3）: 29 – 31.

[55] 李勇. 基于机制设计理论下的乡村治理改革研究 [D]. 南昌: 江西财经大学硕士学位论文, 2016.

[56] 李志龙. 乡村振兴 – 乡村旅游系统耦合机制与协调发展研究——以湖南凤凰县为例 [J]. 地理研究, 2019, 38（3）: 187 – 198.

[57] 梁漱溟. 乡村建设理论 [M]. 上海: 上海人民出版社, 2011.

[58] 廖彩荣, 陈美球. 乡村振兴战略的理论逻辑、科学内涵与实现路径 [J]. 农林经济管理学报, 2017, 16（6）: 795 – 802.

[59] 廖翼, 兰勇. 我国家庭农场运行机制及成效分析 [J]. 农业经济, 2017（5）: 18 – 20.

[60] 林存友. 自然资源价格扭曲的根源 [J]. 开放导报, 2008（3）: 106 – 109.

[61] 林若琪, 蔡运龙. 转型期乡村多功能性及景观重塑 [J]. 人文地理, 2012（2）: 45 – 49.

[62] 林小虎, 沈洁, 郑晓华. 城市开发边界划定中的建设用地规模控制与"两规"协调——以南京市城市开发边界划定为例 [A]. 规划60年: 成就与挑战——2016中国城市规划年会论文集（09城市总体规划）[C]. 中国城市规划学会、沈阳市人民政府, 2016.

[63] 刘东. 当前中国经济发展阶段与科学发展观 [J]. 理论前沿, 2009 (3): 16-17.

[64] 刘平. 日本的创意农业与新农村建设 [J]. 现代日本经济, 2009 (3): 56-64.

[65] 刘守英. "城乡中国" 由单向城市化转向城乡互动 [J]. 农村工作通讯, 2017 (10).

[66] 刘文英, 姜冬梅, 陈云峰, 等. 自组织理论与复合生态系统可持续发展 [J]. 生态环境, 2005, 14 (4): 596-600.

[67] 刘笑团. 浙江省工业用地高效配置研究 [D]. 重庆: 西南大学硕士学位论文, 2007.

[68] 刘彦随, 周扬. 中国美丽乡村建设的挑战与对策 [J]. 农业资源与环境学报, 2015, 32 (2): 97-105.

[69] 刘焱序, 王仰麟, 彭建, 魏海, 宋治清, 张小飞. 耦合恢复力的林区土地生态适宜性评价——以吉林省汪清县为例 [J]. 地理学报, 2015, 70 (3): 476-487.

[70] 刘义强. 再识 "新村运动": 跨越农村现代化关键阶段的韩国案例 [J]. 南京社会科学, 2017 (2): 83-90.

[71] 刘影. 新时代我国服务型政府建设探析 [J]. 决策探索 (下), 2019, 610 (3): 10.

[72] 刘玉, 刘彦随, 郭丽英. 乡村地域多功能的内涵及其政策启示 [J]. 人文地理, 2011 (6): 103-106.

[73] 刘玉, 刘彦随. 乡村地域多功能的研究进展与展望 [J]. 中国人口·资源与环境, 2012, 22 (10): 164-169.

[74] 刘志阳, 李斌. 乡村振兴视野下的农民工返乡创业模式研究 [J]. 福建论坛 (人文社会科学版), 2017 (12): 17-23.

[75] 龙花楼, 胡智超, 邹健. 英国乡村发展政策演变及启示 [J]. 地理研究, 2010, 29 (8): 1369-1378.

[76] 卢冲, 刘媛, 江培元. 产业结构、农村居民收入结构与城乡收入差距 [J]. 中国人口·资源与环境, 2014, 24 (S1): 147-150.

[77] 芦千文, 姜长云. 欧盟农业农村政策的演变及其对中国实施乡村振兴战略的启示 [J]. 中国农村经济, 2018, 406 (10): 121-137.

[78] 罗尔斯. 正义论 [M]. 北京: 社会科学出版社, 2003: 61-62.

[79] 罗富民, 段豫川. 论诱导创新推动下的产业发展与农业现代化 [J]. 农业现代化研究, 2010, 31 (4): 407-410.

［80］马步广. 农村基层自治创新机制研究：基于城乡统筹的视角［J］. 深圳大学学报（人文社科版），2015，32（4）：49－54.

［81］马建富. 新型职业农民培育的职业教育责任及行动策略［J］. 教育发展研究，2015，35（Z1）：73－79.

［82］马克思恩格斯全集（第 1 卷）［M］. 北京：人民出版社，1960：57.

［83］马力阳，罗其友. 我国城镇化与农村发展耦合协调时空特征及机制［J］. 地域研究与开发，2017，36（6）：45－49，92.

［84］马世骏. 生态规律在环境管理中的作用——略论现代环境管理的发展趋势［J］. 环境科学学报，1981，1（1）：97－102.

［85］马莹，马佳，张莉侠，俞菊生，张晨. 上海农业旅游发展的动力机制研究［J］. 中国农学通报，2011（33）.

［86］倪外. 基于低碳经济的区域发展模式探讨［J］. 商业研究，2012（9）：32－36.

［87］潘家恩. 返乡书写：故乡的"问题"，还是"城乡"的困境？［J］. 文化纵横，2017（3）：16.

［88］彭华安. 理性的选择：独立学院制度运行研究［D］. 南京：南京师范大学博士学位论文，2007.

［89］彭天杰. 复合生态系统的理论与实践［J］. 环境科学丛刊，1990，11（3）：1－98.

［90］邱询旻，冉祥勇等. 机制设计理论辨析［J］. 吉林工商学院学报，2009，25（4）：5－9.

［91］仇蕾，王慧敏. 复合生态系统运行中的熵理分析［J］. 科学管理研究，2004，22（6）：1－3.

［92］曲福玲，于战平，陈宏毅. 农村市场主体的利益冲突、利益诉求及利益实现途径分析［J］. 农业经济，2013（7）：97－99.

［93］全国农村工作会议纪要［N］. 人民日报，1982－04－06（1）.

［94］任庆国. 我国社会主义新农村建设政策框架研究［D］. 保定：河北农业大学博士学位论文，2007.

［95］阮建青，张晓波，卫龙宝. 不完善资本市场与生产组织形式选择——来自中国农村产业集群的证据［J］. 管理世界，2011（8）：79－91.

［96］三井. 以人为本和谐共生［J］. 中国建设信息化，2017（8）.

［97］沈红梅，霍有光，张国献. 新型职业农民培育机制研究——基于农业现代化视阈［J］. 现代经济探讨，2014（1）：65－69.

[98] 盛慧，杜为公．欧美主要国家农村发展经验研究 [J]．现代营销：学苑版，2019 (3)：10 – 12.

[99] 石建军．构建完善多级循环体系努力实现农业经济可持续发展——宁海县农业循环经济发展实践与思考 [J]．宁波经济丛刊，2009 (2)：14 – 16.

[100] 舒尔茨．改造传统农业 [M]．梁小民译．北京：商务印书馆，1987.

[101] 宋洪远．中国农村改革 40 年：回顾与思考 [J]．南京农业大学学报（社会科学版），2018，18 (3)：1 – 11.

[102] 单哲．山东省新农村建设关键问题及推进机制研究 [D]．青岛：中国海洋大学博士学位论文，2011.

[103] 唐华俊．农业区域发展学导论 [M]．北京：科学出版社，2008.

[104] 唐任伍．新时代乡村振兴战略的实施路径及策略 [J]．人民论坛·学术前沿，2018 (3)：26 – 33.

[105] 田大庆，王奇，叶文虎．三生共赢：可持续发展的根本目标与行为准则 [J]．中国人口·资源与环境，2004，14 (2)：8 – 11.

[106] 王宝治．社会权力概念、属性及其作用的辩证思考——基于国家、社会、个人的三元架构 [J]．法制与社会发展，2011 (4)：141 – 147.

[107] 王超超，李孝坤，李赛男，谢玲，蒋佳佳，唐兄英．基于乡村旅游视角的乡村复兴探析——以重庆市万州区凤凰村乡村公园建设为例 [J]．重庆师范大学学报（自然科学版），2016 (6).

[108] 王桂林．基于可持续理念的发达国家乡村规划和建设 [J]．世界农业，2016 (12)：179 – 181.

[109] 王京海，张京祥．资本驱动下乡村复兴的反思与模式建构——基于济南市唐王镇两个典型村庄的比较 [J]．国际城市规划，2016 (5).

[110] 王丽娟，王树进．现代农业示范区运行模式对绩效影响机理研究 [J]．农村经济，2012 (6)：48 – 52.

[111] 王如松，欧阳志云．社会—经济—自然复合生态系统与可持续发展 [J]．中国科学院院刊，2012，27 (3)：337 – 345.

[112] 王思博．农业供给侧结构性改革背景下提高中国农业生产效率的战略路径选择 [J]．世界农业，2017 (7)：4 – 10.

[113] 王卫星．美丽乡村建设：现状与对策 [J]．华中师范大学学报（人文社会科学版），2014，53 (1)：1 – 6.

[114] 王文龙．中国美丽乡村建设反思及其政策调整建议——以日韩

乡村建设为参照 [J]. 农业经济问题, 2016, 37 (10): 83 - 90.

[115] 王勇, 李广斌. 乡村衰败与复兴之辩 [J]. 规划师, 2016, 32 (12): 142 - 147.

[116] 王勇. 家庭农场和农民专业合作社的合作关系问题研究 [J]. 中国农村观察, 2014 (2): 39 - 48.

[117] 王玉莲. 日本乡村建设经验对中国新农村建设的启示 [J]. 世界农业, 2012 (6): 24 - 27.

[118] 王忠森. 扣紧 "前中后" 打造资金链提高资金使用效益 [J]. 城乡建设, 2009 (35).

[119] 魏宏森, 曾国屏. 系统论: 系统科学哲学 [M]. 北京: 清华大学出版社, 1995.

[120] 温铁军. 征地与农村治理问题 [J]. 华中科技大学学报, 2009, 23 (1): 1 - 3.

[121] 吴比, Ziming Li, 杨汝岱, 彭超. 农村政策执行协商会影响农民的政策满意度吗? [J]. 中国农村经济, 2016 (4): 55 - 69.

[122] 吴理财, 吴孔凡. 美丽乡村建设四种模式及比较: 基于安吉、永嘉、高淳、江宁四地的调查 [J]. 华中农业大学学报: 社会科学版, 2014 (1): 15 - 22.

[123] 吴清德. 保障农民的经济权利是发展农村市场经济的首要问题 [J]. 农业经济问题, 1993 (3): 60.

[124] 吴唯佳, 唐燕, 唐婧娴. 德国乡村发展和特色保护传承的经验借鉴与启示 [J]. 乡村规划建设, 2016 (1): 98 - 112.

[125] 吴一文. 文化多样性与乡村建设 [M]. 北京: 民族出版社, 2008: 158 - 159.

[126] 伍海华. "地理上二元经济结构论" 的介评与借鉴 [J]. 经济问题探索, 1991 (2): 63 - 66.

[127] 郗永勤, 张其春. 循环经济发展的微观机理研究——基于企业家的视角 [J]. 西南民族大学学报 (人文社科版), 2010 (12): 126 - 130.

[128] 夏宏嘉, 王宝刚, 张淑萍. 欧洲乡村社区建设实态考察报告 (一) ——以德国、法国为例 [J]. 小城镇建设, 2015 (4): 81 - 84, 93.

[129] 夏宏嘉, 王宝刚, 张淑萍. 欧洲乡村社区建设实态考察报告 (二) ——以丹麦、瑞典为例 [J]. 小城镇建设, 2015 (5): 95 - 99, 104.

[130] 夏兰. 农业政策影响农村经济发展的机制与路径研究 [D]. 武汉: 武汉理工大学博士学位论文, 2012.

[131] 项晓娟. 政府促进城市循环经济的行为分析——以郑州市为例 [D]. 西安：西北大学硕士学位论文，2009.

[132] 谢夏影. 马歇尔"市民权理论"对中国社会的启示 [J]. 青年与社会，2013（3）：284-284.

[133] 谢依娜，刘云根，赵乐静. 中国美丽乡村建设的复合生态系统理念探析 [J]. 西南林业大学学报：社会科学，2017（6）.

[134] 熊红芳，邓小红. 美国日本农地流转制度对我国的启示 [J]. 农业经济，2004（11）：61-62.

[135] 熊小林. 聚焦乡村振兴战略 探究农业农村现代化方略——"乡村振兴战略研讨会"会议综述 [J]. 中国农村经济，2018（1）：138-143.

[136] 徐琰超，尹恒. 村民自愿与财政补助：中国村庄公共物品配置的新模式 [J]. 经济学动态，2017（11）：74-87.

[137] 徐勇. "根"与"飘"：城乡中国的失衡与均衡 [J]. 武汉大学学报（人文科学版），2016，69（4）：5-8.

[138] 雪秋. 党的三代领导核心统筹城乡发展思想之演进 [J]. 毛泽东思想研究，2004（3）.

[139] 晏阳初. 农村运动的使命 [M]. 北京：民族出版社，1935.

[140] 杨蕙馨，王军. 新型工业化与产业组织优化 [M]. 北京：经济科学出版社，2005.

[141] 杨坚桢. 社会权利贫困视角下的城市反贫困研究 [J]. 中国管理信息化，2016，19（17）：200-202.

[142] 杨洁，任绍斌. 国外乡村发展政策研究及其对我国的启示 [A]. 规划 60 年：成就与挑战——2016 中国城市规划年会论文集（10 城市治理与政策研究）[C]. 中国城市规划学会、沈阳市人民政府，2016.

[143] 杨瑞梅. 德国乡村公共物品供给体制对我国的启示 [J]. 中共杭州市委党校学报，2006，1（3）：20-24.

[144] 杨爽爽. 法国快速城市化进程中的乡村政策与启示 [J]. 农业经济问题，2012（6）：104-109.

[145] 姚凌. 美丽乡村构建的公众参与机制与传播研究 [J]. 北方文学（下旬），2017（6）：168-168.

[146] 姚龙. 从化乡村发展类型与模式研究 [D]. 广州：华南理工大学硕士学位论文，2012.

[147] 叶齐茂. 发达国家乡村建设考察与政策研究 [M]. 北京：中国建筑工业出版社，2008.

［148］佚名．建设美丽乡村 共享美好生活——领导阐释：建设美丽乡村 扮靓美丽中国——中央文明办专职副主任徐令义答记者问［J］．精神文明导刊，2014（11）：8－12.

［149］易鑫，克里斯蒂安·施耐德．德国的整合性乡村更新规划与地方文化认同构建［J］．现代城市研究，2013，28（6）：51－59.

［150］于立，那鲲鹏．英国农村发展政策及乡村规划与管理［J］．中国土地科学，2011（12）：75－80.

［151］禹杰．美丽乡村建设的理论与实践研究［D］．金华：浙江师范大学硕士学位论文，2014.

［152］约翰·冯·杜能．孤立国同农业和国民经济的关系［M］．吴衡康，译．北京：商务印书馆，1986.

［153］曾健，张一方．社会协同学［M］．北京：科学出版社，2000.

［154］翟新花，赵宇霞．新型农村集体经济中的农民发展［J］．理论探索，2012（4）：73－76.

［155］詹岚，钟荣凤．基于三重底线理论的乡村旅游生态化发展研究——以闽东霍童古镇为例［J］．中南林业科技大学学报（社会科学版），2017，11（1）：84－89.

［156］张富刚，刘彦随．中国区域农村发展动力机制及其发展模式［J］．地理学报，2008（2）：115－122.

［157］张桂文．从古典二元论到理论综合基础上的转型增长——二元经济理论演进与发展［J］．当代经济研究，2011（8）：39－44.

［158］张红宇．乡村振兴与制度创新［J］．农村经营管理，2018（2）：18－19.

［159］张洪梅等．绿色经济发展机制与政策［M］．北京：中国环境出版社，2017.

［160］张京祥，申明锐，赵晨．乡村复兴：生产主义和后生产主义下的中国乡村转型［J］．国际城市规划，2014，29（5）：1－7.

［161］张静，沙洋．乡村振兴背景下基于市场主导的基层政府职能转变研究——以浙江省为例［J］．小城镇建设，2018（6）.

［162］张军．乡村价值定位与乡村振兴［J］．中国农村经济，2018.

［163］张立艺．吸引人才回流发展农村经济的途径［J］．中国城市经济，2011（15）：284，286.

［164］张其春，郗永勤．基于循环经济的全产业链经营模式与实现机制——来自福建大科的案例研究［J］．东北农业大学学报（社会科学版），

2013 (1): 69 – 74.

[165] 张其春, 郗永勤. 我国企业发展循环经济的动力机制研究 [J]. 西北农林科技大学学报（社会科学版）, 2011, 11 (2): 68 – 74, 114.

[166] 张天佐. 坚持农业农村优先发展 构建实施乡村振兴战略政策体系 [J]. 当代农村财经, 2018 (5): 2 – 6.

[167] 张挺, 李闽榕, 徐艳梅. 乡村振兴评价指标体系构建与实证研究 [J]. 管理世界, 2018 (8): 99 – 105.

[168] 张小林. 乡村概念辨析 [J]. 地理学报, 1998 (4): 365 – 371.

[169] 张旭. 努力实现乡村公共物品供给主体的多元化 [J]. 广播电视大学学报（哲学社会科学版）, 2014 (2): 127.

[170] 张燕, 邓义. 农业信息不对称对我国现代农业发展的制约及经济法规制——基于经济人假设视角 [J]. 农业经济, 2008 (12).

[171] 张翼. 土地流转、阶层重塑与村庄治理创新——基于三个典型村落的调研 [J]. 中共中央党校学报, 2016, 20 (2): 13 – 21.

[172] 张勇. 透过"博士春节返乡记"争鸣看乡村问题、城乡矛盾与城乡融合 [J]. 理论探索, 2016 (4): 86 – 93.

[173] 赵晨. 要素流动环境的重塑与乡村积极复兴——"国际慢城"高淳县大山村的实证 [J]. 城市规划学刊, 2013 (3): 28 – 35.

[174] 赵峰, 星晓川, 李惠璇. 城乡劳动力流动研究综述: 理论与中国实证 [J]. 中国人口·资源与环境, 2015, 25 (4): 163 – 170.

[175] 赵国锋, 张沛, 田英. 国外乡村建设经验对西部地区新农村建设模式的启示 [J]. 世界农业, 2010 (7): 15 – 18.

[176] 赵建军, 尚晨光. 用绿色发展理念引领传统村落保护 [J]. 中国生态文明, 2017 (4): 12 – 13.

[177] 浙江省统计局课题组. 浙江乡村振兴评价指标体系研究 [J]. 统计科学与实践, 2019 (1): 8 – 11.

[178] 甄霖, 魏云洁, 谢高地, 等. 中国土地利用多功能性动态的区域分析 [J]. 生态学报, 2010, 30 (24): 6749 – 6761.

[179] 郑风田. 中国城乡一体化发展路径选择 [J]. 人民论坛, 2016 (S1): 70 – 71.

[180] 郑广建. 建立科学有效的体制机制 助力河南特色小镇健康发展 [J]. 行政科学论坛, 2018.

[181] 郑家琪, 杨同毅. 乡村振兴评价指标体系的构建 [J]. 农村经济与科技, 2018, 29 (17): 38 – 40.

[182] 郑向群，陈明等．我国美丽乡村建设的理论框架与模式设计 [J]．农业资源与环境学报，2015（2）：106 – 115.

[183] 中共中央关于加快农业发展若干问题的决定 [N]．人民日报，1979 – 10 – 06.

[184] 中国市长协会．现代·田园·持续：纪念中德合作举办市长研讨会二十周年 [M]．北京：中国城市出版社，2003：203 – 215.

[185] 钟钰．实施乡村振兴战略的科学内涵与实现路径 [J/OL]．新疆师范大学学报（哲学社会科学版），2018（5）：1 – 6 [2018 – 03 – 01]．https：//doi. org/10. 14100/j. cnki. 65 – 1039/g4. 20180126. 001.

[186] 周立三．中国农业地理 [M]．北京：科学出版社，2000.

[187] 周维宏．新农村建设的内涵和日本的经验 [J]．日本学刊，2007（1）：127 – 135.

[188] 朱金，陈可石，诸君靖．德国乡村竞赛计划发展及其对我国大陆乡村建设的启示 [J]．规划师，2015，31（12）：145 – 149.

[189] 庄立，刘洋，梁进社．论中国自然资源的稀缺性和渗透性 [J]．地理研究，2011，30（8）：1351 – 1360.

[190] 宗晓华，陈静漪．集权改革、城镇化与义务教育投入的城乡差距——基于刘易斯二元经济结构模型的分析 [J]．清华大学教育研究，2016，37（4）：61 – 70.

[191] 邹开敏，庄伟光．城市带动农村发展的作用机制研究——基于乡村旅游的视角 [J]．农村经济，2016（12）：68 – 73.

[192] Aytug H K, Mikaeili M. Evaluation of Hopa's Rural Tourism Potential in the Context of European Union Tourism Policy [J]. Procedia Environmental Sciences, 2017（37）：234 – 245.

[193] Bai X, Shi P, Liu Y. Realizing China's Urban dream [J]. Nature, 2014, 509（1799）：158 – 160.

[194] Beacham Committee. The Mid Wales Problem [M]. London：HMSO, 1964.

[195] Bjorkhaug H, Knickel K. Rethinking the links between farm modernisation, rural development and resilience [J]. Journal of Rural Studies, 2018（59）：194 – 196.

[196] Bonfiglio A, Camaioni B, Coderoni S, Esposti R, Pagliacci F, Sotte F. Are rural regions prioritizing knowledge transfer and innovation? Evidence from Rural Development Policy expenditure across the EU space [J].

In Journal of Rural Studies, 2017 (53): 78 – 87.

[197] Brouwer F, Heide C M V. Multifunctional Rural Land Management [M]. EarthScan, London · Sterling, 2009.

[198] Brouwer F. Sustaining Agriculture and the Rural Environment Governance, Policy and Multifunctionality [M]. Massachusetts: Edward Elgar Publishing, 2004.

[199] Butlin F M, Howard E. To-morrow: A Peaceful Path to Real Reform [M]. London: Cambridge University Press, 1898.

[200] Cairol D, Coudel E, Knickel K. Multifunctionality of agriculture and rural areas as reflected in policies: The Importance and relevance of the territorial view [J]. Journal of Environmental Policy & Planning, 2009, 11 (4): 269 – 289.

[201] Cebotari S, Cristea M, Moldovan C, et al. Renewable energy's impact on rural development in northwestern Romania [J]. Energy for Sustainable Development, 2017 (37): 110 – 123.

[202] Czyżewski B, Przekota G, Poczta-Wajda A. The incidence of agricultural policy on the land market in Poland: Two-dimensional and multilevel analysis [J]. Land Use Policy, 2017 (63): 174 – 185.

[203] Dibden J, Potter C, Cocklin C. Contesting the neoliberal project for agriculture: Productivist and multifunctional trajectories in the European Union and Australia [J]. Journal of Rural Studies, 2009, 25 (3): 299 – 308.

[204] Du J G. Cheng F X, A Study on Evolution of Rural-urban Income Inequality in China: 1993 – 2005. [C]. Recent advance in statistics application and related areas, 2008.

[205] Fields G S. A welfare economic analysis of labor market policies in the Harris-Todaro model [J]. Journal of Development Economics, 2005, 76 (1): 127 – 146.

[206] Francois P. Economic Space: Theory and Applications [J]. Quarterly Journal of Economics, 1950, 64 (1): 89 – 104.

[207] Friedman J R. Regional Development Policy: A Study of Venezuela [M]. Cambridge: MIT Press, 1966.

[208] Gao L, Sun D, Huang J. Impact of land tenure policy on agricultural investments in China: Evidence from a panel data study [J]. In China

Economic Review, 2017 (45): 244 – 252.

[209] Gennaioli N, La P R, Lopez-de-Silanes F, Shleifer A. Human capital and regional development [J]. The Quarterly Journal of Economics, No. 1, 2013, 128 (1): 105 – 164.

[210] Greene M J. Agriculture diversification initiatives: State government roles in rural revitalization [J]. Rural Economic Alterna-tives, 1988.

[211] Han C. Explaining the subjective well-being of urban and rural Chinese: Income, personal concerns, and societal evaluations [J]. Social Science Research, 2015 (49): 179 – 190.

[212] Harcard. American agriculture in the twenties century [J]. Harcard University Press, 2002: 234 – 245.

[213] Hinojosa L, Lambin E F, Mzoughi N, Napoléone C. Constraints to farming in the Mediterranean Alps: Reconciling environmental and agricultural policies [J]. Land Use Policy, 2018, 75: 726 – 733.

[214] Jongeneel R A, Polman N B P, Slangen L H G. Why are Dutch farmers going multifunctional [J]. Land Use Policy, 2008, 25 (1): 81 – 94.

[215] Jongeneel R, Slangen L. Multifunctionality in agriculture and the contestable public domain in the Netherlands [EB/OL]. https: //libra. wur. nl/ webpuery/groenekennis/1761182.

[216] Kanbur R, Zhang X. Which Regional Inequality? The Evolution of Rural-Urban and Inland-Coastal Inequality in China from 1983 to 1995 [J]. Journal of Comparative Economics, 1998, 27 (4): 686 – 701.

[217] Kawate T. Rural revitalization and reform of rural organizations in contemporary rural Japan [J]. Journal of Rural Problems, 2005, 40 (4): 393 – 402.

[218] Korsching P. Multicommunity collaboration: An evolving rural revitalization strategy [J]. Rural Development News, 1992.

[219] Lai C H, Hu S W, Wang V, Chao C C. Agricultural R&D, policies, (in) determinacy, and growth [J]. In International Review of Economics & Finance, 2017 (51): 328 – 341.

[220] Lewis A. Economic development with unlimited supplies of labour [J]. The Manchester School of elonoulic and Social Strdies, 1954, 22 (2): 139 – 191.

[221] Li Y, Wang X, Zhu Q, et al. Assessing the spatial and temporal

differences in the impacts of factor allocation and urbanization on urban-rural income disparity in China, 2004 – 2010 [J]. Habitat International, 2014 (42): 76 – 82.

[222] Liu Y, Fang F, Li Y. Key issues of land use in China and implications for policy making [J]. Land Use Policy, 2014, 40 (40): 6 – 12.

[223] Long H. , Zou J. , Liu Y. Differentiation of rural development driven by industrialization and urbanization in eastern coastal China [J]. Habitat International, 2009, 33 (4): 454 – 462.

[224] Marsden T, Sonnino R. Rural development and the regional state: Denying multifunctional agriculture in the UK [J]. Journal of Rural Studies, 2008, 24 (4): 422 – 431.

[225] Martin G, Paulo S, Nancy M. P. B, et al. The circular economy-A new sustainability paradigm? [J]. Social Science Electronic Publishing, 2017 (143): 757 – 768.

[226] Mclaughlin K. Scandal clouds China's global vaccine ambitions [J]. Science, 2016, 352 (6285): 506.

[227] Michael P T. Economic development in the third world [M]. Third Edition, Longman Inc, 1985.

[228] Moseley M J. Rural Development: Principles and Practice [M]. London: Sage, 2003.

[229] Mouysset L. Agricultural public policy: Green or sustainable? [J]. In Ecological Economics, 2014 (102): 15 – 23.

[230] Nonaka A, Ono H. Revitalization of rural economies though the restructuring the self-sufficient realm: Growth in small-scalerapeseed production in Japan [J]. Japan Agricultural Research Quarterly, 2015, 49 (4): 383 – 390.

[231] Osadchaya I M. Rostow's theory of economic growth [J]. Soviet Review, 2014: 49 – 58.

[232] Potter C, Burney J. Agricultural multifunctionality in the WTO: legitimate non-trade concern or disguised protectionism [J]. Journal of Rural Studies, 2002, 18 (1): 35 – 47.

[233] Potts J, Kastelle T. Economics of innovation in Australian agricultural economics and policy [J]. In Economic Analysis and Policy, 2017 (54): 96 – 104.

[234] Qing T, John H. Holland, Daniel G. Brown. Social and economic impacts of subsidy policies on rural development in the Poyang Lake Region, China: Insights from an agent-based model [J]. In Agricultural Systems, 2016 (148): 12 –27.

[235] Quiroga S, Suárez C, Fernández-Haddad Z, Philippidis G. Levelling the playing field for European Union agriculture: Does the Common Agricultural Policy impact homogeneously on farm productivity and efficiency? [J]. In Land Use Policy, 2017 (68): 179 –188.

[236] Ran G. Social rights, essential services, and political mobilization in post-apartheid South Africa [J]. Journal of Consumer Policy, 2006, 29 (4): 417 –433.

[237] Reganold J P, Papendick R I, Parr J F. Sustainable agriculture. [J]. Scientific American, 2009, 262 (6): 112 –120.

[238] Rogers A, Blunden J, Curry N. The Countryside Handbook [M]. Open University. Croom Helm, U K, 1985.

[239] Rozelle S. Rural Industrialization and Increasing Inequality: Emerging Patterns in China's Reforming Economy [J]. Journal of Comparative Economics, 1994, 19 (3): 362 –391.

[240] Saaty T L. What is the Analytic Hierarchy Process, Springer, Berlin, Heidelberg [EB/OL]. http: //doiorg/10. 1007/978 – 3 – 642 – 83555 – 1_5. 1988, 48: 109 –121.

[241] Salemink K, Strijker D, Bosworth G. Rural development in the digital age: A systematic literature review on unequal ICT availability, adoption, and use in rural areas [J]. Journal of Rural Studies, 2017 (54): 360 –371.

[242] Scott K, Rowe F, Pollock V. Creating the good life? A wellbeing perspective on cultural value in rural development [J]. Journal of Rural Studies, 2016.

[243] Sharan H N, Ramachandra K. Bioenergy for Rural Development [J]. Encyclopedia of Sustainable Technologies, 2017 (7): 277 –287.

[244] Sicular T, Yue X, Gustafsson B, et al. The Urban-Rural Income Gap and Income Inequality in China [M]. Palgrave Macmillan UK, 2008.

[245] Stastna M, Vaishar A. The relationship between public transport and the progressive development of rural areas [J]. Land Use Policy, 2017 (67): 107 –114.

[246] Stohr W, Todling, F. Spatial Equity: Some Antitheses to Current Regional Development Doctrine [J]. Papers and Proceedings of the Regional Science Association, 1977 (38): 33 –53.

[247] Straka J, Tuzová M. Factors Affecting Development of Rural Areas in the Czech Republic: A Literature Review [J]. Procedia-Social and Behavioral Sciences, 2016 (220): 496 –505.

[248] Temple J. Growth and wage inequality in a dual economy [J]. Bulletin of Economic Research, 2005, 57 (2): 145 –169.

[249] Terluin I J. Differences in economic development in rural regions of advanced countries: an overview and critical analysis of theories [J]. Journal of Rural Studies, 2003, 19 (3): 327 –344.

[250] Tsui K Y. Trends and Inequalities of Rural Welfare in China: Evidence from Rural Households in Guangdong and Sichuan [J]. Journal of Comparative Economics, 1998, 26 (4): 783 –804.

[251] United Cities and Local Governments. Culture: fourth pillar of sustainable development [M]. Barce-lona: Policy Statement United Cities and Local Governments, 2010.

[252] Van Huylenbroeck G, Vandermeulen E, Verspecht A. Multifunctionality of agriculture: a review of definitions, evidence and instruments, Living Reviews in Landscape [EB/OL]. 2011 – 05 – 03. http: //www. livingreviews. org/.

[253] Walfora N. Multifunctional Agriculture a New Paradigm for European Agriculture and Rural Development [J]. Land Use Policy, 2005, 22 (4): 387 –390.

[254] Wan G H, Zhang Y. Explaining the Poverty Difference between Inland and Coastal China: A Regression – based Decomposition. Approach [J]. Review of Development Economics, 2008, 12 (2): 455 –467.

[255] Wang Y, Liu Y, Li Y, et al. The spatio-temporal patterns of urban-rural development transformation in China since 1990 [J]. Habitat International, 2016 (53): 178 –187.

[256] Wenhao Chen, Nicholas M. Holden, Bridging environmental and financial cost of dairy production: A case study of Irish agricultural policy [J]. In Science of The Total Environment, 2018 (615): 597 –607.

[257] Wilson G A. From "weak" to "strong" multifunctionality: Concep-

tualising farm-level multifunctional transitional pathways [J]. Journal of Rural Studies, 2008, 24 (3): 367 - 383.

[258] Wilson G A. The spatiality of multifunctional agriculture: A human geography perspective [J]. Geoforum, 2009, 40 (2): 269 - 280.

[259] Woods M. Contesting Rurality: Politics in the British Countryside [M]. Aldershot: Ashgate, 2005.

[260] Woods M. New Labour's Countryside: Rural Policy in Britain since 1997 [M]. Bristol: Policy Press, 2008.

[261] Woods M. Rural Geography: Processes, Responses and Experiences in Rural Restructuring [M]. London: Sage, 2005.

[262] Wright F L. The Disappearing City [M]. New York: W. F. Payson, 1932.

[263] Wright F L. Broadacre city: A new community plan[J]. Architectural Record, 1935 (4): 243.

[264] Yang D T. Urban-Biased Policies and Rising Income Inequality in China [J]. American Economic Review, 1999, 89 (2): 306 - 310.

[265] Yao S, Zhang Z, Feng G. Rural-urban and regional inequality in output, income and consumption in China under economic reforms [J]. Journal of Economic Studies, 2005, 32 (4): 4 - 24.

[266] YAO S. On the decomposition of Gini coefficients by population class and income source: a spreadsheet approach and application [J]. Applied Economics, 1999, 31 (10): 1249 - 1264.

[267] Ye F. Since the Government Is the Referee, Why Does It Get Into the Game? [J]. Chinese Economy, 1996, 29 (6): 41 - 45.

[268] Zhang L. Re-Examining China's "Urban" Concept and the Level of Urbanization [J]. China Quarterly, 1998, 154 (154): 330 - 381.

[269] Zhang Y, Wan G. The impact of growth and inequality on rural poverty in China [J]. Journal of Comparative Economics, 2006, 34 (4): 694 - 712.

图书在版编目（CIP）数据

推动乡村振兴发展的机制与政策研究／赵爱武等著.
—北京：经济科学出版社，2020.12
国家社科基金后期资助项目
ISBN 978 - 7 - 5218 - 2243 - 4

Ⅰ. ①推… Ⅱ. ①赵… Ⅲ. ①农村 - 社会主义建设 -
研究 - 中国 Ⅳ. ①F320.3

中国版本图书馆 CIP 数据核字（2020）第 263956 号

责任编辑：侯晓霞
责任校对：齐 杰
责任印制：范 艳 张佳裕

推动乡村振兴发展的机制与政策研究

赵爱武 关洪军 代宗利 龙海红 著

经济科学出版社出版、发行 新华书店经销
社址：北京市海淀区阜成路甲 28 号 邮编：100142
总编部电话：010 - 88191217 发行部电话：010 - 88191522
网址：www. esp. com. cn
电子邮箱：esp@ esp. com. cn
天猫网店：经济科学出版社旗舰店
网址：http：//jjkxcbs. tmall. com
北京季蜂印刷有限公司印装
710×1000 16 开 17.25 印张 300000 字
2021 年 9 月第 1 版 2021 年 9 月第 1 次印刷
ISBN 978 - 7 - 5218 - 2243 - 4 定价：68.00 元
（图书出现印装问题，本社负责调换。电话：010 - 88191510）
（版权所有 侵权必究 打击盗版 举报热线：010 - 88191661
QQ：2242791300 营销中心电话：010 - 88191537
电子邮箱：dbts@ esp. com. cn）